ALOR

Do mesmo autor de:

Paris, setembro de 1793
O Magneto

Biblioteca Camille Flammarion

Mauro Camargo

ALOR

Uma viagem ao futuro do espírito

LACHÂTRE

Imagem da capa e da abertura dos capítulos:
Nieje Amarante Camargo
Manoela Donadel Weise

Programação visual da capa:
Andrei Polessi

Instituto Lachâtre
Caixa Postal 164 – CEP 12914-970
Bragança Paulista – SP
Telefone: (11) 4063-5354
Site: www.lachatre.org.br
E-mail: editora@lachatre.org.br

2ª edição – Março de 2012
Do 2.001º ao 3.000º exemplar

Impresso no Brasil
Presita en Brazilo

CIP-Brasil. Catalogação na fonte

Camargo, Mauro Cesar Bruginski, 1962 –

Alor – uma viagem ao futuro do espírito / Mauro Camargo – 2ª ed. – Bragança Paulista, SP : Lachâtre, 2012.

ISBN: 978-85-65518-00-0
272 p.

1.Espiritismo. 2.Romance espírita. 3.Ficção científica. I. Título. II. Subtítulo. III. Série: Biblioteca Camille Flammarion.

CDD 133.9 CDU 133.7

Introdução

Eu ainda podia sentir o calor de Luísa em meu corpo e o seu cheiro parecia impregnado em minha memória, como se um jardim tivesse florescido em alguma parte desconhecida do meu pensamento. Parecia que eu queria engolir o tempo para não vê-lo preenchendo os fatos que me separavam de Luísa. No entanto, eu já navegara algumas milhas dentro de um mar irritado e que chacoalhava meu barco, como se ele merecesse um castigo pela ousadia de enfrentá-lo sem medo. O medo, no caso, tinha sido abafado pela necessidade: depois de 23 dias de chuva, em pleno mês de janeiro, as perspectivas eram de que o tempo melhorasse e haveria centenas de turistas procurando peixe fresco, chegando de todos os lados.

Há mais de uma semana minha rede estava no mar, sem revista, devido ao mau tempo, e era preciso levá-la para terra e reparar os estragos, antes que o tempo melhorasse. O bolso estava vazio. Cheio em mim, só meu peito. Cheio de Luísa, e era nela que eu ia pensando, como se aquele mar irrequieto não existisse. Existia apenas o tempo que me separava dela. Porém o mar existia e, de repente, como se sua irritação tivesse se tornado uma atitude contra meu descaso, vi-me descendo uma imensa onda, caindo em sua vaga, como se caísse num abismo e, lá no fundo, fui encontrar a ponta afiada de uma pedra, que abriu um rombo na proa e foi fazendo água rapidamente. Dei mais velocidade no motor e corri pegar o balde que eu levava para tirar os excessos de água de dentro do barco. Só que, desta vez, o excesso era bem maior do que eu podia retirar.

Eu tinha vindo direto sobre o parcel do badejo, local reconhecidamente perigoso, pelas altas pontas de pedra e pela inconstância da formação de ondas. Muitos ali já haviam ficado em situação idêntica à minha.

O barco estava cada vez mais cheio e a água já alcançara o motor, quando fui colhido por outra vaga. Com o barco mais pesado, o impacto foi muito mais forte. Vi, com terror, o querido VERA LÚCIA, homenagem à ex-namorada, que ainda não sabia de Luísa, partir-se em dois.

Tentei, ainda, agarrar um dos salva-vidas, mas a corrente forte levou-o longe. Como eu estava usando apenas uma bermuda *jeans*, devido ao calor, não estava difícil nadar, mas sabia que tinha que achar alguma coisa que boiasse, pois estava muito longe da costa e, nos meus devaneios com Luísa, não havia nem percebido para que lado ia a corrente. Nadei com força, mas não achei nada; o que restou do barco, ou afundou, ou espalhou-se. Tentei apenas me manter boiando, porém, já fui deixando crescer em mim uma necessária sensação de realidade.

A morte nunca fora um assunto que me intrigasse, como se a sua infalível vinda não me fizesse tomar tempo em adiantá-la e, agora, era ela a realidade mais próxima, já que todo o resto parecia um pesadelo tolo.

Não sei quanto tempo consegui me manter sobre a água. Tentava pensar em Luísa, mas lembrava do Vera Lúcia e também de Vera Lúcia, como se ela tivesse descoberto tudo e, na revolta, o barco que levava seu nome cometesse um crime passional.

O tempo passou sem eu vê-lo e o cansaço já me levava a ter cãibras. Uma espécie de torpor começava a invadir meu corpo. Quando a vi chegando, enfim, não tive medo, não a imaginava assim. Afundei, parece que lentamente, deixando-me cair em seus braços. Tudo escuro. Vinte e três anos. Tudo escuro. O primeiro minuto da morte é escuro, o segundo, porém, invadiu-me com uma luz avermelhada e um calor brando, o avesso da própria morte...

Capítulo 1

Aquele mês de janeiro de 1984 estava sendo terrível para nossa região litorânea: desde o dia primeiro estava chovendo e o vento estava de leste, o que chamávamos de lestada. Milhares de turistas já haviam ido embora, fazendo com que se esvaziassem os mercados, bares e restaurantes. Os pescadores, que também tinham uma esperança de recuperar um pouco das perdas do ano anterior, nada podiam fazer contra aquele mar irascível que não admitia nenhum tipo de visita.

Somente depois de 24 dias voltamos a ver o sol, que voltou trazendo um calor abafado pela umidade da chuva. As pessoas pareciam não querer se alegrar muito. Disfarçavam, como se fosse coisa normal, e iam tirando para o quintal travesseiros, colchas e grandes estoques de roupa para secar. O mar estava bastante agitado depois de tantos dias de vento leste e a ressaca insaciável continuava a vergastar a costa, produzindo esculturas bizarras na areia, mesclada com grandes troncos de árvores que vieram ter à praia, além de muito lixo, evidentemente.

Muitos pescadores vinham à praia e olhavam, aflitos, o movimento das ondas, esticando os olhos na esperança que suas redes ainda estivessem lá. Alguns conseguiram tirá-las antes do mar ficar muito agitado, outros, que arriscaram mais armando suas redes sobre as lajes próximas às ilhotas de pedra, já sabiam que deveriam perdê-las totalmente, o que causava um mal-estar ainda maior no meio. A pesca amadora nunca fora uma fonte muito grande de recursos, sendo que qualquer perda acarretava danos profundos na estrutura de muitas famílias que dela dependiam.

Eu tinha quatorze anos e, naquela manhã quente de final de janeiro, estava sentado sobre a grande pedra da Cobra, assim chamada pelas marcas que apareciam na areia, pelo seu lado norte, o lado seco, e que pareciam ser de uma cobra muito grande. Ninguém jamais tinha visto o animal, mas a pedra levava sua fama e muitas pessoas que conheciam a história a evitavam. Era meu local preferido. Ali eu passava horas vendo o mar, tão próximo que, na maré alta, as ondas mais fortes me molhavam. Podia ver, também, toda a praia da Velha, de mar agitado, com ondas altas e arrebentação forte, e que, apesar disto, neste dia fervilhava de turistas, ansiosos por um pouco de sol, embora tivessem que dividir o espaço com os amontoados de lixo e troncos da areia.

A praia da Velha era a preferida dos surfistas, por isso, a idade média da sua população de turistas era baixa e de gente bonita, culturistas do corpo e da natureza e, infelizmente, muitas vezes, de drogas. A pedra da Cobra, especialmente, era bastante procurada à noite por este motivo, pelos amigos da canabis, da cola e da branca. Ela era divisa entre a praia da Velha e a praia da Canoa, que se estendia dentro de uma pequena enseada de águas calmas e muito limpas. Seus trechos de areia eram entrecortados por pedras, que davam ao local um certo ar de paraíso, não fosse a superlotação de turistas, ali de classe social mais elevada e tomados de crescente pavor pela invasão de "farofeiros" e suas churrasqueiras atrevidas.

A praia da Canoa tinha muitos sombreiros e cerejeiras ao longo da rua que a margeava, propiciando sombra atrativa aos turistas domingueiros, que chegavam com carros abarrotados, furgões e até ônibus fretados. Em muitos domingos já tinha acontecido desentendimentos graves entre moradores e farofeiros, sendo necessário até a intervenção da polícia, para que os bate-bocas não chegassem à agressão física.

Existiam leis municipais que proibiam acampamentos, fogueiras e churrasqueiras, no entanto, não havia fiscalização conveniente e a polícia militar se omitia em estar presente, vindo só quando era chamada. Os moradores do local, fixos ou não, já pensavam até em tornar a praia particular, já que a entrada da mesma só se dava por uma única via, entre dois morros, para afastar a presença incômoda dos farofeiros. Como se todos eles não fossem, juntos, incômodo à doce natureza, que diariamente rezava sua oração de beleza, misturando mar, areia, céu e pedras, à inconveniente presença humana.

Algumas ondas mais fortes já começavam a me provocar com respingos, quando percebi vir bater violentamente à pedra, um pedaço de madeira colorido, pintado de azul e branco e com as letras em amarelo: VERA. Um arrepio percorreu meu corpo inteiro, sinistramente. Era madeira de barco. Era barco quebrado. Era barco afundado. Era o Vera Lúcia, azul e branco.

Era o barco do Mino. Mino! "Menino" de forma contraída, na maneira do meu pai chamá-lo. Era o barco de Mino, meu irmão.

Escorreguei, sem atinar pensamento, pela rampa da pedra, sem me importar com os cortes que os mariscos e ostras iam deixando em minhas pernas. Peguei o pedaço de tábua e, de dentro da água onde eu estava, gritei tão forte que os pescadores e turistas que conversavam na barraca da Velha (que deu nome à praia) ouviram minha voz, superando o barulho das ondas.

Mino! Eu gritava: Mino! Em poucos segundos estavam todos ali, do lado da pedra, na areia, gritando para que eu saísse da fenda onde estava, levando pancadas do mar ressacado. Porém, eu não conseguia, tiveram que ir me buscar. Berto, pescador experiente, logo viu do que se tratava, me abraçou com força e me tirou dali, lembrando que o Mino sempre foi o melhor nadador de todos e o mais esperto, não ia deixar que a má sorte o pegasse de surpresa.

A notícia espalhou-se como a luz, em todas as direções. Num instante pareceu que todos já sabiam: o barco do Mino afundou. Eu ainda estava sentado na areia, com o pedaço de madeira na mão, quando vi meu pai descendo a rua da praia. Ele parecia ter uma espécie de pressa bem calculada, como se a longa experiência com o mar tivesse calcado em seu espírito algumas certezas. Sabia que demonstrar desespero não traria meu irmão de volta, só me faria sofrer mais. Apenas foi perguntando, com calma, se eu sabia que Mino ia se arriscar ao mar e quando foi a última vez que o tinha visto.

Mino não era pessoa de parar muito em casa. Depois do almoço de ontem, falou que ia ver Vera Lúcia e sumiu. Meu pai me abraçou e disse com firmeza, no seu jeito praiano de falar

– Vens comigo, tua mãe precisa saber, por isso vai te acalmando e mudando esta cara de choro. Temos que arrumar outro barco e ir atrás, teu irmão é um touro, pode tá lá fora numa boia esperando a gente e ainda vai rir da nossa agonia.

Enquanto ele falava, fiquei pensando que os touros nadam muito mal. Mas era preciso avisar a mãe, dona Cândida, que logo de manhã havia ralhado com a ausência do filho mais velho, que não dormira em casa de novo: "Deve andar por aí, uma noite é pouca pra visitar todas..."

Eu que sabia do seu caso com Luísa, não quis falar nada. Ninguém sabia da história e, quando ela viesse à tona, iria rolar muita conversa e briga, principalmente com Vera Lúcia, conhecida pelo seu temperamento explosivo.

Quando chegamos perto de casa, dona Cândida, como eu a chamava, já esperava na porta, sem poder, como meu pai, disfarçar a aflição. O Berto já tinha passado ali, deu a notícia meio entrecortada e correu para o rio, dizendo que ia colocar o barco na água. Meu pai não disse nada, apenas deu um abraço em dona Cândida e foi na direção do rio. Fui atrás, meio maquinalmente. Em meu pensamento a história do touro se repetia, como uma música enjoada que não conseguimos tirar da cabeça.

Quando chegamos ao rio, o Berto já havia descido seu barco, que estava em reforma, e falava pelo rádio com a Capitania dos Portos, alertando do acidente e pedindo ajuda na busca. Seu Antônio, meu pai, virou-se para mim e disse:

– Vais pela costa, a maré tá forte pra Norte e o vento ainda tá de leste; ele pode ter vindo parar em alguma praia, assim como o pedaço do barco.

Fui até não sei onde, voltei já escurecia. Meu pai estava sentado no degrau da porta. Como não me perguntou nada, tive a certeza de que me dera aquela tarefa apenas para ocupar meu tempo e me impedir de ir ao mar. Intimamente eu desconfiava que ele tentou evitar minha presença no barco, na possibilidade de encontrarmos Mino já morto, o que, sem dúvida, seria uma experiência bastante dorida e, evidentemente, dispensável. Se isso acontecesse, minha presença não ajudaria em nada, além do fato de o mar ainda estar bastante perigoso e, mesmo que eu fosse acostumado, era um risco desnecessário mais uma pessoa ao mar.

Minha mãe, de frente a uma pintura de Jesus, tinha a prece na alma. Não dizia palavras, apenas contemplava Jesus como um amigo que poderia ajudar, mas era impossível dizer se pedia pela volta do filho, ou para que cuidasse dele de agora em diante, como se a infalível intuição de mãe não lhe enganasse. Sentada de frente para o quadro do Cristo, segurava seu já envelhecido *Evangelho segundo o espiritismo*. Bem antes do meu pai, ela se tornara espírita e, somente depois de muitos anos observando a serenidade e coerência da esposa em tantas ocasiões, é que ele começou a ler alguns livros e a frequentar o centro, na cidade vizinha, o que dificultava um pouco a ida com mais frequência.

Olhando dona Cândida de olhos lacrimosos, mas mantendo uma serenidade que só ela conseguia, fiquei lembrando das outras pessoas que passaram por situações semelhantes. A saudade prematura de Mino e a dor com a ideia de perdê-lo me fizeram sentar ao lado dela e pedir que lesse alguma coisa para mim do *Evangelho*. Eu já fizera isso outras vezes, mas, desta vez, sentia uma necessidade bem maior de algum consolo. Então ela abriu seu livro ao acaso, como gostava de fazer, e leu:

> (...) Todos os sofrimentos: misérias, decepções, dores físicas, perda de entes queridos, encontram sua consolação na fé no futuro, na confiança na justiça de Deus, que o Cristo veio ensinar aos homens. Porém, para aquele que não espera nada após a vida, ou simplesmente duvida, as aflições pesam muito mais e nenhuma esperança vem suavizar sua amargura. Eis o que fez Jesus dizer: vinde a mim, vós todos os que andais em sofrimento e vos achais carregados, eu vos aliviarei.
>
> Entretanto, Jesus coloca uma condição à sua assistência e à felicidade que promete aos aflitos. Essa condição está na lei que Ele ensina; seu jugo é a obediência a essa lei; mas esse jugo é suave e essa lei é leve, uma vez que impõe por dever o amor e a caridade (...)

Ela fechou o livro e também os olhos, como se estivesse absorvendo mais profundamente aquela mensagem. Embora eu tenha me sentido consolado com aquelas palavras, ao mesmo tempo minha tristeza aumentou. No texto falava em perda dos entes queridos e muitas vezes dona Cândida já falara que o livro, aberto ao acaso, nos trazia respostas precisas aos nossos problemas. Saí dali ainda pensando no assunto e fui para o lado de seu Antônio, na tentativa de ouvir alguma novidade.

Soube que muitos barcos tinham ido ao mar e a maioria já havia regressado. A Capitania dos Portos providenciara também uma busca. Algumas pessoas vinham saber notícias, mas quase todos apenas olhavam meu pai na porta e passavam reto: sua expressão era a notícia muda.

Não pude ficar ali, desci à praia e fui até a pedra da cobra e nela encontrei Luísa, que olhava para o mar num silêncio bem maior que o próprio silêncio. Não quis subir e voltei à barraca da Velha, onde alguns pescadores bisbilhoteiros se perguntavam o que fazia por aqui a moça, a estas horas.

– A moça é estranha – eu disse –, é de fora, não sabe os costumes daqui...

Faltavam apenas três dias para o casamento de Joaquim Abel Couto, o Mino, com Vera Lúcia Azevedo, filha de um comerciante tradicional da cidade litorânea de Santa Fé, situada no litoral norte de Santa Catarina, onde morávamos todos em disfarçada tranquilidade.

Os convites já haviam sido distribuídos há um bom tempo e a festa estava quase toda pronta. A noiva, filha única e mimada, já nem mais saía às ruas, como a fazer suspense; mais para impressionar do que para guardar-se para o noivo. Porém, o destino é um senhor calmo e preciso nas suas atitudes: sem tardar um minuto ou adiantar um fato, moveu as peças do seu tabuleiro vivo, de maneira sóbria e devastadora.

Chegara à cidade, há poucos dias, um novo gerente para o Banco do Estado, José Fortunato e, como era dezembro, junto com ele, a filha, estudante de engenharia química na capital e que estava de férias. Seu nome: Luísa. Ela logo chamou a atenção de todos pela beleza e pelo atrevimento, pois não se importava em sair de casa sozinha e conversar com todas as pessoas da cidade, principalmente os homens, casados ou não. Também gostava de ir à praia sozinha, com seus minúsculos biquínis, e adorava nadar. Chegou a disputar algumas competições de natação, como se soube, porém, não tinha muita experiência com a leveza traiçoeira das águas salgadas.

Meu irmão, naquele dia 10 de dezembro de 1983, voltava do mar, como sempre no verão, beirando à praia, em pé na popa do seu barco, cuidando do leme e vestindo apenas uma bermuda, deixando à mostra seu corpo bronzeado e bem definido, o que conseguira graças aos anos de lida na pesca, e também à musculação que fazia quase todo dia. Tinha os cabelos castanhos-claros, quase loiros, compridos e amarrados na nuca, o que contrariava a moda de cabelos curtos da época. Seu rosto era afilado, de olhos verdes e usava um cavanhaque ralo. No conjunto todo conseguia ser muito atraente, o que lhe valia uma fama de mulherengo e muitos problemas com maridos e namorados ciumentos, embora soubesse respeitar, como ninguém, as mulheres comprometidas. Estas é que, normalmente, o procuravam, fato que gerava tantas encrencas para o seu lado.

Quando passava pela praia da Velha, não muito perto da areia devido às ondas, viu que alguém lutava para vencer a correnteza de um dos tantos canais que as ondas formavam. Por sorte estava passando por perto e percebeu que era uma mulher, já quase desmaiada. Como estava muito perto da quebrança das ondas, apanhou a moça pela mão e conduziu com cuidado seu barco para longe da arrebentação. Depois disso, conseguiu colocá-la para dentro, após muito esforço, pois ela já tinha chegado à exaustão tentando vencer a correnteza.

Mino ficou longos minutos sem falar nada, somente olhando aquela mulher que se recuperava, ainda aflita e tossindo muito. Quanto mais ela se acalmava, mais meu irmão perdia a calma, parecendo até que ele também havia se afogado, só que de outras águas. Em poucos minutos Luísa, lhe abria um sorriso cristalino, com seus olhos mais verdes que o mar, brilhando mais que o mar:

– Meu orgulho me traiu... não acreditei quando me falaram que era muito perigosa esta praia... Se você não aparece, poderia ter morrido – falou Luísa. – Aqui, saber nadar não resolve muito.

– Esta praia é traiçoeira, já levou muita gente e que sabia nadar muito bem – comentou meu irmão. – Aqui vale mais a esperteza. Se tu solta teu corpo boiando na correnteza, vai acabar dando a volta e voltando para a praia. Queres ver?

Meu irmão levou o barco de volta até o canal, desligou o motor e o deixou ir 'à rola'. O barco descreveu um círculo, lentamente, e chegou tão perto da areia que quase uma onda quebrou dentro. Mino correu a ligar o motor às pressas e mudou o rumo mar adentro, só que, quando se virou para sua passageira, ela já não estava mais ali. Olhou para a praia e lá estava ela, saindo da água e acenando, para desespero de Mino, que não pôde perguntar de onde ela surgira.

– Pedro, existem sereias, só que não têm rabo de peixe não! Uma subiu no meu barco hoje, fingiu que estava se afogando e fez com que eu a salvasse. Tinha os olhos mais lindos que já vi. Depois, sem que eu pudesse falar nada, pulou no mar e desapareceu atlântico adentro.

Mino passou o dia andando no vento e se atrapalhando com as coisas. À noite saiu para ir à casa de Vera Lúcia, mas foi parar na praia. Ficou lá, sentado na areia, pensando no vazio que, de repente, encontrou em seu peito e que ele não imaginava que existia. Neste vazio, às vezes, passava uma sombra de mulher, que ele nem sabia bem como era, mas que tinha olhos verdes e brilhantes. Estava tão distraído que não percebeu que aquela sombra havia saído ali de dentro e veio chegando, em silêncio, pela areia. Sentou também, um pouco atrás, e lhe disse:

– Um marinheiro sentado na areia, no meio da noite... ou tá pensando nas sereias do mar, ou na namorada que o fará abandonar as sereias...

Mino, que sempre teve muita presença de espírito, respondeu sem se alterar, nem olhar para trás:

– As sereias andam cada vez mais atrevidas, saem do mar sem medo e tentam nos assustar...

– Desculpe-me, não quis assustá-lo. A noite está muito quente e resolvi respirar um pouco desta brisa fresca. Não pensava encontrá-lo por aqui, pensando em sereias...

– Tu não me assustaste – disse, virando-se para Luísa e atrapalhando-se novamente com o brilho daqueles olhos.

A brisa do mar balançava levemente seus cabelos claros. Ela usava um vestido curto de Bali e estava mais atraente que de dia. Os dois eram bastante parecidos fisicamente, poderiam até passar por irmãos, não fosse a origem geográfica tão diferente. Meu pai era praiano, nascido e criado em Santa Fé, ao contrário de minha mãe, que chegara na cidade com treze anos, vinda da capital do vizinho estado do Paraná. O pai de Luísa era de uma pequena cidade do interior de Minas.

Meu irmão sentiu que sua respiração estava fora do compasso e, para despistar, levantou e falou para a moça:

– Vens, vamos caminhar um pouco.

– Vamos, mas pro outro lado. Já é tarde e meu pai fica preocupado se eu demorar muito. Eu moro sozinha o ano todo e ele ainda fica preocupado.

Foram conversando pela rua e, por coincidência, o caminho da casa de Luísa passava em frente à casa de Vera Lúcia. Mino, que estava atônito com a aparição da moça, não se deu conta deste terrível detalhe e, quando percebeu, já estavam bem próximos de Vera Lúcia, que estava sentada na varanda, com certeza esperando seu Joaquim, que toda noite vinha ali.

Antes que Vera Lúcia se virasse para eles, Mino puxou Luísa para o lado da rua e entrou atrás do muro lateral da casa, que dava para um terreno baldio. Luísa não entendeu aquele gesto brusco do meu irmão a arrastando como um louco. Olhou-o sem saber o que dizer, só que, antes mesmo que ela dissesse alguma coisa, que poderia ser uma palavra ou até um grito que chamaria a atenção de Vera Lúcia, numa atitude ainda mais abrupta, segurou Luísa pela cintura e, de forma inusitada, deu-lhe um beijo forte e sufocante. No começo ela quis separar-se, porém meu irmão tinha sido rápido mas não grosseiro, e a força carinhosa com que ele a segurou transformou o que era uma atitude estúpida numa boa surpresa.

– Só não entendi por que me carregou pra cá assim, de repente; não há ninguém na rua – sussurrou Luísa, quando conseguiu separar sua boca da dele o suficiente para emitir algum som. Mino, que parecia ter perdido contato com o mundo, apenas falou, baixinho:

– Não fala nada não, se loucura tivesse explicação não seria loucura. Vens comigo, por aqui tem um caminho que sai na outra rua. Tu não vistes, mas lá na esquina vinham descendo dois pescadores, famosos por matarem sereias...

Luísa riu do gracejo e foi atrás do meu irmão, com a sensação de que, naquele momento, iria atrás dele por qualquer caminho, qualquer lugar.

Capítulo 3

Vera Lúcia ficou até tarde na varanda e Mino não veio. Muitas outras vezes ele não tinha vindo, mas, desta vez, alguma impressão estranha causava um mal-estar na moça. Quis até se preocupar, porém o sorriso zombeteiro de sua mãe, dona Mafalda, desviou seus pensamentos para a irritação e foi dormir, jurando que isso logo acabaria: "Deixa estar, só mais dois dias e ele vai ver quem é Vera Lúcia! Haverá de pagar dobrado cada minuto..." Como se meu irmão já não soubesse bem com quem lidava. Não foram poucas as cenas públicas de ciúme, em bares, boates e até na igreja, num dia que ela conseguiu carregar meu irmão para a missa. Meu irmão era espírita, como todos já eram na nossa casa, embora não levasse a religião tão a sério como os pais. Concordou para não arrumar confusão, mas o vexame foi grande e, como todas as outras vezes, eles se separaram e voltaram, intercalando momentos de paixão e ferocidade. A paixão do meu irmão por ela era um sentimento instável, com altos e baixos e, até certo ponto, o casamento era uma obrigação imposta pelo tempo e pela sociedade. Vera Lúcia não dava o braço a torcer, mas o sentimento que nutria por Mino era muito mais de posse do que afeto, afinal, ele era o assunto de quase toda mulher da cidade, independente da idade. Sua beleza física e sua simpatia atraíam tanto a atenção, que ser namorada dele era um trunfo que ela não dispensava.

Vera Lúcia era bonita, mas de uma beleza comum, e todas as suas pretensas rivais não entendiam o que o Mino vira naquela menina mimada. Tinha os cabelos castanhos-claros na altura dos ombros, porém os pintava de castanho-escuro, quase preto, para contrastar com sua pele muito branca; o sol não lhe era agradável. Seus olhos eram escuros, o que formava um conjunto equilibrado, mas nada de excepcional. Outro fator que fazia com que ela o quisesse, era que uma moça de cidade pequena, que namora muito tempo um rapaz, tem que casar, senão outro bom partido, só se vier de fora.

Mino, por sua vez, levou a coisa adiante por comodismo, gostava dela sim, mas nunca deixou de lado seus casos esporádicos, secretos ou não. Pensava em casar, porém, provavelmente continuaria o mesmo. Na cidade corriam até apostas, em dúzias de cerveja, que ele não casava, para irritação do pai da moça, que via o nome da filha mimada virar piada em bocas maldosas.

No dia seguinte, acordei com as batidas do meu irmão na janela, já bem conhecidas, com uma moedinha ou uma pedrinha:

– Diz pra mãe que cheguei de madrugada, só troquei de roupa e fui pro mar, coloca esta roupa no cesto e me joga uma bermuda.

Em um minuto já tinha sumido na direção do rio. No final do dia voltou sem peixe e só deu tempo de dizer que ia sair para ver Vera Lúcia, mas Vera Lúcia passou mais uma noite na varanda, maldizendo meu irmão que não aparecia para acertar os últimos detalhes da festa. O dia seguinte seria sexta-feira, só faltaria um dia e o danado nem tinha ido ao seu Irton, alfaiate, fazer a última prova do terno de linho branco, que ela mesma escolhera. Ainda precisava comprar as bebidas, confirmar os músicos, ver se os assadores não precisavam de mais nada, e ele passara o dia pescando e, agora à noite, sabe-se lá onde andaria: bebendo, com certeza, seus últimos goles de liberdade irresponsável. Deixa estar, pensava ela, só mais um dia!

Naquela manhã em que Mino conversou rapidamente comigo, ele embarcou em seu Vera Lúcia e saiu para o mar, mas não para pescar. O dia havia sido quente e sem vento, o mar estava calmo. Mino tinha passado direto pelas redes e soltado ferro atrás da ilha do Padre, local protegido pelo vento sudoeste, que ameaça cair de uma hora para outra. Ficou ali, não sabe quanto tempo, deitado sob a casaria do barco.

Uma gaivota viera pousar na proa, abriu bem as asas, como se estivesse se espreguiçando, e depois voou, esnobando liberdade ao meu irmão, que nunca se sentira tão preso aos grilhões invisíveis do compromisso. A gaivota planou sobre a ilha e foi parar sobre a maior pedra da costa. A ilha do Padre era ótima para pescaria do sargo e da garoupa, mas só nos dias de calmaria, do contrário, embarcação alguma se arriscava a chegar perto de suas pedras pontiagudas. Apenas em um ponto, numa pedra em forma de rampa, dava para descer na ilha, de bateira e com a maré alta.

A ilha do Padre. Dizem que um padre, que teria se salvado de um naufrágio, viveu na ilha por muitos anos e desapareceu misteriosamente, há bastante tempo atrás, quando as embarcações eram todas à vela. Muitos afirmam que, nas noites de véspera dos dias santos, se pode ouvir suas rezas na colina mais alta da ilha. A ilha do Padre! O tempo estava ameaçando virar de repente. Estava para cair um vento sudoeste. O mar ficaria agitado. A gaivota voltava a voar livremente sobre a ilha, sem preocupar-se com o tempo. A ilha do Padre! Se o tempo mudar, ninguém chega, ninguém sai. Meu irmão levantou-se e foi até a proa: se o tempo mudar, ninguém chega, ninguém sai...

À noite meu irmão encontrou Luísa na rua. Estava encostada em seu carro, um conversível 0 km, que já tinha sido o assunto preferido de toda a turma jovem da cidade. Usava outro vestido curto, seus preferidos, com decote em V insinuante, só que desta vez de linho azul-marinho. Estava linda e meu irmão não conseguia controlar nem a respiração por vê-la. O que era aquilo que invadia seu corpo, como a incorporação de um espírito aflito? Não conhecia estes estágios avançados do sentimento. Tinha medo, mas não do medo que afasta, que vira as costas e corre; não era medo covarde. Quando se aproximou, ela entrou no carro, esperou Mino entrar e arrancou em alta velocidade.

– Pra onde tás me levando, ô guria?

Mino também falava da maneira natural da gente litorânea, que formalizaram um jeito de falar diferente, sem concordâncias verbais corretas e comendo a metade das palavras, devido à influência da colonização açoriana, o que dava aos habitantes do local um falar peculiar, como se fizessem com as palavras uma canção cada vez que falavam. Luísa olhou-o de maneira seca e respondeu:

– Qualquer lugar onde possa me responder algumas perguntas, sem que sua 'noiva' fique sabendo.

A referência a Vera Lúcia roubou as palavras dele, que mergulhou num silêncio ensimesmado durante o trajeto e lastimou ainda mais sua liberdade perdida. Ela foi parar no mirante do Farol, um morro escarpado que caía direto sobre o mar, que oferecia uma vista linda de dia e um tradicional ponto de namoro à noite. O farol funcionava e era vital para a orientação das embarcações.

Ficaram alguns minutos em silêncio que, para Mino, pareceram horas. Ele não sabia o que dizer, não sabia que tipo de moralismo moldava o pensamento de Luísa, e a hipótese de ela trazê-lo até ali para uma despedida o assustava. Lamentou, também, por não ter contado a verdade logo no princípio, mas ele mesmo não tinha ideia da avalanche que cobriria todos os outros sentimentos do seu peito; não sabia que o sentimento cresceria tanto, em tão pouco tempo. Imaginou que seria apenas mais um caso, o último caso antes de casar.

Luísa estava ali, quieta, tinha encostado a cabeça no volante e parecia que esperava que meu irmão se manifestasse. Como ele não falava nada, ela desceu do carro, fechou a porta e encostou-se nela; ficou esperando por Mino, que não tardou em encostar ao seu lado e ficar ali, indeciso e aflito, como um réu à espera da sentença. Luísa virou de frente para meu irmão e olhou-o de forma ríspida e inquiridora. Quando ele se preparava para dizer alguma coisa, que nem sabia o que seria, ela atirou-se sobre ele e sufocou-o com um beijo. Depois, sem parar de beijá-lo, foi falando:

– Por que nos apaixonamos mais fácil pelos cretinos do que pelos corretos? Qual a magia escondida nos pilantras? Por que os infames conseguem ser mais interessantes?

– Deus!! Eu sou tudo isso?

– É mais... é muito mais. Não tem no dicionário palavra que defina estas pessoas traiçoeiras. São tão perigosas quanto indefiníveis. Por elas sofremos como se fosse bom sofrer, como se fosse livre escolha sofrer. Por elas nos apaixonamos, nos tornamos cegos e nos candidatamos à dor. Meu coração acabou de traçar meu destino: sofrer. Talvez de repente, como uma pontada dilacerante, um florete cruzando o peito e não matando, porém, deixando uma cicatriz horrenda, que eu vou ter que esconder, disfarçar, nunca deixar ninguém ver. Talvez seja lentamente, dor em gotas, pingadas pacientemente, uma a uma, como um veneno que acostumamos nosso organismo a usar, não mata, mas acaba, com o tempo, deixando sequelas invisíveis aos olhos, porém palpáveis ao coração. De qualquer forma dor, que não tenho mais como evitar.

A lua cheia dava tonalidades prateadas à noite. Luísa beijou-o longamente, depois virou para o mar, abriu os braços e cantou, baixinho, como se cantasse para si mesma, mas alto o suficiente para que ele a ouvisse e se emocionasse:

> não pode mais meu coração
> viver assim dilacerado

escravizado a uma ilusão que é só
desilusão
ah, não seja a vida sempre assim
como um luar desesperado
a derramar melancolia em mim
poesia em mim
Vai, triste canção
sai do meu peito e semeia a emoção
que chora dentro do meu coração

Ela sentou sobre uma pedra que beirava a escarpa, com os braços cruzados sobre os joelhos e ficou quieta. Sua voz era delicada e a canção que cantara parecia ter caminhado sobre o peito de Mino, deixando pegadas a serem fossilizadas. De onde surgira essa mulher, com sua graça dramática, como que volitando suave sobre suas horas? Como a natureza conseguiu concentrar tanta leveza nos seus atos, nos seus sons? Qualquer outra pessoa que tivesse feito o que ela fez teria passado a impressão de uma encenação, mas ela fez com sentimento. Fazia um curso superior e tinha olhos verdes. Era culta, dava para ver, e tinha um sorriso encantador. Sabia cantar, tocava alguns instrumentos, já viajara o país inteiro e metade do mundo, graças à bondade até exagerada do avô Raul, que adorava a nora como uma filha e transferiu todo este afeto à neta, quando esta morrera, pouco tempo depois de ter Luísa. Tinha um corpo perfeito, de tirar o fôlego... Ia longe o pensamento do meu irmão, como se, naquele momento, separados por dois ou três passos, houvesse milhas e abismos entre eles.

– Eu sempre tive tudo o que quis – falou Luísa, rompendo o silêncio – e sempre, por onde passei, ou onde quer que eu esteja, as pessoas acostumaram-se a me colocar numa redoma de cristal e apreciar-me como coisa. Uma coisa terna, uma coisa tocante e bela, que sempre tem um carro do ano e que gosta de ópera, mas uma coisa de ser vista e não de ser tocada. Ontem você me abraçou como se eu fosse apenas mulher. Beijou-me como se eu fosse apenas mulher. Conversou comigo coisas simples, como o vento e os siris-goiás, como a pesca da bicuda e a castanha da fruta dos sombreiros, como atração e paixão. Danem-se os diplomas! Danem-se os intelectuais! Ao diabo com o amor medido a régua e esquadro! Não quero alguém para discutir Sartre; não quero alguém que saiba decifrar o segredo da Esfinge. Quero alguém que saiba decifrar a mim, mulher, sem ter medo de morrer de amores. Que pode amar e ter tesão; que pode se entregar à paixão sem preconceitos. Não sei se você é a pessoa, mas não tem importância nenhuma. Foi ótimo você não ter comentado nada sobre Tom Jobim, para mostrar que sabia de quem era música, foi ótimo você ter descoberto, sem querer ou não, que eu sou igual a você, com anseios igualmente humanos.

Mino pensou em se aproximar, pensou em abraçá-la e dizer que não casaria mais, que não conseguiria mais deixá-la, mas sentiu que isto poderia apenas parecer uma promessa fútil e não queria romper a magia daquele momento. Havia algo de sobrenatural os envolvendo, como um encontro de tempos. Era como se estivessem apenas se reencontrando depois de milênios e, por segundos, ele pareceu não estar ali, como se tivesse se transportado para outra época, outro local. Assustou-se com isso e teve que se concentrar para ter certeza de onde estava: no mirante do Farol, com uma mulher linda e que ele sentia apaixonar-se de forma inusitada.

Luísa ficou quieta, não havia se mexido enquanto falava e agora escondia a cabeça entre os braços, como se estivesse com algum medo. Meu irmão estava encostado no carro, de braços cruzados, e rompeu o silêncio cantando, também baixinho, a música de que tanto gostava e que, apesar de ser óbvia, cabia com perfeição ao momento:

Vem cá, Luísa
Me dá tua mão
O teu desejo é sempre o meu desejo
Vem, me exorciza
Dá-me tua boca
E a rosa louca
Vem me dar um beijo
E um raio de sol
Nos teus cabelos
Como um brilhante que partindo a luz
Explode em sete cores
Revelando então os sete mil amores
Que eu guardei somente pra te dar Luísa
Luísa

Ela estava em pé à sua frente, entre surpresa e encantada, sorriu do seu encanto, beijo-o mil vezes. Entre tantos beijos, meu irmão pode gaguejar:

– Desculpe, mas... eu adoro... Tom... Jobim...

Aquela sexta-feira, 11 de dezembro, amanhecia com uma brisa fria vindo de terra, que podia virar para rebojo, o vento sudoeste, sempre irritante. As nuvens mais altas corriam mais rápido que as baixas, ninguém duvidava que o tempo ia mudar. O sol pintava de rosa as nuvens mais distantes, em forma de rabo de galo e o mar estava manso, porém sinistro, como se estivesse com medo de si próprio.

O Berto ainda tentou mudar a ideia do meu irmão, dizendo que aquele vento era ruim para peixe e que, se o tempo virasse, a ilha do Padre não era o melhor lugar de se estar perto:

– ... não sei não, isto tá me cheirando safadeza. Como se tu não soubesse que ir pra lá hoje é arriscado. Vera Lúcia sabe disso?

Berto era o melhor amigo dele, criado junto e da mesma idade, conhecia mais meu irmão do que a ele mesmo. Ficou sentado na proa do seu barco, o Rebojo, vendo Mino sair pelo rio de bateira, remando lento. Sabia que atrás do silêncio do amigo se escondia uma tempestade que ainda haveria de dar em alguma costa.

A ilha do padre distava menos de três milhas da terra e muitos pescadores iam lá de bateira, para poder chegar na pedra em forma de rampa que dava acesso à ilha. Porém, o dia não era pra pesca, muito menos lá. Berto gritou ainda mais uma vez, antes que meu irmão saísse da barra:

– Não queres mesmo que eu te reboque?

Meu irmão continuou remando, sem virar para trás, como se, por acaso olhasse, pudesse expressar as ideias secretas que o moviam. Só depois de estar já longe da barra é que se virou, montou a palamenta, que são os encaixes para os remos existentes na lateral do barco, e continuou remando.

Perto das dez horas da manhã chegou à ilha e, no meio de tantas gaivotas, pareceu ter reconhecido a que zombara da sua liberdade e falou para si mesmo: não tenho asas, mas ainda sou livre. Subiu a pedra da rampa e levou o barco bem longe do mar, escondendo-o no meio do mato. Depois cortou umas folhas de bananeira e deitou sobre elas, tinha tempo, muito tempo para pensar na vida, ainda era meio dia.

Tirou da sacola de material de pesca seu livro, protegido por uma capa de couro com zíper: sua bíblia profana, seu Pessoa, como chamava e que costumava ler lá fora no mar, quando arrastava camarão. Para ele aquilo era a poesia, não havia Vinícius, nem Drummond, nem Neruda, apenas Pessoa. Respeitava profundamente a todos, mas a poesia de Fernando Pessoa era o que lhe ia constantemente na alma.

Era bastante estranho para um pescador o gosto do meu irmão; Fernando Pessoa, Tom Jobim. Porém, desde bastante jovem, diferenciava-se dos colegas neste sentido e, mais tarde, no colégio, com seus 17 anos, teve um caso com a professora de literatura que estagiava na cidade e influenciou muito seus gostos literários e musicais. Infelizmente, também exerceu outras influências: a moça era dependente de cocaína e meu irmão, que já ia a fundo na maconha, só subiu, ou desceu, mais um degrau.

O caso foi polêmico e levou a jovem e linda professora a ter que mudar de colégio e de cidade. Mino tinha se apaixonado por ela, porém, a fibra natural do seu caráter fez com que ele, ao invés de afundar mais na dependência, buscasse o caminho inverso, abandonando totalmente o vício. Nem cigarro fumava mais. Ele também gostava de Caetano, Legião Urbana, Fred Mercury, Chico Buarque, Paralamas, Cazuza, Rita Lee, porém, na poesia, só existia Pessoa. Abriu o livro ao acaso, como gostava de fazer, e sorriu:

> Todos os dias agora acordo com alegria e pena.
> Antigamente acordava com sensação nenhuma; acordava.
> Tenho alegria e pena porque perco o que sonho
> E posso estar na realidade onde está o que sonho.
> Não sei o que hei de fazer das minhas sensações.
> Não sei o que hei de ser sozinho.
> Quero que ela me diga qualquer cousa para eu acordar de novo.

Acredito que gostava tanto de Fernando Pessoa pelo direito de exclusividade que adquirira a ele. No seu meio ninguém lia Pessoa, ou nem o conheciam. Na verdade, todos estranhavam seu gosto abstrato e assim ele sabia que Pessoa, onde estava, era só dele. Aquele livro era seu porto, sua passagem secreta, sua ilha deserta, sua ilha. As gotas da chuva que começava a cair trouxeram-no novamente para a ilha de terra e rochas onde estava. Chuva não havia sido calculado, mas não tinha importância, pelo contrário, ajudaria a explicar porque não acendera uma fogueira.

Cortou rapidamente três varas de bambu, fincou duas delas num terreno em declive e, com a terceira, uniu-as como se fosse uma trave de futebol, em seguida, inclinou-as para frente e ligou as varas com os ramos finos do bambu, fazendo também com eles as amarrações. Depois cobriu tudo com folhas de bananeira, iniciando a colocação do solo e indo até em cima, como se fosse um telhado, para que a chuva não passasse. Fez ainda uma pequena valeta atrás do seu toldo improvisado, para desviar a água que escorreria pela encosta. Sob sua construção havia espaço somente para ele, seu Pessoa e Luísa, a quem aconchegou bem perto do peito, acarinhou suavemente seus cabelos e lamentou que seu corpo não estivesse ali realmente.

O vento trouxera uma chuva fina e contínua, o mar tornara-se impraticável e sua impaciência contrastava com a calma do meu irmão, que não esperava contar com tanta sorte. Impossível chegar à ilha, muito menos sair e, se o Berto ficasse quieto como havia prometido, hoje ninguém nem pensaria onde ele andava.

Começava a escurecer quando Mino lembrou de um detalhe, que, na sua pressa em sair de terra, havia deixado de lado. Estava com fome e não havia trazido comida. Era tarde para se embrenhar na ilha e procurar bananas maduras, que só tinham tempo de amadurecer em locais de difícil acesso. Procurou no barco o que tinha de equipamento de pesca e descobriu que só um dos quatro caniços estava preparado. Desceu até a água, catou alguns búzios para isca e subiu sobre uma pedra em forma de cunha que avançava sobre o mar. As ondas não permitiam que fosse muito longe, porém conseguiu chegar numa distância que seu caniço alcançava águas mais profundas. Quebrou o maior dos búzios com uma pedra, iscou seu anzol e ficou na torcida para que não ferrasse um peixe muito grande, que poderia deixá-lo sem equipamento.

Naquele local era comum a pesca de sargos de bom tamanho e, apesar do vento sudoeste não ser favorável à pescaria, não demorou muito para ferrar um deles, que vergou com força o caniço do meu irmão. – "Caramba! – pensou Mino – quando a gente não quer vocês aparecem."

Era um peixe forte, mas meu irmão era esperto e foi trazendo ele para o raso, beirando a pedra, até que uma onda mais forte o arrastou para um pedacinho de areia que ali existia, deixando-o encalhado. Seu tamanho de verdade nunca ninguém vai saber: – Uns seis quilos! – falou meu irmão, só que meu irmão era pescador, então...

Mais difícil que pescar foi acender uma fogueira, a lenha que juntou perto do seu acampamento improvisado já estava molhada e demorou bastante para firmar o fogo, ainda mais que algumas rajadas de vento traziam a chuva para dentro da proteção que havia construído. Mino aproveitou do peixe apenas o lombo, de onde tirou duas tiras de carne e espetou-as sobre o fogo, de uma maneira que assassem depressa, pois não queria manter o fogo aceso muito tempo. Quando terminou de comer, sabia que já era bem tarde, apesar de não querer olhar para o relógio, deitou sob o seu toldo e lamentou não ter se preparado melhor para a aventura, pois a chuva e o vento haviam feito cair bastante a temperatura e sua roupa estava bastante molhada. Cortou mais algumas folhas de bananeira e tentou se enrolar com elas, mas nada ali era cômodo, exceto a ideia de se manter livre (livre?). Tentou se aquecer com a lembrança de Luísa, seu calor e seu carinho, e dormiu um sono intranquilo, como o mar que quebrava cada vez mais forte sobre as pedras da ilha do Padre.

A chuva apertou no meio da noite e a pequena vala que ele havia feito não dava mais conta do volume de água que descia pela encosta. Meu irmão acordou com a água fria escorrendo embaixo do seu corpo e foi obrigado a aprofundar mais a vala. Porém, o solo da ilha era bastante rochoso, o que não lhe permitiu muito sucesso na sua tentativa, apenas levou-o a encharcar-se ainda mais e perder completamente o sono.

Sentou sob o abrigo, que também tinha algumas goteiras, e percebeu que não conseguiria dormir mais. Não sabia quanto tempo havia dormido. Estava ali quieto, com os braços cruzados sobre os joelhos dobrados, sem pensar em nada exato, quando ouviu um som estranho, ao menos para aquela circunstância. Um som agudo e baixo, que parecia vir do alto da colina onde se instalara. Inicialmente o som era contínuo, porém, depois de algum tempo, passou a ter pequenos intervalos de dois a três segundos, por quatro a cinco segundos de som. Parecia o som de microfonia.

Tentou buscar na memória alguma coisa que explicasse aquilo, mas foi inútil, não tinha nenhuma explicação lógica. No entanto, meu irmão sempre fora amigo do lógico e, por isso mesmo, trazia consigo a fama de corajoso, nunca temendo o que os outros pescadores tinham muito receio, como as assombrações, os lobisomens e outras lendas. Ele mesmo, na época da pesca da tainha, no inverno, inventara a história de um porco, que ele não tinha bem certeza de ser um porco, devido ao seu tamanho, que tinha corrido atrás dele no caminho que passa pela pedra da Cobra, por coincidência o melhor local para a pesca de tainha com tarrafa. Contou com tanta convicção que, devido à sua alardeada coragem, pôde pescar ali o inverno todo, sem concorrência. Alguns dos pescadores mais 'impressionáveis' chegaram até a dizer que cruzaram com o tal bicho no mesmo local, em outras noites.

Como não tinha sono, nem medo, resolveu ir buscar a explicação para o fato. Foi subindo a colina por um caminho bastante liso, lentamente, devido à escuridão total da noite. Em alguns pontos, tinha que esperar por um relâmpago para definir por onde ir. O som mantinha-se da mesma forma, pulsante e cada vez mais nítido. De repente, ouviu uma voz, mas não entendeu o que dizia, era língua estranha, não era inglês, alemão ou francês, era outra língua. Aproximou-se lentamente e percebeu que era uma conversa que vinha de trás de uma pedra redonda e grande que havia bem no alto da colina menor da ilha. Galgou a pedra com cuidado, se arrastando como um soldado para não ser visto. Quando chegou ao alto da pedra, apesar da noite escura, pôde ver duas pessoas de costas para ele, usando capas de chuva pretas que cobriam o corpo todo até os pés, o que quase não permitia que as distinguisse no meio da escuridão.

Elas estavam em pé, a uns quinze metros de distância dele, sobre uma pedra achatada que formava conjunto com a pedra redonda onde ele estava. Entre as duas havia uma caixa quadrada, onde, na parte superior, apareciam muitas luzes verdes e uma vermelha, que acendia e apagava, juntamente com a pulsação do som que emitia e que o atraíra até ali. Meu irmão não conseguia imaginar o que faziam ali aquelas pessoas e ficou preocupado com o fato de ter mais gente na ilha, o que poderia atrapalhar seus planos.

Pensava já em levantar-se e ir falar com eles para saber o que faziam ali, quando uma terceira pessoa apareceu, vindo bem debaixo do seu nariz, saindo da pedra redonda onde estava. "Deveria estar encostada ali", pensou meu irmão. Resolveu esperar um pouco mais. A terceira pessoa trazia uma espécie de prancheta e fazia anotações com uma caneta fosforescente de cor azul-clara. Apesar da distância, dava para ver nitidamente a cor da tinta e Mino pensou ser uma maneira de se poder ler no escuro.

A chuva havia diminuído bastante de intensidade e permanecia apenas uma garoa fina, que não incomodava muito. Então, a pessoa que havia chegado por último tirou o capuz de sua capa, também preta, e Mino pôde perceber que era uma mulher, pelo grande volume de cabelos que caíram em suas costas. Os outros dois a imitaram e foi com surpresa que meu irmão divisou seus rostos, chegando até a recuar um pouco sobre a pedra: a pele deles era extremamente branca, a ponto de poder ser vista com clareza, apesar de estar tão escuro, parecia até que irradiava alguma luminosidade. Pela primeira vez meu irmão pensou que poderia ser alguma coisa incomum. Qualquer outra pessoa teria certeza de que estava na frente de três fantasmas e sairia dali correndo montanha abaixo, para, em pouco tempo, transformar a história em lenda. Mas em meu irmão a curiosidade era bem maior que o medo, por isso esperou para ver.

Os três ficaram ali bastante tempo e a chuva passara totalmente, o que fez com que tirassem suas capas. Usavam uma roupa colada ao corpo de um tecido que parecia ser sintético, aparentemente de cor azul-clara. Usavam um cinto, que em cada um tinha uma cor diferente: num dos homens era vermelho, no outro branco e na mulher verde, todos um pouco fosforescentes, assim como a roupa. O conjunto todo, apesar de assustador, por ser tão incomum, era muito bonito, parecendo uma imagem telúrica.

Os três continuaram ali, conversando de vez em quando umas poucas palavras em uma língua que meu irmão não conhecia, em torno do aparelho, até que este emitiu um som longo, sem interrupções, como o que ele havia ouvido no início, e parou, apagando-se as luzes. Um dos homens apanhou o aparelho e juntos vieram em direção à pedra redonda. A mulher, que vinha a alguns passos atrás, parou de repente e olhou para cima da pedra, na direção do meu irmão, que escorregou rápido para baixo para não ser notado. Ficou ali alguns minutos e depois voltou a olhar. Ela continuava parada no mesmo local, olhando para ele. O dia já começava a amanhecer e ela estava ali, parada. Se ele tivesse chegado naquele instante, juraria que estava diante de uma estátua, ou que aquilo era uma imagem irreal, uma visão, uma 'viagem', porém, droga ele tinha certeza de não ter usado. Meu irmão não teve como recuar, levantou sua cabeça totalmente e olhou de frente a moça. Ela tinha a pele muito clara, cabelos longos e negros e olhos também negros, seus lábios eram finos e de um vermelho muito vivo. Não inspirava nenhum receio, apesar da aparência um tanto diáfana, e até mesmo tinha um olhar suave, apesar de muito seguro. Ficou algum tempo olhando meu irmão, depois se ouviu uma voz debaixo da pedra, como se alguém a estivesse chamando. Ela esperou mais alguns segundos e depois apenas colocou o dedo indicador em pé, em frente aos lábios, olhando para Mino, como quem pede silêncio. Então sorriu e também sumiu pelo mesmo caminho dos demais.

Meu irmão escorregou rapidamente de onde estava, contornou a pedra até onde os três estranhos personagens haviam entrado e, para seu espanto, não encontrou nem uma passagem, nem um caminho que contornasse a pedra pelo outro lado. Nela podia apenas ver as ranhuras feitas pela erosão de milhares de anos, como se fossem cicatrizes deixadas na pedra. Procurou ainda mais, afastando a vegetação que a margeava, mas, em torno da pedra, havia apenas um barranco íngreme pelo lado sul; pelo leste, era onde ele estava; a oeste, a pedra plana onde os três estavam; a norte, a mata serrada da ilha e a passagem por onde ele tinha descido. Não dava para entender, não era racional, não havia nem marcas nos musgos que cresciam junto à base da pedra, como se ali há muito tempo ninguém houvesse pisado. Mas ele vira, não estava 'viajando', já tinha deixado disso. Era até parecido, mas não estava viajando. Foi até a ponta da pedra plana e sentou na beira da escarpa; não dava para entender, não dava nem para contar, iam dizer que ele voltou para a branca.

Ficou sentado bastante tempo, tentando reconstituir todos os detalhes do que vira, totalmente desligado do tempo, até que percebeu, no mar, vindo de terra, uma lancha de pescador, lutando contra a formação irregular das ondas, com um motor de centro que parecia não ser dos mais potentes. Saiu da pedra rapidamente e desceu a colina, parando num ponto onde podia ver qual o destino que seguiria a lancha. Esta foi chegando bem próximo da ilha, tão próximo que logo entendeu o que faziam seus dois ocupantes: estavam procurando por ele.

Não saiu do local, já era dez horas da manhã de sábado, seu casamento estava marcado para as cinco da tarde. Diante da surpresa do acontecido, tinha esquecido do motivo principal de estar ali. Obviamente, a lancha não poderia chegar à ilha. Quando chegou bem perto, pôde ver o Berto no leme e, na proa, o Abílio, pescador conhecido por nadar em qualquer mar, mergulhar em qualquer água. Mas nem o Abílio seria tão louco de tentar nadar até a ilha. Contornaram-na se afastando bastante dela pelo lado sul, devido à forte arrebentação, e voltaram para perto por oeste. Meu irmão viu o Abílio fazendo sinais para o Berto, que logo mudou o rumo em direção à terra e foram embora. "Da primeira tentativa estou salvo", pensou Mino.

Continuou descendo a colina, colheu algumas bananas maduras para o seu café da manhã e chegou ao seu acampamento, que não dava para ser visto do mar. A chuva voltou com força, assim como o vento. As ondas explodiam com violência assustadora nas pedras, como se fosse mais uma tentativa do mar em quebrá-las. Todo o ambiente era deserto, sabia que ninguém chegaria ali por alguns dias, porém, sabia que não estava sozinho. A sensação que tinha era que ele era um intruso e que muitas pessoas o olhavam, esperando que se tocasse e fosse embora. Chegou até a ter um pouco de medo de estar ali, mas o medo do casamento era muito maior, além do mais, era impossível voltar atrás agora, o mar não permitiria.

Perto das duas da tarde, mais duas lanchas vieram até a ilha, fizeram o mesmo percurso que a primeira e foram embora. Sabia o que estavam fazendo, queriam ter certeza de que ele estava ali, queriam ver se ele aparecia em cima de alguma pedra, mas o fato de não aparecer deveria estar deixando todos na dúvida e, com certeza, já bastante preocupados. – O mar poderia tê-lo apanhado de surpresa, poderia ter escorregado de alguma pedra e estar lá machucado, sem poder se mexer.

Muita história deveria estar correndo em terra. Como deveria estar Vera Lúcia? Arrancando os cabelos, com certeza, e muita água com açúcar para dona Mafalda, sua ex-futura sogra. Um bem-estar o invadia ao pensar que ela seria sua ex-futura sogra. Perigo só com seu Alcindo Azevedo, o pai, com suas conhecidas explosões de temperamento, mas Mino era bom de papo, sabia convencer, ao menos esperava por isso.

Quatro horas da tarde e mais uma lancha, esta bem maior e eu estava dentro dela. Sabia da história toda, tinha dado tempo do Mino me contar. O Berto, muito esperto, também sabia, tinha me pressionado e não tinha porque não contar, era o melhor amigo do meu irmão. Porém, senti em seus olhos um brilho estranho, um misto de alegria e condenação. Ele só disse: Vera vai sofrer. A maneira como falou o nome Vera soou profundo em mim. Uma sensação precisa ao instinto, porém, indecifrável à razão, principalmente aos meus 14 anos.

O caos já tinha tomado conta de Santa Fé. Era um dos acontecimentos mais esperados e, para surpresa de uns e satisfação de outros, parecia que não iria acontecer. O barco que nos levava era o de Berto, o Rebojo, e trazia uma bateira pequena a reboque. Paramos na direção da pedra em forma de rampa e ficamos medindo a intensidade das ondas e sua frequência. Mesmo com a maré alta daquele horário, era impossível chegar na ilha. Apenas uma onda, das menores, quebraria a bateira ao meio quando chegasse perto da pedra.

Mais duas pessoas estavam no barco: o Alípio e seu Alcindo. Quem diria? De tanto ouvir lamúrias da filha, resolveu vir junto, ele que nunca tinha colocado o pé em nada que flutuasse. Porém, sua presença ali não era nada participativa: da terra até a ilha já havia vomitado duas vezes e estava estendido no fundo do barco, pedindo pelo amor de Deus para que voltássemos. Berto chegou perto do infeliz e disse:

– Se o senhor conseguir levantar um pouco, vai ver que não tem como chegar na ilha... a gente não tava mentindo. Além do mais, é nosso amigo que tá lá... por que eu ia deixar ele na mão? – falou isto sem muita convicção.

– E por que este filho da...(interrompeu as palavras olhando para mim), não aparece? Onde pode ter se enfiado?

– Isso também me preocupa – falou Berto, aumentando a rotação do motor e virando o leme para terra. – Pode ter acontecido alguma coisa grave – olhou para mim e sorriu.

Quando estávamos indo embora, virei para a ilha e acenei com os braços. Sabia que meu irmão estava me vendo e entenderia o meu sinal que tudo estava dando certo. Consegui ficar um pouco em pé na popa do barco, apesar da agitação das ondas, o suficiente para dar vários socos no ar, como quem comemorasse alguma conquista. Eu, talvez tanto quanto Mino, estava contente. Nunca simpatizara muito com Vera, que costumava implicar comigo e tinha ciúme da amizade minha com Mino, sempre reclamando que ele dava mais tempo para mim do que para ela.

Aqueles socos no ar eram um sinal nosso, entre tantos que tínhamos para as mais variadas circunstâncias: um sinal de vitória. Ele havia me orientado que, se caso o seu Antônio e dona Cândida ficassem muito tensos, era para contar a verdade, mas só em caso extremo. Fiquei pensando o que não seria um caso extremo para o meu irmão.

Vestida de noiva, Vera Lúcia estava sentada em uma cadeira de madeira, muda, no meio da sala. Atrás dela uma mãe chorosa e tomada de chiliques, sendo amparada pelas irmãs e amigas. À entrada da casa, alguns senhores cheios de sobriedade e outros com indisfarçável ar de deboche. Todos correram a amparar seu Alcindo, que não conseguia sair do carro e que estava transparente do enjoo:

– Acabou! – gritou seu Alcindo. – Podem ir embora, nem que aquele gaiato apareça não vai ter mais casamento. Acabou!

Ouvindo seu pai gritando, Vera Lúcia bambeou e caiu da cadeira, causando grande alarido. Dr. Aldair, médico da cidade e presente à frustrada festa, atendeu a moça, fazendo com que se recolhesse. Teve que atender também dona Mafalda, que já perdera a conta dos desmaios. Os convidados foram indo embora, ficando apenas os parentes e as fofoqueiras, tentando, a todo custo, colocar mais pimenta no caldo que já estava bastante picante.

Quando cheguei em casa, meu pai estava sentado embaixo do sombreiro que havia na entrada, vestindo apenas uma calça velha e remendando uma das suas muitas tarrafas. Parecia que nada de anormal tinha acontecido. Dona Cândida estava no fogão, fritando filés de pescadinha bembeca, as preferidas do meu pai.

Sentei no degrau da porta, um pouco espantado com aquela aparente calmaria, achando que não precisaria contar o que estava acontecendo. Estava muito enganado.

– Anda, Pedro José Couto, vais contando esta história direito – falou meu pai.

Quando ele me chamava pelo nome completo sabia que era melhor levá-lo a sério e não tive outra saída, afinal, aquele era um caso extremo e eu precisava salvar minha pele:

– Ele tá escondido na ilha. Foi para lá para não casar, sabia que o tempo ia virar e que ninguém poderia descer na ilha.

Seu Antônio continuou remendando a tarrafa sem olhar para mim, como se eu não tivesse contado nenhuma novidade. Depois de algum tempo, falou baixinho:

– Arre que viu a besteira que ia fazer; pena ter descoberto tão tarde.

– Tu não gosta mesmo da moça, Antônio. Mino foi irresponsável, isso tu não pode negar – falou minha mãe, com tristeza e na maneira simples de falar dos costeiros. De certa forma, esperava que o casamento acomodasse um pouco meu irmão.

– Não gosto da moça, do pai da moça e muito menos da mãe da moça. Ele agiu certo, só em tempo errado, de forma errada. Além do mais, eu não tava gostando nada dessa imposição de casar na igreja... A gente não é espírita? Por que sempre a gente tem que ceder? E não se preocupe, como está o mar, antes de dois dias teu filho não volta. Se eu fosse ele não voltava tão cedo – falou seu Antônio, saindo de casa na direção da praia. Já estava escuro e era evidente que não queria conversar mais sobre o assunto, nem encontrar ninguém da família de Vera Lúcia.

Por volta das dez da noite, meu irmão voltava da fonte que havia não muito distante dali, que nascia no meio de duas pedras e que goteja uma água escassa, porém potável. Trazia seu cantil cheio e mais algumas bananas. Tinha tomado o cuidado de, durante o dia, colocar em pé a madeira para a fogueira dentro do seu abrigo, para que secasse mais rápido. Fez a fogueira com as pontas que havia deixado para cima, não se importava mais em ser descoberto. A hora do casamento já havia passado e sabia que não conseguiria sair dali tão cedo. Sua maior dúvida era se subia a colina até o lugar onde vira os três misteriosos personagens, ou não. A chuva havia parado totalmente e o vento também acalmara, o que fizera subir a temperatura, permitindo que meu irmão se deixasse levar pelo cansaço e dormisse profundamente.

O dia amanheceu com o barco de Berto ancorado pelo lado leste da ilha, bem em frente ao local onde Mino estava. Berto estava só e em pé na proa, se equilibrando no balanço das ondas, sempre fortes. Quando meu irmão apareceu no alto de uma pedra, ele foi ao fundo do barco e de lá tirou uma caixa de isopor, vedada por fitas adesivas largas e amarrada com uma corda, que jogou ao mar. Meu irmão foi acompanhando-a aproximar-se da ilha, trazida pela correnteza, indo de sul para norte e, antes que ela se arrebentasse numa pedra, usando uma vara longa, enrolou a ponta da corda que sobrava e puxou-a para terra. Dentro da caixa tinha um pote plástico fechado e, dentro deste, um pedaço de bolo todo esmigalhado, numa garrafa de coca-cola, tampada com uma rolha, um bilhete:

> Já que tu não podes ir na tua festa de casamento, estou te mandando um pedaço do que sobrou do bolo depois do ataque de nervos da noiva.
>
> PS. Espero que tu saibas o que tá fazendo. Quando der, venho te buscar.

Havia ainda na caixa uma garrafa térmica cheia de café, um grande pão feito em casa, alguns pedaços de linguiça defumada e uma caixinha pequena, fechada com fita adesiva, dentro dela um preservativo e mais um bilhete: "Caso tu encontres alguma sereia com essa tal de AIDS."[1]

Mino abriu um largo sorriso, ao menos Berto não estava zangado com ele.

Há poucos dias tinham assistido a uma palestra sobre esta doença que começava a assustar e que, falava-se, estava muito distante de se encontrar uma vacina ou cura. Depois de devorar boa parte da comida e comer todo o bolo até lamber os dedos, resolveu caminhar pela ilha. Não chovia mais e Mino foi subindo até a pedra enigmática. Ficou muito tempo em frente dela, apoiando-se com as duas mãos e olhando bem de perto suas ranhuras. Com a ponta da sua faca, tentou abrir algumas fendas, mas era pedra pura. Cavou em volta, fazendo uma vala até encontrar mais pedra. Não havia ali nem uma passagem, nem um sinal.

Sentou com os braços cruzados sobre os joelhos e o olhar perdido no nada. Então, de repente, sentiu um calor invadindo seu corpo e uma espécie de sono o entorpecendo. Esticou-se para trás, fazendo da terra revolvida um travesseiro e percebeu que estava sendo envolvido por uma luz vermelha, não muito intensa, mas que apagava toda a paisagem à sua volta. A última coisa que conseguiu lembrar foi que aquilo não podia ser sono, pois tinha acabado de acordar.

Quando voltou a si daquele sono, ou desmaio, deu um salto e pôs-se em pé, sem saber ao certo onde estava. Demorou alguns segundos para se

[1] Na época em que estes fatos acontecem, 1983, apenas se começava a falar sobre esta doença e pouco se conhecia dela. (Nota do autor)

encontrar e, para surpresa sua, não estava mais sobre a colina, e sim no seu abrigo. Surpresa maior foi quando viu a hora: exatamente seis horas da tarde. Impossível! Tinha a impressão de que não dormira nem cinco minutos, porém, já era realmente seis horas, pois o sol, que timidamente aparecera, já se ia embora. Olhou para o corpo: nem um sinal, nenhuma dor, pelo contrário, estava sentindo uma disposição orgânica que nunca havia experimentado, assim como uma atividade mental incomum. Parecia que podia perceber tudo à sua volta com muito mais nitidez e facilidade. Se estivesse em terra, correria para um livro, tamanha a fome de conhecimento que parecia sentir. Um livro, o Pessoa, ele tinha um livro. Tirou-o da proteção de couro e abriu ao acaso:

> De quem é o olhar
> que espreita por meus olhos?
> Quando penso que vejo
> quem continua vendo
> enquanto estou pensando?
> Por que caminhos seguem,
> não os meus tristes passos,
> mas a realidade
> de eu ter passos comigo?

O acaso sempre o surpreendia, porém, surpreendia muito mais a captação da ideia da poesia, que várias outras vezes já lera. Parecia que a compreendia como se fosse o próprio autor, ou que tivesse invadido a alma do mesmo, absorvido suas tristezas e inspirações, visto por seus olhos, sentido o que sentiu. Enquanto lia, caminhou até uma pedra à beira da água. Ainda não conseguia entender o que sentia. O mar à sua frente era apenas uma extensão de sua natureza, ele e mar eram um, assim como o ar, como se tivesse se espalhado em torno de si mesmo e, ao mesmo tempo, mantido sua unidade.

Era impossível reprimir em si sua própria natureza. Era impossível não pensar amplamente na natureza e nele, isso se exprimia em pensar em Deus. Deus era sua visão holística da natureza. Por fim conseguia compreender o que significava visão holística. Ele mesmo se decifrava, como se sua memória se abrisse e mergulhasse em cada detalhe de tudo que lhe havia acontecido, regredindo os dias de sua vida daquele minuto até sua infância, onde diminuiu a intensidade das lembranças, passando de forma mais lenta pelos fatos em ordem avessa, no entanto, perfeitamente compreensíveis, até mergulhar numa sombra indecifrável da mesma forma que confortável.

Deste ponto em diante as ideias se confundiram. Ele deixou de ser o Mino, não sabia ao certo quem era. Via pessoas diferentes e fatos que não conhecia, porém, por vontade própria, como se aquilo, no momento, não lhe interessasse como conhecimento, retornou o caminho, como se estivesse lendo um livro em que ele fosse o personagem principal. Assim como, em uma ilusão, se viu sentado no espaço vazio, lendo um grande livro de páginas meio amareladas pelo tempo, que iam ficando mais novas à medida que se aproximava a leitura do tempo presente, até que, de repente ficaram brancas e em branco dali para frente. Num suspiro profundo, retornou a si, sobre a pedra, bastante molhado pelo respingar das ondas. A pedra, que parecia ter sumido debaixo dele, voltara ser pedra, o mar voltou a molhá-lo, o ar a ser respirado. Ainda sentia-se bem, completo, no entanto, cansado de tanta atividade em tão pouco tempo. Voltou ao seu abrigo e caiu num sono profundo.

A segunda-feira começava como de costume em Santa Fé, a cidade se preparava para a alta temporada que vinha em seguida ao Natal, que já estava próximo. Este fato trazia uma espécie de esperança periódica aos habitantes, que apostavam em novos investimentos, como lanchonetes, sorveterias, bares, restaurantes, na certeza da vinda de turistas de bolsos cheios, o que não vinha mais acontecendo nos últimos anos. Os turistas vinham, mas gastavam pouco e os que investiam no turista, sem se preocupar em investir no turismo, acabavam, como sempre, se decepcionando. Porém, esta decepção, que se repetia e se intensificava a cada ano, não era o suficiente para perceberem a necessidade de se modificar a estrutura política que cuidava do turismo. Parecia que ainda ninguém havia se conscientizado de que não era mais suficiente apenas usar a natureza, indiscutivelmente linda em Santa Fé, como único atrativo, e isto já começa a acarretar situações sociais de difícil solução, não apenas em nossa cidade, mas em toda a região litorânea.

Diferente estava a casa de Vera Lúcia. Apesar do mercado do seu Alcindo estar aberto, como de costume, desde as sete horas, o dono não dera as caras a manhã toda. A casa ficava atrás do mercado, porém, tinha frente para uma rua lateral, já que este ficava na esquina da rua mais movimentada da cidade, bem perto do banco do Estado e da Caixa Econômica Federal, da prefeitura, da quitanda de dona Fabiana, que tinha a fama de ser o jornal falado da cidade.

A igreja matriz, construída pelos açorianos que colonizaram a região, ficava bem no meio da praça principal da cidade. Do outro lado da praça ficava o colégio estadual, o maior da cidade. Ao lado do colégio, o bar do Gervásio, ponto preferido dos políticos e associados de todos os tipos, que concorriam em notícias com a quitanda da dona Fabiana. Eram nestes dois pontos que se concentravam a maioria das pessoas que queriam saber notícias do desastroso casamento de Vera Lúcia e Mino. Foi dona Fabiana quem teve o prazer de dar a notícia em primeira mão:

– Hoje abri mais cedo a quitanda e o primeiro carro que vi passando foi o do seu Alcindo, com a Mafalda e Vera Lúcia. Dava para ver que estava carregado de malas. Com certeza foram viajar para fugir dos mexericos 'dessa gente'.

A história das malas era por conta dela, que não viu mala alguma, apenas deduziu e estava certa na dedução. Os três tinham saído da cidade e iam ficar fora uma semana, ninguém sabia onde. A atitude demonstrava que não tinham dúvidas quanto à intenção de Mino e não se preocupavam nem um pouco se havia acontecido algum acidente ou não.

– O cretino está lá escondido, com o rabo entre as pernas, mas um dia ele volta – repetia o humilhado pai da moça. Porém, todos sabiam que o homem era cão que só latia e mesmo a viagem era uma maneira de fazer as coisas se acalmarem, sem ter que tomar uma atitude violenta, como estava prometendo. Quando voltassem, meu irmão já teria aparecido e os comentários diminuídos de intensidade.

A notícia da viagem acalmou seu Antônio, que era do tipo que não latia e estava bastante preocupado com suas atitudes, se tivesse que conversar com a família de Vera Lúcia. Apesar do passar do tempo já ter acalmado bastante o temperamento de meu pai, ainda era bastante lembrada sua fama da época de mestre de parelha na pesca profissional. A lida com gente de todos os tipos que se envolviam na pesca exigia firmeza, do contrário, não se conseguia respeito, e seu Antônio muitas vezes tinha sido firme, talvez até em excesso, embora fosse pessoa boa e generosa. Talvez até esta lembrança tenha ajudado para que seu Alcindo tenha evitado um encontro com meu pai.

Como o mar já havia acalmado bastante com a mudança do vento, meu pai foi atrás do Berto para irem buscar o fujão, mas, quando chegou ao rio, o Berto já tinha se antecipado e ido na frente. O melhor amigo do Mino não conhecia a opinião de seu Antônio sobre o ocorrido e também ainda não tinha tido coragem de perguntar, por isso, tão logo viu o mar ir se acalmando, arrumou o barco e, logo depois do meio-dia, foi para o mar, antes que meu pai aparecesse.

Contornou a ilha lentamente uma vez e não viu o Mino, contornou a segunda e nada. Parou em frente ao local onde o tinha visto pela última vez e ficou esperando mais de uma hora: nada de o homem aparecer. O mar tinha melhorado, mas ainda tinha arrebentação perto da ilha e era arriscado demais aproximar seu barco das pedras. Então não teve dúvidas, soltou o ferro, ficou só de calção de banho e pulou na água, nadando até a ilha, sem nenhum estilo de nadador, porém com muita força, o que fazia com que não tivesse medo das ondas.

Subiu na ilha afoito, entendia que alguma coisa deveria ter acontecido para o Mino não ter aparecido. Correu para o ponto onde acreditava que ele deveria estar e parou de súbito, tomado de alívio e indignação. Ali estava o amigo, quase três horas da tarde, descansando em sono profundo, como se todos os problemas que deixou em terra não fossem coisa dele. Sentou ao lado do meu irmão e falou alto, dando vazão à tensão que tinha passado.

– Não dá para acreditar nisso não, só faltava tá agarrado c'uma sereia...

Meu irmão abriu os olhos, assustado. Tentou levantar e não conseguiu, estava tonto e não conseguia saber o que estava acontecendo, como se estivesse voltando de um porre, na maior ressaca.

– Que tu faz aqui, cara? Também andou prometendo casamento para alguma tola.

– Só vim te trazer uma passagem de navio para África. Daqui eu te levo direto ao porto.

– Quer dizer que as coisas em Santa Fé tão ruim para mim?

– O que tu qués, uma banda te esperando? Teu sogro, sogra e noiva saíram a viajar hoje bem cedo, ao menos com esses tu vais ter uma semana de prazo, mas prepara bem as explicações que o alvoroço na cidade foi grande.

– Ói ó – falou Mino – vim pescar e o tempo mudou, não pude sair da ilha, que culpa eu tive?

– E por que tu não apareceste quando viemos aqui no sábado. Teu sogro quase morreu de tanto vomitar.

– Vocês vieram aqui? No sábado? Passei o sábado todo tentando fazer fogueira do lado oeste da ilha, para saberem que eu tava aqui e virem me buscar...

– Valeu como treinamento, mas não vai colar. Não sei se não é melhor que tu fale a verdade. Na cidade todos sabiam que o tempo ia mudar, até quem não é da pesca, como é que tu, logo tu, ia dar essa bobeira?

– É que eu tinha prometido, para uns amigos meu que são do interior, que no meu casamento eles iam comer um peixe assado que eu mesmo tivesse pescado.

Depois de um tempo completou: – ... e de caniço.

– ... e num dia que nem o diabo viria pescar. Tá bem, vamos embora. Tens que enfrentar as feras da cidade e tua mãe tem razões pra tá preocupada, faz quatro dias que tu saíste de casa e ela não sabe bem ao certo o que te aconteceu.

Levaram a bateira até a água, pela rampa da pedra, e esperaram o momento certo para saírem da ilha, não sem terem que enfrentar algum perigo. Rebocaram a bateira no barco de Berto e vieram embora. Meu irmão saiu de lá olhando para a ilha. Uma carga enorme de problemas esperava em terra, mas todos eram pequenos diante da curiosidade que o tomava pelas coisas que ali aconteceram e que estavam gravadas, com riqueza de detalhes, em sua memória. Não fosse a saudade enorme de Luísa, não estaria voltando, sem antes descobrir alguma coisa mais concreta.

Quando se afastavam da ilha, meu irmão sentiu uma espécie de vazio invadindo seu pensamento, como se houvesse esquecido de alguma coisa importante, e com enorme rapidez sua memória vasculhava os arquivos mentais para ver se descobria o que era. Não achou nada. Lembrou apenas do fato de ter dormido tanto tempo seguido, depois daquela viagem dentro de si e da natureza das coisas. "Era ali que estava o vazio", deduziu. Foi um sono pesado e ele não tinha sono pesado e sem sonhos, por mais que se esforçasse não lembrava de nenhum sonho, porém, alguma coisa lhe dizia que deveria lembrar alguma coisa. Quando já estava sentindo-se estafado da tentativa de lembrar, pulou e arrumou a rede de arrastar camarão do barco do Berto.

– Ô rapaz, tás tolo? Que tu queres com isso? O mar ainda tá muito ruim...

– Quero comer camarão... e no mar ruim é que tem mais. Ainda é cedo, dá tempo de fazer um arrasto antes de escurecer e comermos um camarão fresco com cerveja lá em casa, hoje à noite.

Não foi preciso explicar mais nada. Era lógico que meu irmão não queria chegar na cidade de dia. Quanto mais noite melhor.

Já passava das dez da noite quando eles chegaram em casa; tinham vindo pela praia para escapar do movimento das ruas. Eu os havia encontrado quando passaram pela pedra da cobra. Pulei lá de cima e abracei meu irmão, que se assustou comigo.

– Cachorro mordido de cobra tem medo até de linguiça – brinquei.

– Que nada, moleque, pensei que fosse a cobra, ou o porco...

O Mino trazia na mão um cesto de vime pequeno, com uns quatro quilos de camarão dentro. Lá do portão, já gritou para a mãe:

– Prepara a panela, dona Cândida, tô com vontade de comer camarão no bafo.

– E camarão da onde, seu tolo? – respondeu minha mãe, tentando disfarçar a alegria em frente a seu Antônio, sem saber a reação do marido, mas correndo para a porta para ver se o seu Mino estava inteiro. Abraçou-o demoradamente na porta e falou no seu ouvido:

– Tens cuidado, faz dois dias que teu pai não fala uma palavra aqui dentro.

– Camarão táqui, sete-barba fresco e escolhido – falou meu irmão, despistando e entrando em casa.

Meu pai, que assistia à televisão, levantou, passou pelos dois e, da porta, olhou para o bar do Duda, que ficava na esquina, depois virou para mim e disse:

– Corre no Duda e compra umas cervejas. Camarão no bafo sem cerveja não tem graça. Como teu irmão não marcou hora pra voltar, não tem cerveja gelada em casa. Manda pôr na conta dele.

Posso garantir que o alívio foi geral. Aquele era seu Antônio, pescador aposentado por problemas de saúde e que tivera a esperteza de, no tempo em que era mestre de parelha, ter aplicado seu dinheiro na compra de imóveis, principalmente várias casas de aluguel, o que hoje lhe garantia, e a nós, uma vida tranquila. Tinha um pequeno barco para pescarias curtas e de divertimento, pois não se arriscava sair muito longe e ter, novamente, uma das crises renais que o afastaram da pesca profissional. Nunca se importou com carros novos, casa de chamar a atenção. Vivia bem, era o que lhe bastava, ao menos era o que podíamos perceber.

Naquela noite Mino não saiu de casa, não queria chamar a atenção e, na terça feira, só saiu à noite, mais de dez horas. Foi para perto da casa de Luísa, que, felizmente, era um pouco afastada. A garagem da casa estava fechada, não dava para saber se o carro dela estava ou não. Deu a volta pela rua de trás e viu que a luz do seu quarto estava apagada. Era estranho, Luísa não dormia cedo, provavelmente não estava em casa. Ficou na esquina muito tempo, se escondendo quando vinha alguém, até duas horas da madrugada. Nada de Luísa.

Voltou desolado e com o peito apertado de saudade e de preocupação, afinal, não havia contado seus planos a ela. Apenas disse que não iria vê-la uns dias e que não era para se preocupar com ele. Sabe-se lá o que passou na cabeça dela: talvez tenha percebido a diferença, talvez tenha entendido o sentimento que a possuíra e, depois de decifrado, perdido o interesse. Quem sabe?

Pela manhã, acordei com meu irmão se jogando em cima de mim na cama e me chacoalhando:

– Acorda moleque, nas férias o espírito da preguiça se incorpora e tu só dorme. Assim vamos ter que te levar numa reunião de desobsessão lá no centro. Vem logo, preciso um favor teu – falou meu irmão, já na porta do quarto.

Nem tive tempo de vestir roupa direito e ele já foi me levando para a rua:

– Depois tu voltas e toma teu café, agora quero que telefones para Luísa para mim.

– Eu? Por que eu? Que horas são? Por que você não liga? Por que não liga lá de casa? Por que...

– Meu Deus! Não faça tanta pergunta, anda, vamos do orelhão lá da praia. Se eu ligar aqui de casa, dona Cândida vai grudar o ouvido na porta para ver se eu tô ligando para Vera Lúcia, logo vai ver que não é para ela e vai dar lambança. Tu sabe também que a empregada da casa da Luísa é a Zizinha, prima da mãe e que vai conhecer minha voz. Não vai dar tempo de eu desligar o telefone e a cidade já vai saber que eu procurei Luísa.

– Mas ela também conhece minha voz...

– Só que a Luísa me disse que tava pensando em dar algumas aulas particulares de inglês, de graça. É o jeito dela de ajudar os outros. Tu só vai pedir informações.

– Alô, dona Zizinha, é o Pedro... não, não o Pedro do açougue, é o Pedro da dona Cândida... isso, tua prima... é que meu ir... ai! ... eu tava querendo saber da Luísa... é que ela andou falando que ia dar aula de inglês... é, eu queria... hããã!... tchau dona Zizinha. Obrigado.

– A menina Luísa foi passar o Natal na casa do avô – falei arrastado, imitando o jeito da dona Zizinha falar.

Era véspera de Natal. A família de seu Alcindo já tinha voltado de sua viagem-fuga e Vera Lúcia estava proibida, à moda antiga, de falar com Mino. Nenhum dos personagens do drama ainda tinha se cruzado pelas 'calmas' ruas de Santa Fé e todos na cidade esperavam algum encontro, para ver no que ia dar. Não deu em nada.

O pai da moça, com a proibição imposta, selou o caso com esperteza, pois ficaria na cidade a impressão de que, aos seus olhos, o ex-noivo era um marginal, o que garantiria sua integridade física na ausência de um confronto, por ele mesmo alardeado, com Mino. Isso também manteria intacta a honra da filha, que, pela Providência Divina, segundo ele, não casara com a pessoa errada, mantendo-se as esperanças de que outro pretendente pudesse se interessar pela desolada noiva.

Dona Fabiana deixou escapar, sem querer, que tinha ouvido da dona Mafalda que, na viagem, a única coisa que o pai falava com a filha é que ele esperava que ela nunca tivesse se 'entregado' ao pilantra. Dona Mafalda também acreditava na pureza da filha. Eu sabia que Vera Lúcia devia ser muito pura, mas os dois já haviam se entregado um ao outro há bastante tempo. Diga-se de passagem, desde o primeiro dia em que ficaram juntos, numa festa do Divino, para surpresa do meu próprio irmão, que não acreditava que a moça, tão famosa pela compostura, fosse tão a fundo no primeiro dia. Não que ele a olhasse de forma diferente devido a isso, pelo contrário, foi a primeira vez dela, e isso até fortaleceu um compromisso no pensamento do meu irmão.

Vera Lúcia não saía de casa, mas eu tinha certeza, pelo retrospecto dos dois, que ela esperava que, no meio de alguma noite, o Mino aparecesse na janela do seu quarto e dissesse: pula, temos que conversar. Ela ia fazer de conta que não queria ir, mas ele ia ameaçar de fazer barulho e, de comum acordo, os dois iriam para o depósito do armazém, no fundo da casa, e que ela tinha uma chave escondida no quarto, onde muitos tratados de paz haviam sido assinados, com beijos e muito, muito mais.

Porém, desta vez Mino não iria. A proibição do pai lhe servira como uma luva. Para Mino, só havia lugar agora para uma pessoa em seu pensamento e não era Vera Lúcia.

Naquela manhã do dia 24 de dezembro de 1983, Mino estava vendo clarear o dia já mar adentro. Tinha revistado a primeira rede em mar aberto e a pescaria havia sido farta: muitas pescadinhas no porte de fazer filé, tão procurado pelos turistas. Na rede da laje, mais próxima da terra, a fartura continuou: alguns sargos, espadas e duas pijaricas grandes, em torno de cinco a seis quilos cada uma. Pretendia arrastar camarão ainda até as oito horas, o que ainda lhe dava tempo de levar o peixe e o camarão para serem vendidos, desde que não se afastasse muito da costa. Soltou a rede de camarão, sentou no banco com encosto sob a casaria e ficou olhando ao longe a ilha do Padre. Navegava reto em sua direção, lentamente devido ao arrasto da rede.

O que havia naquela ilha? Às vezes, a convivência com os fatos corriqueiros do dia a dia lhe trazia a impressão de que tudo aquilo fora uma ilusão. Talvez estivesse sofrendo uma pressão muito grande, devido à iminência dos fatos. Mas não, tinha a certeza de que não era ilusão. Uma amiga da mãe, que ia com ela no centro espírita, já dissera algumas vezes que ele era médium e que devia trabalhar isso, estudar mais e frequentar o centro. Será que, por ser médium, havia visto espíritos? Mas como, se aquilo fora tão real, tão concreto? Lembrava de tudo com tantos detalhes. De vago em sua memória somente o tempo em que passara dormindo, onde tinha a impressão de que muita coisa havia acontecido, o que ficara concreto pelo fato de ter dormido sobre a colina e ter acordado sobre seu abrigo. Alguém poderia tê-lo levado? Quem? Espíritos fariam isso? Só este fato já seria o suficiente para ser extraordinário. Ele sabia que estava sozinho na ilha. No outro dia, por que dormira tanto, como se tivesse deixado de existir, ficando um vazio em sua memória, como se fosse importante que ele não lembrasse de nada e soubesse disso? Dúvidas que iam além de sua capacidade de interpretação. Por que, naquele momento de ampliação de suas faculdades, não lembrou de pensar nas pessoas estranhas que vira, quando, por certo, poderia entender o que eram?

Desligou-se dos fatos da ilha e buscou o seu Pessoa, que tinha um lugarzinho reservado e protegido no barco. Retirou-o da proteção de couro e percebeu que havia um volume de papel dobrado dentro dele e que não lembrava de ter deixado ali. Desdobrou-o e, enquanto lia, se emocionava:

Fui atrás de ti
e encontrei apenas o vazio
que caminhava atrás do teu pensamento
não vi teu corpo
que o meu buscava
as coisas deixaram de ser coisas
o tempo anulou o tempo
que preço pagas por tua liberdade?
A mim era melhor partir
buscar caminhos onde a dor pudesse gritar
sem que ninguém soubesse por que gritava
olhar pessoas que não desconfiassem do meu estar triste
mas era vã minha tristeza
pois sabia que a dor, mesmo toda ela,
poderia não trazê-lo livre para mim.
Como quis ser parte da tua vontade
e transformar tua vontade em atos sobre meu corpo.
Como quis orvalhar tua face
em noites somente nossas.
Pensei ser melhor desistir
me pareceu impossível a terra onde pisam teus passos
intocável teu destino
ao menos por mim.
Depois percebi que eu não entendo nada sobre o impossível
muito menos sobre o destino
e pensei poder ser ignorante ao teu lado
de tudo que é exato, tudo que é estabelecido
como se por não saber que não se pode andar sobre o mar
eu andasse
por não saber que não se pode sempre amar
eu mais amasse.
Por isso eu voltei...

e neste momento em que lês, estou em algum ponto da costa te observando e torcendo para que voltes logo. Nosso tempo é curto e preciso de ti.

Luísa.

Mino olhou para terra e sorriu. Milhões de pensamentos tentavam invadir sua mente, como soldados desordenados que tomavam um forte. Quebravam de vez os portões deste forte. De onde reservara o destino uma pessoa assim no seu caminho? Quantas surpresas ainda ela poderia ter? Recolheu, rapidamente, a rede de arrasto, separou o pouco camarão que tinha pescado e rumou para terra, tentando disfarçar para si mesmo a aflição de que estava tomado. Quando se aproximava do rio, viu, no alto do morro que se erguia ao lado da barra, um reflexo de luz no meio do mato, como um espelho refletindo o sol na sua direção, uma, duas, três, quatro, inúmeras vezes. Era ela, com certeza, de lá dava para ver todo o mar em frente à cidade.

– Berto, recolhe meu barco – gritou Mino ao amigo que estava na margem, de conversa com outros pescadores. – Depois te explico, tem uma luz no céu me chamando...

A trilha que cortava caminho até o alto do morro, estava quase fechada pela vegetação e a erosão tinha feito sulcos profundos na terra, mas meu irmão nem percebeu estes detalhes. O único detalhe que viu foi Luísa, encostada em seu carro, usando uma canga colorida amarrada na cintura e uma mini-blusa de malha branca, cabelos soltos, olhar sério. Não sorriu ao meu irmão quando este se aproximava, o que fez com que parasse no seu atropelo, a alguns passos de Luísa. Ficaram alguns segundos mudos, cada um avaliando a extensão do próprio silêncio. Foi Mino que tomou a iniciativa:

– Poderia te levar à justiça por invasão de privacidade...

– ... e eu por abandono.

– Como achastes meu livro?

– Pra que servem os irmãos mais novos?

– Então o safado sabia que tu tinhas chego?

– Por que me deixastes sem notícia? Pensas que tenho bola de cristal, ou que num transe poderia adivinhar o que ia fazer?

Luísa tentava falar na segunda pessoa e sem concordância, como os moradores da costa, deixando o seu falar ainda mais bonito. Ficaram se olhando algum tempo, até que ela sorriu e abriu os braços, pedindo, em silêncio, por ele. Aquele abraço, escondido no alto de um morro, no meio da mata, foi a assinatura dos dois nos papéis invisíveis da união afetiva.

Ficaram ali sem falar, apenas sentindo suas almas se fundirem num só sentimento, como se o tempo os houvesse separado por milênios e agora se encontravam, novamente. Não era preciso falar, estava tudo claro: amor, ou seja lá o que fosse, estava perfeito. O destino pouco importava, agora era o fim, tinham andado todo o caminho até chegarem um ao outro. A vida continuaria a arrastá-los em seu moto-contínuo de necessidades, porém, eles sabiam o que eram, o que sentiam, onde estavam. Isso bastava, que viesse a vida!

Capítulo 9

Na noite do dia 23 de janeiro de 1984, Mino não tinha vindo para casa. Saiu no meio da tarde e foi até a saída da cidade, onde Luísa o pegou e foram à capital: uma hora e meia de carro dali. Foram ao cinema e depois jantaram num restaurante italiano. Passaram no apartamento dela, que Mino não conhecia, dormiram um pouco, se amaram muito, dormiram mais um pouco. Às três horas da madrugada Mino acordou e chamou Luísa;

– Vamos menina, a madrugada é dos pescadores também, não só dos amantes.

– O destino e o tempo são cruéis – falou Luísa.

– Por que, meu anjo?

– Agora que estamos indo embora, sentimos a crueldade do tempo... tenho medo de ainda sentirmos a crueldade do destino...

Mino ficou em silêncio, analisando o vaticínio de Luísa, que, quando chegou em Santa Fé, deixo-o no rio, onde seu Vera Lúcia já estava preparado. Ela ainda esperou-o sair pela barra, antes de ir embora. Não falaram nada. Quando o barco sumiu no meio da noite, ela teve uma sensação de perda, como se o mar fosse senhor dos seus destinos e coubesse a ele decidir o que aconteceria amanhã. Antes de dormir ainda escreveu, sem saber bem o motivo:

> a dor
> um mar revolto que varre as encostas da razão
> um sentimento que o mar não tem
> apesar de tantas vezes guardar
> imutável
> todas as nossas

O dia já amanheceu sem Mino. Luísa o havia perdido para o mar. Naquela noite que a vi na pedra da cobra, não tive coragem de me aproximar, como se a união de nossas tristezas só viesse realmente multiplicar a dor. Eu sabia de tudo, todos os detalhes. Os dias de chuva e sem pescaria eram dias de conversa entre eu e meu irmão. No dia seguinte, as buscas continuaram, porém, a própria Capitania dos Portos avisava que era difícil algum resultado positivo. Dona Cândida era a expressão da dor abafada pelo silêncio e pela resignação. Seu Antônio mantinha a serenidade dos atos, mas todos sabiam que um turbilhão abalava seus sentimentos, a ponto do dr. Altair pedir para eu ficar de olho nele.

Quatro dias depois, suspenderam as buscas, exceto Berto, que ficava quase 24 horas no mar, só vindo em terra para reabastecer seu barco. Tinha um rádio potente e se comunicava com toda a costa, porém, ele mesmo sabia que era impossível. Ficava no mar mais para conter a dor e não ter que falar com ninguém. Berto era filho único e os pais já tinham morrido num acidente de ônibus há dois anos, quando iam numa excursão para Aparecida do Norte. A nossa família passara a ser sua família, o Mino, seu irmão também. Por isso ficava fora no mar, filtrando sua dor nas milhas marítimas que navegava.

No quinto dia, encontrei Luísa na praia da Velha, quando amanhecia, vinha caminhando na areia, olhando para baixo, e só notou minha presença quando eu estava bem próximo. Olhou-me demoradamente, depois falou:

– Você é teu irmão dez anos mais novo... te olhar é também um pouco olhar para ele.

Aproximou-se de mim com os olhos molhados, o que realçava ainda mais sua beleza. Pude perceber, então, não sei se pela desesperada saudade que me possuía, como ela também era parecida com o Mino: o cabelo, os olhos, a expressão. Ela me abraçou ternamente e, por alguns minutos, choramos juntos, depois viemos caminhando pela praia até a pedra da cobra, subimos e ficamos ali em silêncio, abraçados, como se prestássemos uma homenagem muda à sua memória. O mar chegava a ser irritante pela sua mesmice, porém era a imagem da realidade que tentávamos não ver: a vida continuava para todos e tinha que continuar para nós, custasse qualquer preço, qualquer dor. Mino vivera intensamente todos os seus minutos, não podíamos morrer com ele. Ajoelhei-me na frente de Luísa e falei, da melhor maneira que minha juventude podia expressar:

– Eu sabia tudo sobre meu irmão. Ele jamais amou alguém como te amava. Não foi apenas ele que me falou isso, eu sabia, eu o conhecia.

Abraçamo-nos novamente e saí da pedra, deixando-a sozinha. Na verdade, eu não sabia como me comportar; a dor nunca havia tomado uma proporção como aquela em mim e a sensação que eu tinha é que a vida também havia se interrompido em meu peito. Era impossível, naquele momento, imaginar os dias sem Mino, e foi a primeira vez que tive algum parâmetro para saber o que era amor: eu amava meu irmão, porém, somente agora e de forma tão triste, entendia isso.

Seu Antônio mandou construir, ao lado do túmulo de nossos avós, na rua principal do cemitério, um monumento em homenagem a Mino. Era um barco feito em concreto e, encravado neste concreto, o pedaço da madeira que eu havia encontrado na praia. No meio do barco uma lousa com uma fotografia de Mino e uma homenagem escrita, que sempre imaginei ser de autoria de Luíza, mas que nunca pude comprovar:

> Aqui não está enterrada uma pessoa,
> seu corpo está guardado no mar que tanto amava
> e sua memória não está somente aqui
> pelos tempos habitará em nós
> como uma doce saudade
> Este monumento é apenas uma forma material
> de provarmos que por esta terra
> passou um ser humano fantástico
>   * 25-07-61
>   + 24-01-84

Capítulo 10

O tempo. O tempo e seus efeitos. Como é curiosa nossa ordenação temporal de fatos: o tempo passou em minha vida; minha vida passou pelo tempo. Não pude mais ficar em Santa Fé, saí para estudar em outra cidade e o turbilhão da vida veio engolir meu desespero. Dez anos se passaram desde aquele 24 de janeiro de 1984. Fui para a capital e, apesar de não muito longe, poucas vezes voltei à minha cidade. Porém, o destino, aquele senhor preciso e frio, lembrou em tempo adequado dos meus passos e aqui estou eu, dez anos depois, em Santa Fé.

O tempo parece não ter passado por aqui, apenas as pessoas envelheceram e as casas foram reformadas; no mais, é a mesma Santa Fé, dos amores e loucuras de Mino e Luísa. Ouvi falar que, no dia em que ela foi embora da cidade, uma semana após o encerramento das buscas, colocou uma rosa vermelha no pretenso túmulo do meu irmão e jogou uma rosa branca ao mar, do alto da pedra da Cobra, bem de manhã, quando o dia estava clareando. Nunca mais fora vista, mesmo enquanto seu pai ainda era gerente do Banco do Estado, sendo que, alguns meses depois, fora transferido, por razões desconhecidas.

A vida continuou com outros personagens em Santa Fé, rolando estórias e histórias na quitanda da dona Fabiana ou no bar do Gervásio, com seus pescadores vivendo de forma cada vez mais acanhada, devido à falta de uma estrutura desenvolvida da atividade pesqueira. Com seus mercados e restaurantes improvisados para a temporada; com seus boatos.

Seu Antônio, apesar de sempre ter tentado demonstrar sua força, foi o que mais sofreu e somatizou sua dor. Agora, com 51 anos, demonstra em sua aparência que a tristeza erosionou sua alma, deixou valas profundas, onde se esconderam suas alegrias e suas esperanças. Embranqueceram seus cabelos e seu falar tornou-se ainda mais raro. Aparentemente, o que mais segurou o ânimo dele foi o conhecimento mais aprofundado dos preceitos espíritas. Como é comum aos que perdem pessoas queridas para a morte, encontrou na fé raciocinada um porto seguro onde desembarcar os excessos de dor. Embora eu não tenha me aprofundado no conhecimento da espiritualidade como eles, até mesmo devido à intensidade dos estudos na faculdade, não tinha dúvidas de que o espiritismo era uma doutrina consoladora por excelência.

Dona Cândida ainda era linda nos seus 48 anos. Tivera Mino muito cedo, na verdade, num descuido dos dois na juventude, quando nada conheciam sobre cuidados para não engravidar. Mantinha a altivez que sua personalidade forte havia dado à sua beleza, no entanto, não era difícil perceber as transformações que a dor lhe impusera. De minha parte, fiz de tudo para compensar a falta de Mino para os dois. Embora não tenha vindo muito à cidade neste tempo, sempre me mantive próximo a eles, fazendo com que passassem longas temporadas comigo na capital, com a desculpa de que precisava apoio para meus estudos. Porém, as lidas com a pesca nunca permitiram que meu pai quisesse mudar de cidade, o que era a vontade de minha mãe, que não via mais motivos para ficar em Santa Fé. Foi emocionante vê-los chorar na minha formatura, principalmente sabendo de todos os sacrifícios que fizeram para que eu me formasse em medicina.

O Berto era pescador, nascera pescador e morreria pescador. Depois da morte de Mino, voltou à pesca profissional, embarcou em uma parelha de pesca e ficou seis anos sem aparecer em Santa Fé. Neste tempo, conseguiu guardar dinheiro e, quando voltou, comprou uma boa casa perto da praia da Gaivota, onde desemboca o rio Mirim, de onde partem quase todos os barcos de pesca da cidade. Ali, na praia da Gaivota, quase sem ondas, por ser dentro de uma enseada, montou sua empresa de pedalinhos e caiaques para alugar por hora para os turistas. Porém, não cuida do negócio, deixa na mão de empregados, nem sempre muito honestos. O que ele faz é pescar, comprou dois barcos: um só para ele, uma lancha de 24 pés com um potente motor, e um grande barco com motor de centro, para levar turistas a pescar, sob sua orientação de especialista.

Apesar de não ser do tipo de falar muito, às vezes até parecendo meio irritado com as coisas, Berto sempre foi uma alma generosa, e o acontecido com Mino o conduzira ainda mais a dar atenção ao ser humano. Em silêncio, sem alardes, estava sempre ajudando alguém, principalmente a famílias de pescadores que passavam por dificuldades financeiras, o que estava se tornando cada vez mais comum. Sempre pedia silêncio sobre seus atos, no entanto, este tipo de atitude era quase impossível de se manter em sigilo e sua fama já se havia espalhado.

Outra coisa que fazia era manter uma espécie de vigília na costa, sempre atento aos problemas que poderiam ocorrer com os barcos que navegavam pela região, como se quisesse compensar o fato de não ter podido ajudar Mino. Muitas vezes ele lamentou para mim, amargamente, não tê-lo salvo.

Hoje, 2 de fevereiro de 1994, estou de volta à Santa Fé, médico. Não consegui convencer meus pais a mudar de cidade e, por isso, aceitei o convite do prefeito para assumir o hospital local, no lugar do dr. Altair, que pretende se aposentar. Também devo assumir a Secretaria de Saúde, igualmente substituindo o dr. Altair. As ligações políticas de seu Antônio com o partido do prefeito facilitaram o convite. Já passava das 20 horas, no entanto, ainda era dia devido ao horário de verão, e eu caminhava pela rua principal do cemitério da cidade, indo em direção do monumento construído por meu pai para o Mino, quando ouvi um grande alarido vindo do fundo do cemitério com os gritos:

– Cerca por lá... cerca por lá...

Vi que cerca de dez meninos, entre dez a quinze anos, corriam em minha direção, mas todos olhando para um lado, como se, numa rua paralela, corresse alguém que eles queriam alcançar. Fui até a primeira rua paralela à principal e vi que por ali vinha um menino em desabalada correria, que foi estacar em mim. Não teve tempo de desviar-se e trombou comigo em cheio, fazendo com que caíssemos.

Levantei rápido para ver se o menino não havia se machucado, enquanto os outros nos cercavam, porém, a uma distância considerável, rodeando os túmulos mais próximos. Pareciam meninos de rua, inclusive o que trombara comigo, que, felizmente não tinha se machucado e agarrava-se em mim para se proteger dos outros moleques. Um deles, que parecia o mais velho, deu um passo em nossa direção e disse ao meu protegido:

– Não é todo dia que vais ter esta sorte. Se esta pedra não estiver comigo até amanhã na hora do almoço, tu tá ferrado!

Foram saindo um a um, seguindo o líder. Outro moleque, que parecia ter a mesma idade do primeiro, ficou olhando para mim algum tempo, tinha uma expressão de raiva nos olhos, como se eu tivesse lhe tirado um grande prazer. Ouviu um assobio, virou as costas e foi embora. Pude então examinar a vítima que não parava de tremer. Usava apenas uma bermuda já desbotada, sem camisa e descalço, cabelos loiros e compridos, olhos verdes, rosto magro e angulado.

Uma emoção inusitada tomou conta de mim naquele momento; era como se eu estivesse vendo Mino numa fotografia viva de sua infância. Era parecido com Luísa também, os dois, Luísa e Mino, realmente poderiam passar por irmãos. Não pude disfarçar a emoção, a ponto de o menino comentar:

– Nossa, moço, quem que tá precisando ajuda aqui, eu ou tu?

Seu comentário fez com que eu voltasse à realidade de estar ali, com uma criança assustada, dez anos depois de Mino e Luísa.

– Qual a tua idade, menino?

– Dez anos, moço...

Silêncio, confuso silêncio.

– O que aqueles meninos queriam contigo? – perguntei, abraçando o garoto, não apenas por cordialidade, mas por pura emoção, e fui andando com ele para perto do monumento do meu irmão.

– Nada, moço, briga de moleque. Depois a gente se acerta...

– ... e a pedra? Que pedra é essa que eles querem?

Ficou calado, parou e sentou no barco de concreto que já havíamos alcançado. Olhou-me demoradamente, como quem quisesse descobrir se podia confiar em mim, como é natural nas crianças.

– Quem é o moço, todo bem vestido? Não tem cara de turista, só que não é daqui não, nunca vi pela cidade.

– Pedro José Couto, muito prazer – falei estendendo-lhe a mão. – E você, como se chama?

Quando ouviu meu nome, fez cara de sério e ficou pensativo, depois pulou de onde estava sentado e saiu correndo. Quando já estava longe, virou para mim e gritou:

– Luco, meu nome é Luco, muito prazer também.

Ainda gritei para que parasse, mas foi em vão, já havia sumido. Sentei no local onde ele estava e fiquei olhando para a pequena fotografia de Mino, sorrindo. A semelhança era incrível e a curiosidade em mim não poderia ser maior. Meu irmão estava apaixonado por Luísa, mas foi por pouco tempo e eu sabia bem que, antes de conhecê-la, quando ainda estava com Vera Lucia, tinha seus casos na cidade e nas vizinhanças.

A fama de conquistador do meu irmão sempre ajudou na hora de se espalharem boatos e lembro bem que, na sua época, bastava aparecer alguma menina grávida sem estar casada para dizerem que o Mino era o pai. Ele sempre ria das brincadeiras, mas dava para perceber que algumas vezes as brincadeiras podiam ter algum fundo de verdade. Uma, especialmente, o deixou bastante preocupado, pois todos sabiam que ele havia saído com a moça antes de ela aparecer grávida, sendo que o fato foi motivo de mais uma entre tantas separações dele e Vera Lúcia. A semelhança daquele menino com meu irmão levantava em mim novas suspeitas. Poderia ser apenas coincidência, mas não custava investigar, afinal, eu tinha algum tempo até começar meu trabalho e o atendimento particular tomaria pouco meu tempo durante o dia, pelo menos no começo.

Capítulo 11

Naquela noite, enquanto jantava, perguntei à dona Cândida se conhecia algum menino chamado Luco, e ela sorriu antes de responder:

– Quem não conhece o Luco aqui na cidade? O que tu queres com ele?

– Só curiosidade. Ele é daqui da cidade? Filho de quem?

– Chegou na cidade faz um ano, mais ou menos, é neto do seu Jamil, o homem que comprou o armazém do Alcindo, pai de Vera Lúcia. Dizem que o pai já é morto e a mãe mora fora do Brasil, é uma história meio complicada, dá para ver que eles não gostam de falar no assunto. O menino vive largado, o avô não controla, só que mesmo assim ele é muito querido na cidade, se dá bem com todo mundo e nunca tem a palavra 'não' na boca. Vive a fazer favores para os outros e assim vai levando seus trocados. Onde tiver algumas pessoas reunidas, olhe bem que ele está por perto. Ele vem aqui quase todo dia ver se não tô precisando nada do armazém ou da padaria; quando preciso, sempre ele dá um jeito de sobrar troco na compra, pois sabe que vai para ele. Ele sabe cativar e, apesar de travesso, é de confiança e muito querido. Os dias que não aparece por aqui sinto até falta dele. Eu já havia comentado sobre ele contigo, mas, como estavas muito envolvido com as atividades do teu último ano de faculdade, não deves lembrar.

Realmente, eu não me lembrava de qualquer comentário. Era fácil de se perceber nas palavras de minha mãe uma forte dose de emoção, o que tornava evidente que ela também notava a semelhança, o que não poderia ser de outro modo. Vi que ela apenas mexia o alimento no prato, de um lado para outro, mas não se alimentava, segurando a cabeça com uma das mãos e perdida em pensamentos, que eu bem sabia quais eram. Apesar de entender a delicadeza do momento, não pude deixar de perguntar:

– Mãe – ela olhou-me estranhando o tratamento, raramente a chamava assim –, nunca percebeu nada curioso no Luco?

Ela parou de jantar, largou os talheres e ficou olhando pela janela, com o pensamento navegando distante nos mares da memória:

– Quem não percebe, meu filho? Este menino é o xodó do teu pai, que às vezes fica horas com ele ali no quintal ensinando a remendar redes, fazer tarrafas, isso quando não o leva para o mar, se o tempo estiver calmo. Já tivemos a mesma curiosidade que estás tendo, mas é impossível, ele veio de fora, apesar de não sabermos ao certo quem são seus pais. É impossível! Tentamos investigar, sem sucesso. Seu pai até forçou ficar amigo do avô dele, o que não foi difícil, pois seu Jamil é uma ótima pessoa, mas sempre que o assunto se aproxima dos pais de Luco, de alguma maneira educada e discreta, ele desvia o assunto. Isso nos deixou até mais curiosos, no princípio, mas com o tempo percebemos que, se houver algum mistério nesta história, nada tem a ver com Mino. É impossível, ele veio realmente de fora – falou e continuou olhando o nada por bastante tempo.

– Onde anda seu Antônio que não veio jantar? – perguntei, desviando o assunto. A saudade é uma coisa boa em pequenas doses, se exagerarmos vira dor e já dava para ver nos seus olhos os reflexos do sofrimento, polido lentamente pelo tempo.

– Deve andar por aí tratando suas pescarias com os turistas. Tem uma turma que tem saído para o mar todo dia, vão pescar garoupa lá na laje da ponta do farol. Falando no diabo, lá vem ele e veja só quem vem junto 'filar' a janta.

Seu Antônio chegou sorridente, há tempos não o via assim, foi entrando e falando comigo:

– Quero te apresentar meu assistente e companheiro de pescarias...

Antes que completasse, Luco já foi dizendo.

– Então quer dizer que o moço bem vestido é doutor? Bem sabia que era coisa ruim.

– Vocês já se conhecem? – perguntou meu pai, assustado.

– Já – falou Luco –, eu salvei ele do bando do Nelcido, lá no cemitério. O senhor sabe como são aqueles moleques – falou e piscou para mim. Logo entendi que ele não queria que soubessem que ele tinha alguma coisa com aquela turma.

– Essa turma do Nelcido já tá incomodando muito – comentou dona Cândida. – Até pouco tempo eram apenas crianças que faziam travessuras, agora já são moleques que começam a ficar perigosos. Não dá mais para deixar nada para fora de casa que some e esses pequenos assaltos que estão ocorrendo por aí, não sei se não é coisa deles.

– Ainda são muito novos para assaltos – falou meu pai –, só que o Nelcido tá levando todos os outros para a cola. Já estão dizendo também que ele tem sido visto no bar do Alemão, de madrugada, e lá o produto é a cocaína.

Luco ouvia tudo isso calado, já sentado à mesa pronto para atacar o caldo de garoupa que dona Cândida sabia fazer como ninguém.

– Eu não me meto com eles, são perigosos e o doutor é bom não ficar de bobeira por aí. Santa Fé já foi uma cidade calma, hoje não se pisa mais na bola por aqui – falou Luco, com uma seriedade que causou espanto a todos.

– E como é que você sabe que Santa Fé já foi uma cidade calma, se chegou por aqui só faz um ano? – Perguntou seu Antônio, sorrindo.

Depois de ficar pensativo um tempo, Luco falou, levantando seu garfo:

– Por isso mesmo, comigo aqui esta cidade nunca mais será a mesma.

Sua observação arrancou gargalhadas que há muito tempo não eram ouvidas em nossa casa, o que causou alguma estranheza, fazendo com que nos olhássemos, evidentemente pelo mesmo motivo, pela mesma lembrança. A gargalhada parou, abruptamente, mas continuamos rindo e dona Cândida veio abraçar Luco, que devorava seu caldo, e falou:

– Realmente, nunca mais será a mesma.

Capítulo 12

No dia seguinte pela manhã, fui até o mercado GOULAR, que recebeu este nome depois de seu Jamil, avô de Luco, tê-lo comprado da família de Vera Lúcia. Logo depois da morte de Mino, foram embora da cidade, mantendo o mercado arrendado a vários locatários diferentes, que nunca conseguiram prosperar no negócio. Finalmente, no ano passado, foi comprado e totalmente reformado, ganhando aparência moderna e sofisticando mais seu atendimento. As vendas iam bem e seu Jamil, homem empreendedor, estava construindo mais um pavimento sobre o mercado, com apartamentos para alugar na temporada.

Seu Jamil era um gaúcho alto e forte, com um pouco de sobrepeso, mas, apesar disso, demonstrava energia em cada pequeno gesto. O sorriso no rosto era um cartão de visitas constante, como se estivesse sempre disposto a ser gentil, sem falsidades. O rosto era coberto por uma barba bem aparada e grisalha, como os cabelos ainda fartos e que um dia deveriam ter sido muito negros. Ele estava no caixa logo de manhã. Comprei algumas frutas e, ao passar por ele, me apresentei:

– Bom-dia, seu Jamil, meu nome é Pedro... Pedro Abel Couto, sou filho do seu Antônio e o mais novo amigo do Luco, seu neto.

– Arre que te conheço, homem! – falou, puxando seu forte sotaque gaúcho. – Tu és, então, o famoso Pedro, o médico de que dona Cândida tanto fala. Tu que és da cidade, mas sou eu que te dou as boas-vindas. Quer dizer que já cruzastes com o Luco por aí? Este menino ainda vai ser político. Estas horas já não sei mais por onde anda.

– O menino é esperto. Quando ele aparecer, pede pra passar lá em casa que preciso de uns favores dele.

– É o que ele mais faz. Mas prepara os trocados que ele não perdoa ninguém.

Para uma primeira conversa estava bom, o homem era simpático e não era sensato especular coisas de família num primeiro contato. Era preciso ganhar confiança e eu tinha tempo para isso. Perto do almoço, um vendaval entrou pela porta da frente da casa, cruzou toda ela e foi parar no quintal, gritando repetidas vezes:

– Ô seu Pedro, o Luco tá aqui!

Voltou e me encontrou sentado na poltrona de balanço de meu pai, por onde tinha passado e não me visto.

– Manda que eu obedeço!

– Já acertaste tuas contas com o Nelcido?

– Isso eu vejo depois... e o doutor tá precisando de quê?

– Que tu me contes que pedra é essa que eles estavam procurando? Ontem tu estavas numa boa enrascada, o que andaste aprontando praqueles moleques?

– O Zico, aquele que ficou te olhando com raiva, é um enxerido e não é novinho não, já tem 15 anos, só que é pequeno, parece criança. Ele andou brincando lá em casa comigo e, sem que eu soubesse, entrou no meu quarto e achou uma joia que minha mãe me deixou de lembrança antes de viajar para França. Muito gaiato, enfiou ela no bolso e se mandou. No mesmo dia, eu dei pela falta e já desconfiei quem era o gatuno. Andei por aí atrás dele e descobri que a turma tinha se reunido lá no cemitério, fui até lá, peguei a pedra de volta e me mandei. O resto o moço já sabe.

– E como é que tu, sozinho, conseguiste roubar a joia do bando todo?

– Usei de esperteza... fiz um truque... Bem, não é bem um truque, é que a pedra... olha doutor, é coisa meio complicada e não era pra ninguém saber. O intrometido do Zico botou a mão em vespeiro e ainda não foi picado... Vamos fazer assim, outro dia eu explico. Mas a pedra é minha, não é roubada não. Mas era só isso que o moço queria?

– Afinal, é uma joia ou apenas uma pedra?

– É um colar onde tem uma pedra muito bonita. Não me pergunte que pedra é que eu não sei, mas deve ser bastante cara. O Nelcido tava falando pro bando que ia render uma branca legal. Mas, diga aí moço, que favor quer de mim? Não vai me dizer que era só pra saber da pedra, daí eu não levo nenhum trocado.

Dava para ver que o Luco era cheio de surpresas e eu não tinha a intenção de atropelar nossa amizade. Fiquei olhando-o em silêncio. Na verdade, apenas o queria por perto, mas não tinha planejado nada para segurá-lo e sabia que, se não inventasse algo rápido e, principalmente, que lhe rendesse alguma coisa, ele sairia dali na mesma correria que entrou. Tive que improvisar e fui feliz na ideia:

– Não, não é só isso não. É que faz muito tempo que eu não pesco e estava pensando em pegar o barco do seu Antônio e ir pescar no costão da barra do rio, só que não queria ir sozinho...

– Por que não convida teu pai?

– Tu sabes como é seu Antônio, se eu falar em pescaria ele logo vai fazer uma arrumação pra ficar dez dias no mar e eu só quero ir pescar agora à tarde. Daqui a pouco ele já chega com o barco e não vai mais sair pro mar hoje. Fiquei sabendo que você é pé quente, podemos até fazer uma aposta de quem pega mais ...

– Quanto?

– Dez mangos?

– Caramba! E se eu perder, se bem que isso é impossível?

– Tu lava meu carro no fim de semana.

– Fechado. Vou arrumar as linhas enquanto tu arruma a isca.

Perto das três da tarde saímos pela barra do rio. Não precisei fazer nada, nem a isca tive que arrumar. Ele conduzia o barco igualzinho ao seu Antônio, o que dava para ver quem tinha sido o professor. Já sabia encontrar, com facilidade, as pequenas lajes de pedra que se espalhavam em frente ao costão, que nem eu mais lembrava, dos meus tempos de moleque.

Soltamos o ferro na laje do Goiá, onde se pescava cocorocas, canhanhas, badejos e papa-terras, entre outros. Por ali não havia muito peixe grande, mas a quantidade compensava. Por coincidência, a laje do Goiá era o local preferido das minhas pescarias com Mino. Sempre que podíamos vínhamos ali, normalmente quando amanhecia, e meu irmão me contava todas as suas aventuras, que não eram poucas. Estava distante, lembrando de Mino, quando ouvi, na popa do barco, uma gritaria:

– Vem cá coisinha... tá embaixo! Comigo não se brinca não... e é dos grandes...

Nada grave, ele tinha ferrado o primeiro, uma cocoroca e das pequenas. Fiquei imaginando, se fosse grande, que escândalo ele faria.

– Apura, doutor, senão dez pilas vão voar... – e já ferrava mais um na outra linha, com o mesmo alarido:

– Tá embaixo! Eta bichinho! É a experiência, doutor, paga já pra não passar vergonha depois.

Para sua idade, o seu desempenho como pescador era impressionante. Arrumava suas próprias linhas, sabia uma infinidade de nós, tipos de anzol, melhor isca para cada peixe, vento, lua, sol, tudo que precisava saber, o que demonstrava que seu Antônio fazia com ele o mesmo que havia feito comigo e com Mino, nos ensinando cedo tudo sobre a pesca, sempre com seu jeito calmo e objetivo. Apanhou a cocoroca com agilidade, tirando-a do anzol e colocando o peixe no cesto, rapidamente.

Só o que ele não sabia é que, nos meus tempos de pescaria, ninguém me ganhava, logo já tinha preparado duas linhas para pescar fundeado, uma linha boiada com duas braças de profundidade e um charuto suculento de isca, e mais um caniço para pescar palombeta, caso aparecesse algum cardume.

– Péraí, moço, assim não tá justo. Rapidamente arrumou seu caniço e uma linha boiada também.

Neste tempo eu já tinha ferrado uma papa-terra numa linha e estava tirando a outra linha com mais um peixe ferrado, que eu não sabia o que era, mas lutava bastante, quando meu caniço quase foi arrancado para fora do barco. Tive que pular para segurá-lo, enquanto o Luco gritava:

– Palombeta, vem cá vê minha careta! Eta, doutor, os dez pilas não tão ganhos não. Arre que encontrei um adversário. Ia falando e já puxava sua linha com um peixe-aipim.

– Você veio pescar ou colher mandioca? Peixe é isso aqui! – falei, tirando a palombeta do caniço. No entanto, o caniço dele também vergou com a puxada de uma. Tinha um cardume ali. Rapidamente recolhemos as linhas de fundo e iscamos mais um caniço cada um. Não dava nem tempo e ele ia gritando:

– Palombeta, palombeta, vem cá vê minha careta! O páreo tá bom, doutor, se der empate a disputa é pela idade, quem for mais novo leva...

Era um dia como poucos para pescaria, o menino era pé quente. No entanto, eu esperava uma pescaria tranquila, com tempo para conversarmos. Teria que ficar para outra vez.

– Olha lá, doutor, tua boia sumiu, puxa que tá ferrado. Vai, doutor, trás com calma, não se afoba não, puxa que eu pego com o sarico. É espada, doutor, aqui perto da terra só pode ser espada, e é das grandes. O empate é de metal, doutor? Senão ela corta. Vai, doutor, trás ela pro meu lado, essa não conta na aposta não, a gente matou junto... tá em casa, tá em casa. Se não é o Luco te ajudar, hein, doutor? Olha só...

Colocamos para o barco uma grande espada e assim foi até o final da tarde.

– Amanhã a gente vem de novo, dá até pra vender.

Lá pelas seis e meia da tarde acabou a isca. Arrumamos tudo e puxamos o ferro, só que, ao invés de rumarmos direto para a barra, pedi para que ele contornasse a ponta de pedra do costão, para passarmos pela praia da Canoa; queria um pouco de tempo para conversar com meu novo amigo. Enquanto contornávamos o costão, olhei para o morro da encosta e vi que tinha um carro parado lá em cima. Ainda existia o caminho por onde Luísa subiu para esperar Mino. Eu sabia de todos os detalhes do caso dos dois e isso me enchia de saudade em cada lugar que eu lembrava dos encontros deles.

– Já fostes na ilha do Padre? – perguntei de repente, para mudar minha linha de pensamentos.

– Não gosto de padres, doutor.

– Mas lá não tem padres. A gente poderia ir pescar lá qualquer dia, com esta calmaria que está o mar...

– Lá eu não vou não, perdeu o companheiro.

Pela primeira vez pude notar alguma preocupação no sempre alegre Luco.

– Posso saber o que te mete medo?

Depois de pensar algum tempo, olhando para a ilha, virou-se para mim e disse:

– Se eu te contar, tu não conta pra ninguém?

Apenas fiquei em silêncio e sorri, para mostrar que aquilo era óbvio.

– Minha mãe não quer...

– Tua mãe? Mas, onde anda tua mãe? Como é o nome dela?

– Na França, doutor, já te falei, mas não me pergunte onde fica isso, não tenho nem ideia. O nome dela é Andrea, sem ‘i’, ela sempre diz isso, e tá pra chegar de uma hora para outra. Também não sei por que ela não quer que eu vá na ilha, nunca entendi direito. Só sei que. antes de ela viajar, me fez prometer que nunca entraria na ilha. Eu prometi, e como sou homem de uma só palavra, não vou. Mas, péraí, não vá pensando que com este papo todo eu me esqueci da aposta, te pagando pra ver quem pegou mais.

– Você ainda tem dúvidas?

– Quer dobrar a aposta?

– Feito, tá dobrado...

Quando terminei de falar, acabou nosso passeio pela praia da Canoa. Correu ao leme, logo depois de ter aumentado a rotação do motor e rumou para a barra do rio. Tão logo chegamos, tirou seu cesto do barco e começou a contagem:

– Dois, quatro, seis... dezoito... quarenta, sessenta e cinco. Quer dobrar a aposta de novo?

Tirei meu cesto do barco e comecei a contar:

– Trinta e quatro... cinquenta e sete... sessenta e sete. Olhei para o Luco, sem saber se me mostrava triunfante ou se demonstrava meu desejo de que ele ganhasse.

– Não ganhou não, doutor, eu sempre trago umas surpresas na manga. Tirou do barco uma outra sacola de plástico, com mais cinco palombetas, depois disse:

– Eu sempre reservo uma surpresa pro final. Vai passando a grana aí, doutor...

Nunca soube se aquelas palombetas ele tinha pego ou desviado do meu cesto.

Voltamos para casa pela rua principal da cidade e foi demorado nosso trajeto, pois, por todos que passávamos, Luco parava para contar da pescaria e fazer brincadeiras com a minha derrota. Às vezes conversava com duas ou três pessoas ao mesmo tempo, sem nunca perder o sentido da conversa. Um pouco antes de chegarmos em casa, ele me puxou pela mão, para uma rua lateral e sem saída. Acompanhei-o sem saber o que pretendia. Chegamos na frente da casa da dona Sofia, pequena e sem pintura, onde ele entrou gritando:

– Ô dona Sofia, coloca a frigideira no fogão que hoje tem palombeta...

Depois fiquei sabendo por ele que, desde que ficara viúva, dona Sofia, já com idade bastante avançada, tinha dificuldades em manter-se sozinha, pois seus filhos raramente apareciam por ali. Eu conheci seu marido, um pescador dos mais antigos da cidade, mas não sabia de sua morte. Quando saímos da casa, depois de ele ter deixado muitas palombetas do seu cesto para ela, comentou:

– Seu Antônio sempre deixa peixe pra ela, tendo muito ou tendo pouco... e sempre me diz que não é pra contar pra ninguém... Melhor a gente fazer o mesmo.

Eu estava cada vez mais surpreso.

Capítulo 13

À noite, enquanto comíamos as palombetas que dona Cândida havia preparado com esmero, Luco contava ao seu Antônio sobre a pescaria, cheio de empolgação:

– O concorrente é bom, mas ainda não foi desta vez. Quem sabe amanhã ele consegue...

– Amanhã vocês vão de novo? – perguntou dona Cândida, e onde vão colocar tanto peixe?

– Eu tenho que dar outra chance pra ele, senão perco o companheiro.

– O que tua mãe faz na França? – perguntei, mudando de assunto.

– Tá estudando, o moço não sabe; ela é médica, igual ao doutor.

Todos paramos de comer e olhamos para ele. Eu estava especialmente curioso, aquela era uma notícia inusitada.

– Médica!? – falou minha mãe. – E tu nunca nos contaste isso, seu moleque...

– ... e alguma vez vocês me perguntaram? Mas deixa, meu avô disse que ela tá chegando por aí, já faz mais de dois anos que ela foi fazer o tal doutorado, só veio no Natal do ano passado, ficou uns dias por aqui e se mandou. Já não tenho mais gaveta para guardar as cartas dela.

Médica, fazendo doutorado! Se por um lado crescia a curiosidade em conhecê-la, por outro diminuía a possibilidade, um pouco maluca, que eu alimentava de que a mãe de Luco fosse Luísa. Havia muitas coincidências em torno daquele menino, não só a impressionante semelhança física, mas também a idade, a origem rebuscada e, principalmente, a história da ilha, sem uma explicação racional. Por que sua mãe o fizera prometer nunca ir até a ilha? Por que aquela ilha? O que ela sabia a respeito do assunto? Dúvidas que minha curiosidade não deixava que sossegassem em meu pensamento.

Mino havia me contato tudo o que acontecera na ilha e, como eu tinha apenas 14 anos, aquela história tomou proporções ainda maiores em meu imaginário, principalmente por ele pedir para não contar a mais ninguém, porque não queria ser chamado de louco. Três anos depois da morte dele, estive na ilha, um pouco antes do vestibular, com o pretexto de que precisava descansar um pouco a mente dos estudos, o que não deixava de ser verdade. Dormi uma noite acampado em frente à pedra onde ocorreram as 'aparições', porém, não vi nada. Alguns anos mais tarde, em uma das férias de verão, retornei ao mesmo local e novamente não tive nenhum resultado. O assunto ficou inativo em minha memória, pela falta de novos acontecimentos, mas era atrativo demais para esquecê-lo totalmente. Este menino reacendia a chama da curiosidade, em todos os sentidos.

A chuva do dia seguinte não permitiu que repetíssemos a pescaria e passei o dia sem ver Luco. No outro dia, eu ainda estava deitado, quando ouvi a 7ª Cavalaria Americana entrando pela cozinha:

– Ô seu Pedro! Acorda seu bicho preguiçoso... Vem comigo, minha mãe chegou...

Pulei da cama, mas ele não estava mais, já subia a rua na mesma correria que tinha vindo. Não quis sair correndo atrás, como mandava minha vontade. Com calma me arrumei, tomei meu café da manhã, percebendo que a curiosidade de dona Cândida empatava com a minha, mas, pelos mesmos motivos, aparentava calma. Quando me preparava para sair à rua, a 7ª Cavalaria voltou:

– Olha ela aí, doutor. Já que tu não fostes lá, trouxe ela aqui.

Quando terminou de falar, sua mãe já estava parada na porta.

– Posso entrar, dona Cândida? Meu filho escreveu tanto sobre a senhora que não via a hora de conhecê-la – falou, estendendo os braços à minha mãe e dando-lhe um abraço afetuoso, que a deixou surpresa pela tamanha simpatia que demonstrava.

– Ora, dá pra ver que esse menino não é assim tão querido à toa, tem por quem puxar. Sabe, moça, ele tem sido a alegria dos nossos dias e é um prazer muito grande conhecê-la – falou minha mãe, evidentemente emocionada.

– A senhora não sabe a saudade que eu tenho, de hoje em diante ele não sai mais do meu lado – falou isso e virou-se para mim, que estava no fundo da sala, paralisado pelo que via. Andrea era uma mulher linda, cabelos castanhos escuros e ondulados caindo para além dos ombros. Olhos escuros e expressão suave, mais ou menos 1,70 m de altura e o mesmo sorriso franco do pai, seu Jamil. O rosto era harmônico e de ângulos bem definidos. Vestia uma calça *jeans* desbotada e camiseta, que realçava sua inesperada juventude; não teria mais que vinte oito anos e já era doutora. Sem dúvida, não era Luísa, no entanto, acredito que, se fosse, a minha surpresa não seria tão grande.

– Você deve ser o Pedro, meu colega.

Foi com dificuldade que consegui me movimentar até ela e articular algumas palavras, que me soaram piegas.

– Apenas um médico ainda pouco experiente – falei, estendendo-lhe a mão. – Estava curioso em conhecê-la.

– Ela é médica de louco – atravessou Luco, entrando na conversa. – Me contou isso hoje. Tá se preparando pra tratar de mim, eu acho.

– Luiz! Seu moleque! Você nunca vai ter tratamento, nem comigo.

– Luiz! Exclamamos juntos, eu e dona Cândida – Luiz?

– Vocês não sabiam, meu nome é Luiz. Luco foi coisa do meu avô, mas ninguém me chama de Luiz não; agora já virei Luco e Luco rima com maluco e é assim que eu sou – falou meu jovem amigo, demonstrando uma felicidade sem conta pela presença da mãe.

As brincadeiras de Luco descontraíram ainda mais o ambiente, já que era ele o ponto de ligação entre todos ali. Apesar de nos conhecermos há apenas alguns minutos, Andrea já estava sentada à mesa da cozinha, se esquivando do café e dos bolinhos que dona Cândida oferecia:

– Pelas cartas, o Luiz já havia me falado de seus dotes na cozinha, porém, acabei de tomar café da manhã com papai e ele também está louco para me enfiar comida, alegando que voltei da França muito magra. Mas, não se preocupe, não faltará oportunidade para provar sua comida. Já li muito nas cartas sobre o seu caldo de garoupa...

– Chega a ser perigoso – atalhei a conversa. – Se você quer manter seu peso, não se aproxime dela.

Conversamos algum tempo sobre assuntos triviais, num esforço mútuo e até bastante facilitado pelas intervenções de Luco de estreitarmos amizade. Estava bastante claro que Luco havia falado muito sobre minha mãe e meu pai à Andrea, o que despertava o interesse da mãe, que, evidentemente, procurava remendar, de todas as maneiras, sua ausência por tempo tão prolongado. Quando Andrea levantava-se para sair, chegou seu Antônio, que voltou mais cedo para casa devido ao tempo ainda não ter melhorado, o que a reteve, para minha satisfação, por mais algum tempo. Antes de ir embora, virou-se para mim e disse:

– Muito bom encontrar por aqui um novo médico, com a cabeça aberta a algumas inovações. Precisamos conversar mais. Quero conhecê-lo melhor, se não lhe incomodar.

A colocação "novo médico" foi uma maneira elegante de não me chamar de inexperiente, no entanto, estranhei aquelas "inovações". Que ideias novas traria ela da França?

– Incômodo algum – respondi, saindo do meu êxtase. – A cidade, principalmente agora na temporada, é repleta de restaurantes, poderia lhe dar as boas-vindas convidando-a para conhecê-los...

– Hoje à noite, pode ser?

– Êpa, peraí – atravessou Luco. – Vocês não acham que estão meio apressadinhos? Já pediram pro seu Antônio? Já pediram pro seu Jamil? Acima de tudo, já pediram pra mim?

Nos despedimos aos risos e eu fiquei longo tempo perdido no espaço e no tempo. Havia encontrado algumas mulheres especiais, cheguei a me apaixonar por algumas delas, mas a sensação que se espalhava, invasora como um vírus altamente patogênico, pelo meu corpo, sem nenhum domínio da minha vontade, era o suficiente forte para que eu ligasse todos os alarmes e me cuidasse.

Capítulo 14

Às nove horas, parei em frente à casa de seu Jamil. Andrea e Luco estavam sentados na varanda, a mesma varanda onde Vera Lúcia esperou Mino tantas noites. Desviei meus pensamentos rapidamente; não era hora de me deixar tomar pela melancolia. Luco já foi gritando lá de cima:

– Ô doutor, se cuida com ela... já viu né, morou na França...

– Que é isso, Luiz? Apesar de tudo, ainda sou tua mãe...

– E que mãe! Né, seu Pedro? Uma gata!

– Como poucas – comentei com um sorriso.

Propositadamente levei-a ao restaurante Ilha do Padre, um dos melhores da cidade e que seria um elo para eu direcionar o assunto com mais facilidade. A cozinha do Ilha do Padre atraía muitos turistas devido à variedade em frutos do mar, trazendo sempre no cardápio pratos feitos com peixes da época, como a enchova, o robalo, a tainha, a bicuda, a palombeta, o peixe-porco. Peixes como estes não são comuns em outros restaurantes, assim como os complementos da mesa dos pescadores, como o pirão d'água e a banana assada na chapa. Escolhemos robalo frito na manteiga, acompanhado de camarões grelhados. Estava ótimo!

– Você conhece a ilha do Padre? – comecei perguntando, à queima roupa.

– Já estive lá uma vez há alguns anos, quando passávamos férias aqui no litoral. Eu gosto de mergulhar...

– Posso saber por que proibiu Luco de ir até lá?

Percebi que a pergunta não foi bem recebida. Andrea ficou em silêncio algum tempo e depois perguntou, como se tivesse esquecido do assunto:

– Quando você começa a trabalhar? Soube que está montando uma clínica particular?

– Na clínica só vou começar quando ela estiver suficientemente equipada. Apesar de ter feito residência em pediatria, como aqui é uma cidade pequena, não vou poder me esquivar da clínica-geral. Na prefeitura devo começar em dois ou três dias. E você, o que me conta de novo vindo de França?

– A minha especialidade ainda é vista de maneira errada por aqui. Para a maioria das pessoas sou apenas médica de loucos, como disse o Luiz. Por isso procurei minha especialização fora do país, onde a estrutura de trabalho é encarada de outra maneira.

– Como assim?

– Quando estudamos psiquiatria na faculdade, já estudávamos os modelos de tratamento dos países europeus, e isso me deixou curiosa. Realmente, como você deve saber, lá um paciente encaminhado a um psiquiatra não é visto como um louco. As características de vida são diferentes, a maneira de encará-la também. Evidentemente, a forma de tratar os problemas da vida será diferente. Lá se consegue recuperar um paciente com distúrbios de comportamento e colocá-lo novamente na sociedade, sem que seja rechaçado pela mesma. É impressionante como a medicina ainda se preocupa tanto em tratar os efeitos do problema, isto não apenas aqui, é em nível mundial. Assim procedendo, existe somente a intenção curativa, que tanto engorda os grandes laboratórios de medicamentos, não ocorrendo a preocupação de que o paciente não volte a adoecer, via de regra. Se não for trabalhado o motivo pelo qual ele adoeceu, independentemente de qual tenha sido sua doença, esta com certeza vai voltar, mais dia menos dia.

Percebi que ela encompridara seu discurso de forma intencional, até juntando dois assuntos diferentes, para que a minha pergunta sem resposta fosse esquecida. Não querendo ser indiscreto, continuei dentro da temática, esperando uma nova oportunidade para repetir a pergunta.

– Por lá existe alguma fórmula nova no tratamento dos distúrbios de comportamento que ainda não usamos por aqui?

– Eu não diria nova, muito menos que não seja usada por aqui. A medicina brasileira também está bastante avançada, embora o pouquíssimo investimento em saúde pública e pesquisa. A diferença maior é a seriedade com que se estuda e emprega as diversas técnicas. Eu, particularmente, adoto como técnica a regressão de memória, que não tem nada de nova, mas ainda sofre alguma resistência por parte dos mais ortodoxos. Porém, tem oferecido resultados surpreendentes, desde que bem empregada, não apenas nas doenças do comportamento, como também nas físicas, principalmente as crônicas. Esta foi a minha tese de doutorado.

– Confesso não conhecer muito sobre o assunto. Não existe resistência por parte do paciente, já que ainda há uma imagem mística da regressão de memória, ligada à possibilidade de vidas passadas ou até mesmo um choque religioso?

– Não vejo as vidas passadas como uma possibilidade, para mim é um fato sem o qual a maioria dos meus tratamentos ficaria sem solução.

– Você acredita em reencarnação? – perguntei e me arrependi, de imediato, pois percebi, pelo seu olhar, que para ela isto era óbvio. Embora para mim também fosse, até pela religião da família, não estava acostumado a encontrar a mesma opinião no meio acadêmico. Ela demorou um pouco para responder, talvez até cuidando para não me responder de forma indelicada.

– Não é uma questão apenas de acreditar, como se pede pela fé cega, não raciocinada. É uma questão de presenciar os fatos, estudá-los no tempo e confirmá-los.

– Como assim, confirmá-los? – perguntei, mais para instigá-la a aprofundar o assunto do que por ignorância do assunto.

– Veja bem, nem todos os pacientes necessitam regredir sua memória até outras vidas no passado, porém, eu tive um caso bastante interessante para exemplificar, que acabou se tornando um exemplo clássico. Vou contar de forma bem resumida:

"Uma das minhas pacientes, Valentine, aos 23 anos, casada, com um filho lindo, bem empregada, assim como seu marido, morava numa cidade litorânea e começou a sofrer de crises de falta de ar cada vez que levava o filho a tomar banho de mar. Um distúrbio de comportamento que, lá na França, geralmente é procurado sanar como por aqui se consulta um médico devido a uma gripe. Após as conversas iniciais da primeira consulta, propus, sem muitas delongas, a regressão da memória, já que não encontrávamos nada em especial que justificasse suas crises de fobia, nem no presente, nem até onde alcançava sua memória na vida atual.

"Como a paciente interessou-se pela técnica, iniciamos o tratamento. Não localizamos na primeira sessão nenhum motivo para o distúrbio, dentro da vida presente, na parte da memória em que seu pensamento não tinha mais acesso. Na sessão seguinte, avançamos mais no tempo passado e fomos a uma vida anterior, ocorrida da Itália, numa cidade de praia do Mediterrâneo. Naquela vida, Valentine nos relatou chamar-se apenas Ana e, aos 23 anos, ao tentar salvar um sobrinho que se afogava, acabou também se afogando, vindo os dois a falecerem.

"Não havia necessidade para o tratamento, porém perguntei seu nome completo e o de seu sobrinho, além do local e data dos afogamentos. Depois pedi ajuda a um colega da Itália que trabalha no mesmo campo de pesquisa. Os nomes eram Ana Cordillate e Antero Cordillate, a data 28 de outubro de 1938, ambos os óbitos registrados na cidade de Gênova, Itália, banhada pelo mar da Ligúria, no mediterrâneo. Como a paciente era bastante receptiva, com o seu consentimento, em uma sessão seguinte, especulei mais aquela vida e vim a descobrir, segundo o relato emocionado da própria paciente, que seu sobrinho veio a se afogar por descuido dela mesma, que, enquanto namorava um rapaz chamado Toni, descuidou-se do menino e, quando percebeu, já era tarde. No seu desespero em salvá-lo, inutilmente, pois que já não encontrava mais o corpo, deixou-se levar pelas águas, o que se caracterizou numa forma de suicídio.

"Ainda foi com bastante emoção que ela reconheceu, no sobrinho do passado, seu filho da atual existência, e, no namorado de ontem, o marido de agora. Leis de causa e efeito. O fluxo da vida reequilibrando os fatos e as consciências, ordenando os acontecimentos. Obviamente, estou lhe relatando o caso de forma bastante resumida, não lhe contando os detalhes que enriqueceram sobremaneira minha pesquisa, mas que não teriam muito interesse no momento."

Após algum tempo de silêncio, em que parecia também reordenar os pensamentos, concluiu:

– E não me venha falar em memória genética, guardada nos cromossomos, e transmitida pelos antepassados. Todas estas pessoas não tinham nenhuma ligação familiar. A ciência teima em complicar, ou pior, em negar a Deus e buscar soluções mirabolantes.

– E a paciente melhorou das crises de falta de ar? – perguntei, tentando tratar o assunto com a maior naturalidade possível, já que era fácil perceber que nem todos se comportavam desta maneira, o que justificava o entusiasmo até agressivo de Andrea.

– Depois de descoberto a causa, trabalha-se o efeito. Ciente do que havia lhe ocorrido, conseguiu se desvencilhar do problema, ficando apenas um pequeno receio dos banhos de mar. A ideia de estar recuperando uma falta do passado também a ajudou no processo.

Já havíamos terminado o jantar e conversávamos após o cafezinho. Fiquei quieto brincando com a colherinha do café algum tempo. Ela também parecia distanciar-se no pensamento. Estava linda; era linda. Prendia seus cabelos com uma tiara e usava brincos grandes, destes feitos por camelôs. Vestia-se novamente de forma despojada: uma calça *jeans*, talvez até a mesma e uma camiseta preta com uma pequena bandeira da França bordada na altura do coração. Era evidente que não se preocupava muito com o que vestia e nem era necessário. Quando o silêncio já se alongava, perguntei, novamente à queima roupa:

– E a ilha do Padre?

Ela continuou inalterável, parecia que nem tinha ouvido minha pergunta. O restaurante situava-se próximo ao mar, numa elevação natural, quase no fim da praia da Velha. Pela janela de onde ela olhava, tinha-se uma vista privilegiada do mar e de toda a ilha, que, na noite brindada pela claridade prateada da lua cheia, realçava-se no oceano, com suas duas colinas e a espuma que a arrebentação provocava em suas encostas de pedras. Depois de algum tempo em silêncio, olhou para mim e disse:

– Eu ainda estou me instalando na cidade, pretendo arrumar um apartamento ou casa onde possa morar com o Luiz. Ele é um encanto, mas não sei exatamente como está indo na escola e o avô não tem muito controle sobre isso. Comigo por perto quero colocá-lo na linha, ao menos vou tentar. A minha ideia é usar um terreno que meu avô tem aqui perto, que começa na rua que leva à praia da Canoa, cruza todo o morro e vai até a encosta da barra do rio, para ali montar uma clínica psiquiátrica, na verdade, um spa psiquiátrico. Este é um projeto para mais tempo e vou realizá-lo com calma, porém, o mais rápido possível quero estar morando sozinha com o Luiz. Tão logo eu esteja instalada, precisamos conversar com calma. Não é difícil, principalmente para mim, perceber em você uma enorme curiosidade e quanto mais eu entrar neste assunto, maior será ela. Por isso eu peço que tenha um pouco de paciência que em breve eu vou lhe explicar muita coisa.

– Não podes me adiantar nada?

– Seria em vão. O que preciso conversar contigo tem que ser com calma e de maneira ordenada, mas posso lhe dizer algo sim, que vai provar que sua curiosidade só vai aumentar: não estou aqui, nesta pequena Santa Fé, com meu filho e meu pai, à toa. Existem sérias razões para isso e você é uma delas.

– Eu!? Eu!? – falei, um pouco atrapalhado e surpreso.

– Você sim, Pedro José Couto, irmão de Joaquim Abel Couto e que, se fizer mais uma pergunta a respeito do assunto, me deixará chateada ou talvez até irritada.

Diante de sua última afirmativa, preferi silenciar o alvoroço que se abalava em meu peito com a referência ao Mino. Ela tinha razão: quanto mais entrasse no assunto, sem explicá-lo por completo, mais eu ficaria inutilmente curioso, e a curiosidade, sem explicações precisas, apenas levaria a divagações desnecessárias, inúteis. Era preciso novamente ter calma e esperar o momento correto.

Nas duas semanas seguintes, quase não vi Andrea. Assumi a Secretaria de Saúde do município e entendi, com facilidade, por que o bem intencionado dr. Altair se afastara do cargo: o órgão estava muito bem preparado para atender favores políticos, mas não havia nenhum programa de saúde elaborado, ficando a população na dependência de intenções eleitoreiras e partidárias.

Pensei também em me afastar, porém, decidi fazer uma tentativa, realmente desprendida, se assim me permitissem. Meu tempo ficou todo ocupado, a ponto de quase não poder aceitar o convite de Andrea para conhecer a casa que havia alugado para morar com Luco. Queria que eu fosse almoçar com eles no sábado. Apesar de eu ter marcado uma reunião da secretaria para o sábado logo após o almoço, desmarquei este compromisso. O interesse pelos assuntos pendentes, e também por Andrea, ainda ia muito além de qualquer atitude desprendida.

Andrea havia alugado uma casa próxima ao mercado Goular, para que seu pai não reclamasse da ausência de Luco. Era uma casa pequena, porém, recém-construída e de muito bom gosto, de propriedade do juiz da cidade, que mal acabara de construir e fora transferido. Ao meio-dia do sábado, lá estava eu, com um quadro pintado por um artista local, representando a separação dos pescadores da família, de maneira bastante expressiva. Eu sabia que Andrea tinha decorado a casa com móveis rústicos e esteiras de palha, tapeçarias de artesões do local, vasos de barro, entre outros artefatos, algumas madeiras colhidas do mar e envernizadas, tudo à moda litorânea. O quadro que eu havia comprado para ela ficaria bem naquele ambiente. Luco veio me receber, da maneira festiva de sempre:

– Ô seu Pedro, tens aí um sanduíche? Que minha mãe na cozinha, não sei não, ouvi falar que como cozinheira ela é uma ótima médica... Se não fosse tia Júlia nos últimos dias, nós estaríamos perdidos.

Tia Júlia era uma irmã de criação de seu Jamil e realmente considerada como tia por Andrea. Era ela que cuidava de todos os serviços da casa do avô de Luco, inclusive da cozinha.

– Se continuar 'inticando' comigo, vou te mandar almoçar lá com teu avô – falou Andrea, que também vinha me receber.

Andrea adorou o quadro, chegando a ter uma atitude receptiva até inesperada. Com o tempo, fui descobrindo que qualquer forma de lembrança era um motivo de festa, independente do tipo do presente.

O almoço realmente estava saboroso: filé de salmão com batata *sauté*. Simples, mas saboroso. Após o almoço, Luco saiu, como sempre, em disparada, e lá de fora gritou:

– Se precisar de ajuda com ela, disque 191...

Ela me serviu um Cointreau na sala e bebemos em silêncio. Esperava que ela entrasse no assunto; apesar da minha impaciência, não queria ser insistente. Após beber seu licor, ela levantou, foi até a estante e de lá apanhou um grande envelope amarelo, com um volume dentro. Sentou novamente e ficou algum tempo olhando o envelope, pensativa, depois olhou para mim e disse, entregando-me o envelope:

– Isto, de direito, lhe pertence. Há muito tempo está comigo, somente não havia chegado a hora certa de lhe entregar. Espero que a hora seja esta.

Era um envelope desbotado, envelhecido pelo tempo e com as bordas já um pouco rasuradas. Como não estava lacrado, retirei, rapidamente, seu conteúdo. Não consigo precisar o que senti no momento. Eu tinha em minhas mãos um livro protegido com uma capa de couro, fechada com um zíper. Era o Pessoa, o livro amado de Mino, estava um pouco estragado, com as folhas de dentro enrugadas ou rasgadas, mas era o Pessoa, sem dúvida.

Perdi a noção de quanto tempo fiquei paralisado, como se tivesse ocorrido uma pane no meu sistema de memória. Voltei ao momento presente quando Andrea chamou-me pelo nome:

– Pedro... – falou-me de maneira interrompida, como quem estuda bem o que tem a dizer –, preciso que me escute com atenção. A história que tenho para contar não é simples e tenho receio de que não acredite em tudo o que vou dizer, devido, muitas vezes, a ela entrar no nível do fantástico, apesar de ser uma história tão triste e, ao mesmo tempo, bela. Inicialmente vou tentar resumir o assunto, depois vou dando os detalhes que você for me perguntando.

Levantou da poltrona onde estava e andou pensativa pela sala, indo sentar na soleira da janela da frente, virada para mim.

– Você conheceu o Mino? – perguntei, tentando facilitar o desenvolvimento do assunto.

– Luísa era minha melhor amiga e eu era a melhor amiga dela. Estive com Mino rapidamente, num dia que eles foram ao apartamento que eu dividia com Luísa, um dia antes do desaparecimento do seu irmão. Eu cheguei de madrugada e eles já estavam de saída e com pressa. Não pudemos conversar muito; na época eu estava no começo do meu curso. Uma semana depois, eu soube, através dela, que Mino havia morrido no mar.

"Luísa estava desesperada, voltou para o nosso apartamento após um mês e não retornou mais à Santa Fé. Porém, Mino permaneceria para sempre em sua vida, não apenas na memória, mas também no seu destino: carregava, em seu ventre, um filho do seu irmão.

"Quando soube disso, conseguiu acalmar em seu coração a tortura que a afligia, pois teria uma maneira de perpetuar o amor que sentia por Mino. No entanto, sua gravidez detonou uma crise com seu pai, seu José, que era bastante conservador, a ponto de pedir transferência de Santa Fé, quando soube do ocorrido, e não mais ter contato com a filha. Não sabia ele que Luísa tinha fibra bastante para assumir sozinha a gravidez, pensando até em nunca contar nada à família de Mino, o que eu contestava, achando que seria uma alegria para os seus pais saberem que tinham um neto. Ela, porém, tinha medo da reação deles, receava que pudesse ser igual à reação do pai.

"No quarto mês de gravidez, Luísa entrou em depressão do dia para a noite, era incompreensível aquela mudança. Na mesma época, começou a sonhar, insistentemente, com Mino. Nos seus sonhos, quase sempre se encontrava com ele na ilha do Padre, mas não conseguiam conversar. Os sonhos perduraram por dois meses e foi tão repetitivo que, nas férias de julho daquele ano, conseguiu convencer um amigo nosso, o Chico, de levá-la em seu barco até a ilha. Eu estava com muitos problemas na faculdade na época e não pude acompanhá-los. Ela sabia da história extraordinária que havia ocorrido com Mino na ilha, quando ele ficou lá escondido para não casar, assim como você também sabe. Era plano dos dois, tão logo o mar acalmasse, explorar a ilha.

"Luísa desembarcou na ilha do Padre numa sexta-feira, no final da manhã de num dia ensolarado, porém frio, e foi até a frente da pedra onde seu irmão havia visto aquelas pessoas estranhas. Por algum motivo, sabia que ali aconteceria alguma coisa, porém, nada ocorreu. Ficou ali sentada até o entardecer e já era quase noite quando voltou para a beira do mar, onde o

Chico, que ela havia pedido para não subir com ela, a esperava já bastante preocupado. Como o tempo estava muito calmo, convenceu seu amigo a ficar ancorado na ilha todo o final de semana. Chico era uma pessoa espetacular, topava tudo.

"No sábado, Luísa voltou ao mesmo local. Ficou horas sentada em frente à pedra e nada. Quando já entardecia, próximo às dezessete horas, sentiu um sono repentino, imaginou apenas que estava cansada, porém, só acordou perto da meia noite, sendo sacudida pelo assustado Chico, que se preocupara com sua demorada ausência. Acordou meio dopada, como se tivesse sido acordada muito antes do tempo, e demorou a perceber que havia um objeto em seu colo. Chegou a passar mal quando viu o que era o objeto: era o livro que acabei de lhe entregar e, dentro dele, além de todas as cartas e poesias que ela havia escrito para Mino, havia um outro recado, que eu lhe peço desculpas, mas não sei onde se encontra. Porém eu sei o seu conteúdo integralmente, de tanto lê-lo, incansavelmente. Eu o havia guardado aí dentro do livro, tenho até a impressão que ele desapareceu daí, desintegrou. Era um papel sedoso, que mais parecia um tecido e as letras pareciam de néon. Nele estava escrito:

> "Com certeza, a vida não é apenas o que os nossos limitados olhos conseguem enxergar. Se eu pudesse ficar mais tempo contigo, explicaria melhor. Estou te deixando meu livro, para que tenhas certeza de que te amo. Não podemos nos encontrar mais, por enquanto, mas eu precisava vê-la para entregar esta pedra, montada nesta placa de metal e que está grudada na última página do livro. É para nosso filho; ele deve usá-la ao menos algumas horas por dia, pode ser durante a noite enquanto dorme, durante toda vida. Ela foi feita exclusivamente para ele e nunca deverá ser usada por outra pessoa. Vai garantir o equilíbrio de sua saúde sempre e foi por isso que te trouxe até aqui. É o mínimo que posso fazer por ele, no entanto, por motivos que não posso explicar agora, ele nunca deverá vir até esta ilha, para que a pedra não perca sua capacidade. Acredito que, em breve, estaremos juntos. Te amarei para sempre. Mino."

Andrea percebera minha emoção e conteve um pouco seu relato. Eu mantinha o rosto entre as mãos, aturdido com aquelas notícias. Muitas dúvidas que eu tinha sobre a história de Mino voltavam a invadir meus domínios da razão. Apesar de realmente não estar me sentindo bem, pedi para que continuasse, o que ela fez, sem delongas:

– Luísa entrou em pânico, era evidente; aquilo superava seus limites: se Mino ainda existia, por que não podia estar com ele? Desesperada, gritou por Mino, em pranto. Chico, que não estava entendendo quase nada do que estava acontecendo, conseguiu conduzi-la de volta ao iate. Eles usavam um barco inflável, reforçado nas laterais para desembarcar na pedra.

"Luísa voltou para casa no domingo; não falava, não comia, ficava o tempo todo abraçada ao livro e segurando, numa das mãos, uma plaqueta de metal com uma pequena pedra verde no meio, que parecia uma esmeralda. Foi com muita dificuldade que consegui arrancar dela toda a história. Era realmente fantástica, porém, não havia como contestar sua realidade: os objetos materiais ali estavam para provar, mas tudo era esquisito.

"Também fiquei pensativa alguns dias, ao mesmo tempo em que tentava trazer de volta minha amiga à vida, mas não estava fácil. Nem a lembrança do seu estado e de que aquela situação poderia prejudicar o bebê a tiravam daquela letargia. Foi então que me ocorreu uma ideia: na época eu estava tendo meus primeiros contatos com o intrincado assunto 'tempo', tomando contato com a espetacular teoria de Dunne. Em 1927, ele propunha que não é o tempo que passa por nós, e sim nós que passamos pelo tempo. Também começava a conhecer os estudos e experiências de Albert de Rochas, que, já no final do século passado, trabalhava com a regressão da memória, assunto que me atraía, profundamente.

"Eu me relacionava muito bem com o professor Duran, que você deve ter conhecido também. Ele era famoso pelos sucessos que conseguia nos seus tratamentos com esta técnica e que me iniciara nestes conhecimentos, apesar de eu ainda estar no começo do curso. De há muito já me interessava por assuntos transcendentais. A ele recorri, pedindo ajuda para a amiga, mas sem contar sua história incomum, apenas relatei que ela estava em depressão pela morte do namorado e pai de seu filho. Com muita bondade, ele assumiu o tratamento de Luíza, realmente como se fosse um pai.

"No começo do mês de agosto, começo das aulas, num final de semana, levei o dr. Duran ao nosso apartamento e lá fizemos a primeira sessão de regressão de memória. Eu ainda pouco conhecia sobre o assunto, mas acreditava que poderíamos fazer sua mente adentrar naquele período de tempo em que ficou desacordada na ilha e, desta maneira, desvendar um pouco do mistério. Eu já havia avisado ao professor sobre um trauma ocorrido na ilha e que ela não queria me contar, sendo que, dali para frente, a depressão se acentuara, o que realmente era verdade. Luísa sabia da minha ideia e favoreceu bastante a 'magnetização'.

"Os primeiros relatos de Luísa não eram significativos até que, em determinado momento, ela começou a chorar e falar, emocionada:

"– Mino, meu querido, você está vivo!

"Nosso querido dr. Duran tentou conversar, com muito cuidado, com Luísa, no entanto, ela apenas mantinha um sorriso nos lábios e, nos seus olhos abertos, era fácil perceber seu estado de imensa felicidade. Como ela mantinha-se em silêncio, dr. Duran tentou movimentar sua memória no tempo, levando-a mais para o passado, não para que isto acontecesse realmente, porém para sentir a importância dos fatos que sua memória estava presenciando, o que de fato aconteceu. Luísa resistiu à indução e pediu:

"– Não me tirem daqui, deixem-me aqui, por favor...

"O médico então deixou que ela permanecesse em silêncio e, de forma inusitada, ela mesma voltou do transe, o que o deixou curioso, já que isto não era habitual. Porém, Luísa voltara feliz. Abraçou-me demoradamente, com os olhos cheios de lágrimas, mas com um sorriso no rosto. Fez o mesmo com o dr. Duran, a quem agradeceu, comovida:

"– Meu amigo, devolveu a vida a mim e a meu filho.

"– Poderias me relatar o que aconteceu, talvez eu possa ajudar-lhe ainda mais.

"– Impossível, doutor. Impossível ajudar mais do que já me ajudou com seu carinho e boa vontade, nunca vou poder pagar pelo que me fez.

"– Mas eu não fiz praticamente nada, minha filha, e, se como médico não posso mais ajudar, não consigo mentir que, como amigo, estou bastante curioso pelo que aconteceu.

"Luísa sorriu e ficou pensativa por algum tempo, depois comentou:

"– Vamos dizer que eu vi Mino em outro plano, em outra dimensão, seu espírito, se é que o senhor acredita em espíritos. Agora eu sei que ele está bem e que ainda me ama, como sempre amou.

"Falou isso me olhando com cumplicidade, como a pedir-me que ficasse quieta. Entendi que ela estava apenas despistando, delicadamente, nosso bom amigo Duran.

"Ele despediu-se de nós, falando que queria continuar acompanhando o caso e, se precisássemos, era para chamá-lo rapidamente. Antes de sair, ainda na porta, falou-me, sorrindo:

"– O meu lado cientista, sempre curioso, me faz ter vontade de ser uma mosca e poder entrar aí dentro sem ser visto, para ouvir o que vocês vão conversar agora, mas o meu lado médico me recoloca no caminho da discrição e da ética, por isso, até logo minha querida.

"Era evidente que ele tinha percebido que o assunto era bem mais intrincado, na sua longa vivência clínica dentro da terapia de regressão, mas sabia que não podia ir mais longe.

"Voltei correndo para o quarto de Luísa, queria saber de tudo, porém, ela já havia adormecido profundamente, como alguém que não dormia há muito tempo, devido a uma preocupação, e que, quando a viu desfeita, caiu desmaiada pelo cansaço. Era noite de sábado.

"Quando acordei no domingo, me surpreendi com o enorme café da manhã que estava posto à mesa da cozinha e que Luísa devorava, faminta.

"– Vem menina, senta comigo e come. Estamos com uma fome louca – falou, apontando para a barriga –, depois vamos sentar e conversar com calma.

"Após o café, sentamos na sala. Eu não controlava mais minha curiosidade. Ela estava sentada no chão, como gostava de fazer, com os joelhos dobrados e os braços cruzados sobre eles. Ficou me olhando séria por um tempo, depois explodiu numa gargalhada que há muito tempo eu não ouvia e falou:

"– Eu não posso contar quase nada...

"– O quê!? – falei, atirando-me sobre ela, derrubando-a de costas. Segurei-a pelos braços, cuidando da sua barriga, que já se destacava bem do seu corpo, e repeti: – O quê!?

"– Eu não posso. O Mino pediu que não contasse nada para ninguém e nem que você me mate eu vou contar tudo, só o que for possível.

"Soltei-me, também de costas, no tapete ao seu lado. Não acreditava no que estava ouvindo. Nunca havia sido muito curiosa, mas o assunto era por demais intrigante. Apenas falei:

"– Anda, vai falando, a não ser que não tenha amor pela vida.

"– O Mino está vivo...

"Nós duas estávamos deitadas de costas no chão, não olhávamos uma para outra.

"– É claro que ele está vivo! Somos eternos, não somos? A vida continua depois da morte...

"– ... o Mino está vivo, em carne e osso! Lá na ilha, eu o vi, falei com ele no dia em que estive lá, toquei seu corpo. Ele estava sentado em uma sala muito clara, com uma luz vermelha que vinha de todos os lados, das paredes, do teto. Estava sozinho, só havia duas cadeiras na sala. Pediu-me para sentar, mas eu não sentei, corri para ele e o abracei. Ele também me abraçou, depois disse, mais ou menos assim:

"– A saudade é enorme, mas nosso tempo é curto.

"– Estranhei o fato de ele ter me abraçado com tanto carinho, realmente demonstrando muita saudade, mas, ao mesmo tempo, ter me afastado dele, como se fosse perigoso meu abraço.

"– Mino, o que é isso? Eu não tenho nenhuma doença contagiosa, por que está longe de mim?

"– Minha querida, não pense que não tenho sofrido com tua ausência. Vou te explicar tudo o que for possível. Não posso permanecer muito em contato físico contigo, para o teu próprio bem e, principalmente, para o bem do nosso filho...

"– Você está doente – interrompi. – E como pode saber que é um filho e não uma filha?

"– Não, não estou doente, estou apenas diferente e sei que é um menino, pois foi por ele que permitiram que tu viesses aqui. Olha, esta pedra é para ele – falou, mostrando em sua mão a pedra verde, um pouco alongada, aproximadamente com três centímetros de comprimento, dois de largura e um de espessura. Ela era montada numa plaqueta de um metal polido, parecido com ouro, havia uma abertura no meio da plaqueta, onde se incrustava a pedra, sendo que ela podia ser vista dos dois lados.

"– Esta pedra – continuou – tem o teor vibratório idêntico ao do espírito do nosso menino.[2] Nós pesquisamos isso, por isso é que eu sei que é um

[2] O passe magnético, recurso muito utilizado nas casas espíritas nos dias de hoje, foi desenvolvido, na era moderna, a partir do trabalho de Mesmer e outros magnetizadores, com o objetivo de estimular o reequilíbrio da saúde ao doente. Liberar o paciente da obrigatória presença do magnetizador na aplicação do passe foi uma preocupação dos primeiros es-

menino. Ele deve usá-la ao menos algumas horas por dia, desta maneira, qualquer alteração no seu padrão vibratório será identificado e corrigido pela pedra, mantendo sua saúde física e psíquica sempre em equilíbrio. Mas, se outra pessoa usá-la, ela poderá perder sua capacidade. Outra coisa, nunca deixe que nosso menino venha até esta ilha, pois o campo eletromagnético que a envolve também fará mudar o padrão vibratório da pedra e esta não mais se identificará com ele...

"– Mino, por favor, espera, estou confusa. O que está acontecendo? Por que você diz: nós? Quem mais está aqui? O que aconteceu com você? Por que não voltou para mim?

"– Nós temos algum tempo ainda. Vens comigo, vou te explicar. Agora tu já podes entrar para as outras salas...

"Ele me levantou e caminhamos em direção à parede, quando estávamos a mais ou menos a um metro dela, Mino falou seu próprio nome e abriu-se uma porta, que antes era impossível de ser percebida, e a luz que veio do outro lado me fez perder momentaneamente a visão. Também era avermelhada.

"– É tudo o que te posso contar, até este ponto. Daí para frente eu jurei ao Mino, que não contaria mais nada, nem para você...

"Ela falou isso titubeando. Eu não sabia o que sentia, se estava magoada ou apenas contrariada. Fiquei ali quieta algum tempo. Ela também não falou mais nada, como se esperasse que eu não insistisse, mas é claro que eu ia insistir.

"Levantei do chão e estendi a mão para Luísa:

"– Vamos, levanta daí e vamos caminhar um pouco. O dia está bonito, vamos pegar um pouco de sol antes que crie fungos em tua barriga."

---

tudiosos do assunto. Dessa necessidade, surgiu a magnetização (fluidificação) da água, o que permitiria ao paciente prosseguir a terapia em sua própria residência, sem o concurso direto de um magnetizador. Também com essa finalidade foram criados outros mecanismos. Mesmer, por exemplo, desenvolveu a famosa cuba ou tina. Puységur magnetizava um olmo (árvore), com o qual os pacientes entravam em contato para obter o desejado reequilíbrio de sua saúde. Dessa maneira, magnetizar qualquer objeto, como neste caso uma pedra, com o objetivo de auxiliar o reequilíbrio de alguém é um recurso óbvio para o magnetizador. Este assunto foi bastante desenvolvido na obra O magneto, do mesmo autor.

Capítulo 17

Andrea suspirou profundamente e pareceu estar se esforçando muito para controlar as emoções. Ficou algum tempo em silêncio e, embora minha ansiedade para que ela continuasse, esperei que ela voltasse a falar espontaneamente. Aparentemente reorganizava as lembranças antes de continuar. Esforçava-se para ser o mais fiel possível ao que realmente acontecera e, pela precisão com que me contava a história, era fácil perceber o quanto já havia pensado e repensado nela. Depois de alguns minutos e percebendo que eu já me situava melhor na narrativa, continuou:

– Andamos bastante no calçadão à beira-mar, compramos umas revistas de moda para gestante e para bebê, pois as roupas de Luísa já não serviam mais e, com todos os contratempos, ela ainda não tinha providenciado nada novo, nem para ela, nem para o filho. Almoçamos fora de casa. Felizmente o apetite de Luísa tinha voltado e em dobro, pois já me preocupava o futuro da criança com aquela gestação toda irregular.

"Depois do almoço, fomos caminhando até a praça do Hospital Universitário, onde você sabe que, nos domingos à tarde, sempre apareciam muitos estudantes para conversar, tocar violão ou até mesmo para estudar. Sentamos num banco da praça, bastante ensolarado, já que não estava muito quente. Fiquei em silêncio, esperando que ela continuasse o assunto, porém, manteve-se calada. Depois de algum tempo, já no limite da minha paciência, entrei no assunto.

"– Luísa, minha melhor amiga, estamos vivendo uma história excepcional, tão incrível que não temos a liberdade de sequer comentá-la com nossos amigos sem que coloquemos em risco a fama de nossa sanidade. Se eu entendi, se é que entendi alguma coisa, teu 'vivo' namorado Mino, pediu que você não contasse nada do que aconteceu naquela ilha entre vocês dois, nem para mim. Entendo que ele deve ter seus motivos. Entendo também que tudo isso é uma grande loucura, um daqueles assuntos que deveriam morrer em nossa memória, como um fato anormal que nos ocorre, que chama a atenção, porém, pela sua própria anormalidade fica para trás, cai no esquecimento, virando comentário fortuito numa conversa ou outra, assim como: 'Eu tinha um namorado que certa vez viu alienígenas lá na ilha do Padre...'

"Percebi que, quando falei em alienígenas, Luísa alterou-se, olhou-me de forma estranha, como se me fizesse alguma pergunta silenciosa. Fiz uma pausa, tentando não divagar muito minhas colocações e continuei.

"– No entanto, nós não deixamos cair no esquecimento, fomos a fundo e, sem querer puxar a brasa para minha sardinha, isto aconteceu graças à minha ideia de regredir sua memória até o momento do teu sono lá na ilha. Asseguro que, se não fosse pelo livro e pela pedra que você trouxe de lá, eu já a teria feito esquecer tudo isso ou a teria internado num hospital psiquiátrico...

"– Eles sabiam – cortou-me Luísa. – Eles sabiam que você iria regredir minha memória...

"– ELES QUEM? – gritei, chegando a chamar a atenção das pessoas que estavam mais perto.

"Após esperarmos que a atenção dos nossos vizinhos se dissipasse, Luísa continuou:

"– Olha, Andrea, tenha calma, senão não chegaremos a lugar nenhum. Algumas coisas eu não vou te contar, nem que você deixe de ser minha amiga. Eu sei que tudo isso é muito estranho, mas não fui eu que fiz assim, tenta entender. Há interesses que vão muito além de nós ou de nossa curiosidade, por isso, não fique magoada comigo. Eu vou tentar contar o que for possível, mas você vai me jurar nunca contar isso para ninguém, pelo bem do Mino, de mim e dele – falou, acariciando a barriga, e logo continuou:

"– Mino levou-me para uma grande caverna iluminada por uma luz avermelhada, que vinha de todas as direções, e me apresentou algumas pessoas. Pessoas lindas, todas muito lindas, homens e mulheres, a maioria bastante jovens. Havia grandes balcões de equipamentos eletrônicos, montados formando um corredor muito longo, sobre um piso de pedras polidas que compunham o interior da caverna. Todos estes equipamentos estavam ligados e bastante ativos. Pareciam grandes computadores, pois existiam muitos monitores de vídeo e, em cada um deles, duas ou três pessoas atentas ao que neles ocorria. Fomos ao encontro de um senhor de meia idade, muito simpático, chamado Yano. Ele estava sentado em frente a um dos monitores onde podia ser visto na tela uma espécie de mosaico de cores que se alternavam constantemente. Ele nos esperava com um sorriso maravilhoso, como se realmente nos quisesse muito bem. Mino me apresentou dizendo:

"– Este é Yano. Foi ele quem permitiu que tu estivesses aqui hoje. Também foi ele que me ajudou na pesquisa para descobrir quem estava voltando à vida através de ti e, desta forma, podermos identificar seu padrão vibratório e construir a joia que está em tuas mãos. Esta pedra vibra, ou emite vibrações, num mesmo comprimento de ondas do teor vibratório do espírito dele – falou, apontando para minha barriga – em seu estado de equilíbrio. Ela vai funcionar trazendo de volta ao normal o seu nível vibratório, sempre que se alterar, fazendo com que sua saúde, mental e física, seja sempre perfeita, porém, é muito sensível e se mudar o teor vibratório, perde a capacidade.

"Era interessante que o assunto que Mino falava era novo para mim, no entanto, eu entendia-o em profundidade, como se fosse um assunto do meu domínio. Continuei sentindo isso depois, enquanto voltava para casa no iate do Chico. Embora naquele momento não lembrasse o que havia acontecido lá dentro, sentia minha mente capaz de entender melhor sobre todos os assuntos que pensava. Eu pensava no vento e entendia logo os deslocamentos das massas de ar quente e frio. Eu pensava no barco que nos conduzia e lembrava com facilidade das leis físicas do empuxo, que mantém os barcos sobre as águas e que sempre me fora difícil de entender. Isto continuou assim até eu acordar no outro dia.

"– Quando eu cheguei aqui – continuou Mino – Yano foi meu 'padrinho'. Recebeu-me com carinho e até hoje tem me orientado em tudo. Foi ele também quem comprou minha briga de trazê-la até aqui, apesar de todas as consequências que isto pode trazer, e é nas mãos dele que eu te entrego agora, para que ele te leve de volta à tua vida...

"– Não Mino – falei assustada – não quero ir, eu não preciso ir, você está aqui, é aqui que eu quero ficar...

"– Lamento, minha querida, mas não podes e também não posso ir junto contigo. Não posso quebrar o juramento que fiz para que pudesse trazê-la aqui.

"Falou isso e me abraçou longamente, dando-me um beijo rápido, depois completou:

"– Tenho uma surpresa pra ti – falou, mostrando o livro que eu trouxe comigo. – Tu vais levar este livro, com ele, a pedra e uma mensagem escrita por mim pra saberes o que fazer com ela... Não, tu não vais lembrar o que aconteceu, por que tua atividade mental aqui dentro não é compatível com a tua atividade mental normal. É assim como as coisas que tu sonhas. No sono, teu espírito liberto do corpo, tem uma atividade mental muito maior e naquele momento tu entendes tudo o que está acontecendo, porém, depois o teu cérebro não consegue ler na memória espiritual os fatos ocorridos, lendo apenas fatos entrecortados e fora de sequência, o que os deixa quase sempre bizarros. Raramente são sensatos. Mas não se preocupe, tu tens uma amiga muito esperta e que vai encontrar uma maneira de te fazer lembrar, acordada, de tudo o que aconteceu aqui dentro.

"Neste momento eu a olhei assustada:

"– Quer dizer que ele já sabia que eu ia fazer isso?

"– Claro que sim! Eles sabem muita coisa, foi o que eu te contei ainda há pouco – falou Luísa, sorrindo. – Depois disso ele falou que era hora de eu ir e me fez jurar, novamente, que não falaria nada a ninguém. Mesmo percebendo que não podia, me atirei nos seus braços e ali fiquei algum tempo, até que percebi que aquilo também estava sendo muito doloroso ao Mino, que já tinha os olhos cheios de lágrimas...

"Depois de algum tempo em silêncio, como se estivesse pensando se poderia contar mais alguma coisa, Luísa completou:

"– É o que posso te contar. Sei que quase todas as tuas curiosidades ainda existem e, com certeza, muitas outras surgiram com o que eu te contei, mas não posso te contar mais nada, por favor, entenda. É lógico que algumas coisas estou ocultando, mas, se continuar insistindo, terei que me afastar de ti e isso vai me doer muito.

"Percebi que ela falava sério e que a importância daqueles fatos superava todas as minhas expectativas. Engoli a seco minha curiosidade, àquela altura quase desvairada, levantei do banco e puxei-a pela mão, abraçando-a ternamente.

"– Você sempre foi e sempre será minha melhor amiga. Além do mais, não posso brigar contigo agora, não quero ficar longe do meu afilhadinho que vem aí."

Capítulo 18

O tempo havia passado rápido, quase sem que o percebêssemos. Andrea tinha parado sua narrativa e estava agora sentada à minha frente, segurando minhas mãos, de cabeça baixa, aparentando cansaço por toda aquela concentração, para que não esquecesse de nada. Havíamos mergulhado com tanta avidez no passado que estava difícil de contatar com o presente. Foi o alarido de Luco que nos trouxe de volta à realidade atual:

– Tá na hora de sair um pão bem quentinho na padaria. Quanto eu levo pra ir comprar?

Ao entrar na sala ele parou espantado com nosso aspecto, tínhamos os olhos molhados e os nossos sorrisos sem graça não conseguiram despistá-lo, porém, sua alegria era imediatamente contagiante:

– O quê! Vocês nem começaram o namoro e já estão se separando? Assim não dá! Não deu nem tempo de eu me acostumar... nem te chamei de pai – falou, olhando pra mim. – Assim não dá mesmo. Mas, vamos acabar com isso; vocês podem brigar, se separar, voltar, que tem uma coisa que não vai mudar em nada: a minha fome. Vamos lá, dona Andrea, descola uma grana pro pãozinho...

– Dona Andrea!? – reclamou a mãe indignada, abraçando-o. – Dona Andrea? Que maneiras são essas de chamar tua mãezinha?

– Aprendi com ele – falou apontando o dedinho pra mim. – Ele nunca chama dona Cândida de mãe, acho que foi pego pra criar, como eu que você pegou na porta do hospital...

Andrea abraçou-o de encontro ao peito, quase o sufocando e olhou-me com cumplicidade, demoradamente. Estava claro, o que era uma suspeita, ficou evidente: Luiz era filho de Luísa. Era filho de Mino. Luco era meu sobrinho.

Tornou-se impossível eu me controlar naquele momento, a emoção já era muita; virei-me para a janela e chorei, tentando apenas controlar os soluços para não chamar a atenção de Luco.

– Então corre na padaria enquanto eu preparo um café pra todos – falou Andrea, salvando-me daquela situação. – Pega dinheiro na minha carteira.

Enquanto Luco saía na sua tradicional correria, fomos para a cozinha preparar o café e, talvez por respeito às nossas emoções, que estavam no limite extremo de sensibilidade, não tocamos mais no assunto. Era necessário uma pausa. Era necessário ordenar tudo em meu pensamento. De repente uma vida nova se abria aos meus passos e todos os sintomas de saudade e sensação de perda que o tempo havia abafado, mas não destruído em meu peito, voltavam a ativar minha memória. A vida de Mino recuperava-se na lembrança, suas aventuras, nossas pescarias, sua fuga para a ilha, seus namoros, seus casos não muito secretos, sua paixão por Luísa. Luísa! Onde estaria Luísa? Onde estaria Mino? Poderiam estar juntos em algum lugar? Apesar do vórtice de emoções que girava em mim, ainda fiz mais esta pergunta a Andrea:

– Eles estão juntos?

– Eles quem?

– Mino e Luísa?

Andrea continuou arrumando a mesa, como ela fazia sempre que não tinha resposta imediata para uma pergunta; parecia que não tinha me ouvido. Como eu já tinha aprendido um pouco de sua personalidade, fiquei esperando. Depois de alguns minutos, já com a mesa toda arrumada, sentou-se à minha frente e respondeu:

– Acredito que eles nunca vão se separar; o amor que sentem deve mantê-los sempre unidos, mas não pergunte onde. Em algum lugar...

A 7ª Cavalaria já estava de volta...

– Não sobrou troco, dona Andrea. Estes pãezinhos estão cada vez mais caros.

Enquanto comíamos, apenas conversamos assuntos divertidos, como não poderia deixar de ser com Luco estando junto, e acabamos marcando uma nova pescaria para o domingo, com muita relutância por parte de Andrea, mas que acabou sendo convencida pelo filho. Obviamente ficou apostado mais dez mangos...

– Então vai até minha casa ver que horas seu Antônio libera o barco amanhã – falei ao Luco.

– O dia todo, só que ele quer ir junto, já falei com ele.

– Então esta pescaria já estava combinada? – reclamou a mãe. – Nós estamos entrando apenas como coadjuvantes.

– Não – protestou Luco. – Se você não fosse, eu não iria, mãezinha... Quer dizer, eu ia pensar um pouco antes de ir, né?

– Então vai lá em casa preparar as linhas e os caniços pra todo mundo. Tenho uma surpresa pra você... Não, é surpresa, não adianta insistir. Amanhã você vê o que é... e vai se preparando pra revanche.

Depois que ele saiu, virei para Andrea e perguntei:

– O que ele sabe a respeito do assunto?

– Ele sabe que sua mãe era minha melhor amiga e que morreu quando ele nasceu. Eu comecei a contar isso para ele desde quando ele não podia entender o que isto significava, sendo que, desta maneira, ele nunca deixou de me ver e querer como mãe. Quando teve condições de entender, o sentimento por mim já estava perfeitamente solidificado, não causando a ele nenhum trauma, o que poderia acontecer se eu deixasse para falar mais tarde... Talvez eu nem tivesse coragem. Ele sabe também que o pai dele morreu num acidente no mar, só não sabe quem são os seus avós, embora já tenha me perguntado isso.

– E o que você respondeu?

– Que Luísa não chegou a conhecê-los e nem a saber como encontrá-los. Deu para perceber que ele não engoliu isso com facilidade, é muito esperto, pois me disse que um dia a gente encontrava eles, na hora certa. Em relação aos pais de Luísa, ele sabe de toda a história, sendo que seu bisavô, Raul, ele conheceu muito bem.

– Então será fácil contar a ele que meus pais são seus avós. Não seria melhor fazer isso logo? Lá em casa a alegria será imensa, tenho certeza.

– É, eu percebi isso. Eles já cuidam e gostam de Luco como neto, acho que logo poderemos contar a todos.

– E teu pai, o que ele sabe?

– Com exceção das histórias da ilha, sabe todo o resto. Ele também acha necessário que contemos logo a verdade, para o bem de todos. Acredito que somente eu estou segurando esta atitude, de forma bastante egoísta. Fiquei muito tempo longe dele; se eu contar para os teus pais agora, vou ter que dividi-lo. Inicialmente, minha ideia era contar tudo antes mesmo de ir para a França, porém, como eu tinha pouco tempo, achamos melhor antes conhecer tua família para sentir a receptividade. Logo meu pai percebeu que não haveria problemas, pela amizade que se firmou, rapidamente, entre todos, mas ele quis esperar que eu voltasse, achava que cabia a mim dar a notícia.

– E quando poderemos fazer isso? – perguntei sorrindo, percebendo a luta entre o egoísmo e o desprendimento que se travava no coração de Andrea.

– Vamos pescar amanhã, na volta reunimos todos e contamos, hoje não...

Ela tinha razão, a carga de emoções fortes já estava bastante grande para um dia. Precisávamos, de alguma maneira, sossegá-las.

– E a pedra, eu poderia conhecê-la.

Sem dizer nada, ela foi até o quarto de Luco, apenas fez um sinal para que eu a acompanhasse. Apanhou uma caixinha de madeira escura, fechada com um pequeno cadeado.

– O cadeado Luiz colocou depois que um menino roubou a pedra – explicou.

– Eu conheço a história...

– É, eu sei. Foi você que salvou ele. Ele me contou.

Do interior da caixa tirou a peça e pediu para que eu examinasse sem tocar na pedra. Apanhei pela cordinha trançada que a prendia e que servia para pendurar no pescoço.

– Esta cordinha é feita da casca de uma árvore chamada pelos bugres de imbira, extremamente resistente. Foi sugestão do teu irmão, que avisou que uma corrente de outro metal, ou mesmo de couro, poderia contaminar energeticamente a pedra, mudando seu teor vibratório. Quando eu soube que ela foi roubada, fiquei muito preocupada, pois as recomendações eram que o contato dela com outras pessoas poderia provocar alterações vibratórias não reversíveis, no entanto, não percebi ainda nenhuma diferença. Segundo Luiz, ele estava brincando aqui no quarto com o menino que a roubou, quando esta caixinha caiu e abriu-se. De imediato, Luiz fez um escândalo, desconfiando do perigo, falando ao menino que não tocasse na pedra, pois ela era preciosa e perdia o valor se fosse contaminada com nossas mãos. Ele é inventivo, acho que sua tentativa teve dois resultados: os meninos evitaram tocar na pedra, porém, ficaram muito mais interessados nela, sabendo que era de valor. Quando ela entra em contato com a pele de Luiz, ilumina-se como uma lâmpada, fica ainda mais bonita. Foi assim que ele conseguiu recuperá-la das mãos do tal Nelcido, dizendo que ela era mágica... Como você pode imaginar, inventou uma estória e conseguiu enrolar os moleques.

– Nenhuma outra pessoa viu Luco usando ela até hoje, teu pai ou tia Júlia? – perguntei.

– Já viram sim, é claro, só que para eles eu contei que era um presente de Luísa. Falei também que ela era muito mística e supersticiosa, tendo comprado esta joia de uma vidente no dia que soube que estava grávida, sendo que a vidente tinha pedido que seu filho a usasse todos os dias para dormir, que isto o protegeria de quebrantos e doenças. Disse que era vontade de Luísa que seu filho a usasse e que eu não tinha o direito de contrariar isso. No começo eles se assustaram com o fato de a pedra iluminar-se; depois, devido a minha insistência e principalmente pela inabalável saúde de Luiz, acabaram aceitando-a e não tocando mais no assunto.

Segurei cuidadosamente pelo cordão trançado de fibra vegetal. Era uma pedra linda, verde como uma esmeralda, que parecia emitir alguma luminosidade. A plaqueta que a envolvia era de um metal fosco, semelhante à prata. Perguntei à Andrea, mas ela não sabia que metal era, pois, devido às finalidades da peça, não era indicado entregá-la para outra pessoa avaliar.

– Você já examinou o Luiz alguma vez? – perguntou.

– Não, nunca foi preciso; além do mais, eu o conheço há pouco tempo...

– Ele nunca ficou doente, nem um resfriado, nunca tomou um remédio. Os pequenos cortes e arranhões que quase todo dia ele faz desaparecem rapidamente, não deixam cicatrizes. Seu corpo é perfeito.

Diante de tantos fatos espetaculares, aquilo não me causou surpresa; era apenas mais uma prova da veracidade da história, por mais incrível que ela pudesse parecer. Ainda conversamos mais um pouco, porém, intencionalmente, assuntos sem importância.

Já era noite quando saí da casa de Andrea e, como esta não era muito longe da minha, estava a pé. Passei direto pela minha casa e fui até a praia, subi na pedra da cobra, como fiz tantas vezes, e tive que controlar minhas emoções que se agitavam igual ao mar em meu peito. Ali em cima, retornou todo o passado, tão vivo em mim naquela noite. O que era tudo isso? Quem eram as pessoas da ilha? Mino ainda poderia estar com eles, depois de tanto tempo? Luco era filho de Mino, isto era um grande conforto, mas as dúvidas ainda espezinhavam minha razão e era necessário ter paciência para descobrir tudo, pois não era difícil de perceber que todo este passado, oculto para mim, era uma lâmina que dilacerava a emoção em Andrea, que viveu, provavelmente, a parte mais dorida dele.

Segurava o Pessoa nas mãos como quem segura uma vida, e ele era tão vivo que parecia pulsar um coração em seu interior. Apesar de toda a clareza da explicação de Andrea, era difícil de acreditar que eu estava com aquele livro nas mãos e que ele tinha vindo a mim por caminhos tão inusitados.

Fiquei em contato com o mar e com o tempo, elemento quase incompreensível dos nossos destinos, quando senti, envolvendo a pedra, o odor característico da *canabis*; tinha gente ali fumando maconha. O cheiro vinha de trás da pedra. Aproximei-me com cuidado e pude ouvir uma voz já bem conhecida. Era a voz do Nelcido:

– Esta é da boa, podem confiar, branca assim só o Alemão tem. Se quiserem comprar direto dele, pode ser...

– Mas os ratos[3] sempre estão ali por perto, comentou alguém que eu não conhecia.

– Os ratos são amigos dele, ficam ali só pra fazer 'mala'. Não tem perigo não. Se tiver perigo de verdade, o Alemão fica segurando o nariz com

[3] ratos: polícia, na gíria dos jovens do litoral da época, principalmente dos dependentes químicos.

os dedos, como se estivesse sentindo cheiro ruim, daí vocês se mandam, mas sem dar bandeira.

Logo vi saindo dali dois garotos, que pareciam estar dando os primeiros passos nesta estrada. Colocavam o pé no degrau seguinte da escada que descia aos porões do aniquilamento pessoal. Quinze ou dezesseis anos, no máximo. Saíram com cuidado, olhando para os lados, com medo.

– Logo eles ficam espertos, isso se aprende rápido – comentou Nelcido com mais alguém que estava com ele.

Ele tinha razão. Na primeira fase do envolvimento com a droga, o futuro dependente ainda não venceu seus medos. Ainda é fase onde o retorno é mais fácil, se a família estiver atenta. Ainda há pudores norteando e eles se preocupam que as pessoas não saibam dos seus atos, os quais ainda têm certeza de que são errados. Quando a dependência, psíquica ou física, se instala, a primeira coisa que se perde é o pudor e para conseguir a droga o dependente se arrasta por cima de tudo e de todos, sem atinar muito com as consequências. Não existe mais a importância do fazer escondido, se vão saber ou não. Nesta fase o retorno fica mais complicado.

Os dois garotos, provavelmente, estavam pulando etapas, pois, normalmente, quem chega na branca já tem alguma experiência. Maconha, cola, seja o que for já experimentou, já perdeu um pouco do medo.

O Nelcido era um caso peculiar. Ao assumir a Secretaria de Saúde, descobri que existia no município um Conselho Municipal de Entorpecentes que estava inativo. Sabendo do alto índice de dependentes da região e devido ao envolvimento que eu já tivera com pessoas queridas que eram dependentes, fiz questão de ativá-lo e uma das propostas de trabalho era fazer um rastreamento daqueles que eram dependentes confessos, evidentes e que não faziam muita questão de esconder isso, pelo fato de sabermos que são estes que, intencionalmente ou não, na maioria das vezes acabam sendo as portas de entrada dos principiantes.

O Nel, como era chamado, foi fácil de trazer a nós, mas, para minha surpresa, ele não tinha nenhuma dependência. Fumava maconha arbitrariamente, mais para se manter em contato com os demais dependentes e fazer-se de chamariz, mas não dependia dela. No entanto, nos seus dezesseis anos, já tinha contatos perigosos que o tornavam respeitado por todos do seu meio. Seu sonho, ele me confessou, era o poder e, como consequência natural do poder no mundo da droga, teria dinheiro. Queria ser chefe de cartel, um Pablo Escobar[4] brasileiro. "Meu nome ainda vai ser conhecido no mundo inteiro, vou chegar lá, custe o que custar", dizia ele.

[4] Pablo Emilio Escobar Gaviria (Rionero, 1 de dezembro de 1949 – Medelin, 2 de dezembro de 1993). Conquistou fama mundial como o senhor da droga colombiano, tornando-se um

Seria necessário ir a fundo nas suas carências e dificuldades para se encontrar um elo quebrado que me explicasse uma degeneração tão precoce do seu caráter. A maioria dos jovens sonha com o poder e com o dinheiro, é natural, porém, por caminhos coerentes com o bem. Só depois que estes caminhos se fecham é que aqueles menos dotados moralmente descambam para o erro. O Nelcido parecia ter dispensado o primeiro caminho desde o início, queria subir direto, porém, pela lateral da ética, o que o tornava realmente um elemento socialmente perigoso.

De todos os dependentes que eu havia conversado dentro deste programa de recuperação, ele era o único que não era meu amigo, um pouco até por não ser dependente. Não faltava quando era convidado a conversar comigo, ao contrário dos outros, que quase sempre tínhamos que ir atrás. Mas os outros já nos queriam bem, nos tratavam como amigos, já começavam a ter confiança em mim e nas pessoas que me ajudavam. Sabiam que não éramos sensores dos seus atos, apenas amigos e esperávamos que o respeito proveniente da amizade, com o tempo, se tornasse um tipo de sensor natural que pudesse ajudá-los. Enquanto isso, íamos tomando atitudes preventivas para com aqueles iniciantes que eles, "na boa", nos entregavam. Os iniciantes ainda tinham medo, era possível controlá-los e, desta maneira, ajudá-los.

O Nelcido, no entanto, era contra, não nos tinha como amigos, apenas nos respeitava como quem estuda o inimigo. Não entregava ninguém, pelo contrário, comportava-se já como traficante. Não era de confiança, em hipótese alguma. Era ele e seu parceiro que estavam fumando maconha.

– Como foi a vigia? – perguntou ao amigo.

– O médico passou lá a tarde toda, só saiu à noite, mas a mulher é descuidada, sai e deixa tudo aberto; logo eu entro e pego a pedra.

– Fica atento, aquela pedra deve dar uma grana preta, deve ser esmeralda... daquele tamanho, nem dá para imaginar quanto vale.

No meio de tantas emoções, eu havia me esquecido do ocorrido com Luco e a turma do Nelcido. Não soube bem ao certo do desfecho da história, só lembrava que Luco ficou bem mais caseiro por uns tempos, segundo seu próprio avô, que creditava o fato à presença da mãe. Porém, era evidente que, se uma pessoa da índole de Nelcido tinha visto aquela pedra, não iria esquecê-la. Era necessário tomar providências. Os comandados dele eram

---

dos homens mais ricos do mundo graças ao tráfico de cocaína nos Estados Unidos e outros países. Membros dos governos norte-americano e colombiano, repórteres de jornais e o público em geral o consideram o mais brutal, impiedoso, ambicioso e poderoso da história. (*Wikipédia*, sem citação de fontes)

ainda moleques, mas, numa situação de perigo, poderiam tomar uma atitude impensada.

Saí sem ser visto da pedra e fui à casa do Sargento, que nunca tinha sido do exército ou da polícia, mas que trabalhara muitos anos como guardião numa grande empresa de pesca, onde era o chefe da segurança, e de lá trouxe o apelido. Tinha já quase sessenta anos, porém era muito bem disposto. O sargento era alto e magro, com uma expressão carrancuda que escondia a pessoa boa que era. Já estava aposentado, mas, por necessidade, ainda fazia bicos de vigia. Como era meu paciente e, nas duas vezes em que tive de atendê-lo nas suas crises de asma, embora meu pouco tempo de serviço na cidade, não cobrei pelos meus serviços, sabedor de sua situação difícil, ele me tinha em alta estima. Não precisei entrar em muitos detalhes, para que ele já fosse pegando sua arma e se colocando a caminho da casa de Andrea.

– Fica tranquilo, doutor. A moça nem vai saber que tem vigia por perto e não se preocupa não, a arma é para minha segurança, nunca vou atirar num moleque. Falou isso por que notou minha preocupação quando guardou a arma por dentro do seu já bem surrado casaco de couro.

Capítulo 20

O sol acariciava delicadamente aquela manhã de domingo, matizando cuidadosamente em tons laranja a espuma das ondas. O mar estava calmo, não tinha vento e a voz rouca da quebrança parecia tentar expressar sua tranquilidade. Eu quase não tinha dormido naquela noite e, antes de clarear, já estava na praia. O amanhecer sempre teve a capacidade de equilibrar minhas emoções. As vibrações positivas que vinham do mar, logo de manhã, serenavam meu espírito.

Alguns pescadores que tinham rede de arrasto no outro extremo da praia, aproveitando a calmaria das ondas, com sua pequena canoa vinham lançar sua rede onde eu estava. Deixavam uma ponta de corda na areia, com dois ou três pescadores segurando e, com a canoa, faziam um grande círculo no mar e voltavam à praia, trazendo a outra ponta da rede para mais dois ou três pescadores, a uma distância considerável da primeira equipe. Depois iam puxando a rede, sendo que os turistas sempre acabavam por ajudar no trabalho de trazê-la de volta para praia. À medida que a rede ia se aproximando, as duas equipes iam ficando mais juntas e, quando a rede chegava bem próximo da areia, traziam-na rapidamente para fora da água. O peixe que estivesse nesta área dificilmente fugiria. O pescado era amontoado na areia e então era feita a partilha entre os pescadores, somente depois disso é que era comercializado entre os turistas. Todo este processo levava mais ou menos uma hora.

Um pouco antes das sete horas, meu pai sentou do meu lado, num banco sob um sombreiro de frente para o mar.

– Vim ver se o mar está calmo – falou. – O m'nino já está acostumado a sair no mar, mas a mãe ainda não e não quero que ela tenha uma impressão ruim.

A maneira contraída de falar 'menino' me chamou a atenção. Foi assim que Joaquim virou Mino.

– O m'nino é um novo Mino – comentei. – Fico feliz por vê-los alegres com este novo membro da família...

– Pelo jeito que vi você olhando pra mãe dele, logo ele entra pra família de fato...

– É, pode ter certeza de que logo ele vai ser da família – falei sorrindo, deixando que seu Antônio pensasse apenas no meu interesse por Andrea, o que também seria uma maneira, só que esta ainda na condição de possibilidade a ser trabalhada. Não sabia ele o quanto Luco já era da família, mas logo ele ia saber.

– O Santa Luzia está pronto. Eu e o Luco já deixamos tudo arrumado ontem à tarde; ele está empolgado com a pescaria como eu nunca vi.

– O Luco está empolgado?

Meu pai olhou-me sem jeito. Eu tinha razão, mas só nesse momento percebi que, desde que Mino morreu, eu nunca mais tinha saído para o mar com ele. Egoisticamente, envolvi-me com os estudos para esquecer minha tristeza e deixei que o tempo filtrasse, lentamente, a solidão do meu pai. Sua solidão foi dissolvida no mar, logo no mar que levou seu filho. Ele superou a dor pelo caminho mais difícil e eu nunca estive presente. Fiquei envergonhado por ter me descoberto injusto.

Abracei-o e também descobri que não o abraçava há muito tempo, pois novamente ele ficou meio sem jeito e eu com a consciência pesada. O tempo nos cura, mas também adoece nossa afetividade. Parece que temos a tendência de sempre adiarmos atitudes ligadas à emoção para com as pessoas que estão mais próximas, como se sempre houvesse tempo para isso. Vamos deixando para depois e muitas vezes percebemos que este depois já é tarde. Mesmo com Mino tive esta impressão, como se eu tivesse me arrependido de não ter falado muitas coisas para ele, ter feito ainda mais coisas com ele. Fiquei realmente preocupado ao perceber que estava praticando o mesmo aparente erro com meu pai e também com minha mãe.

– Vamos – disse ele –, a hora do peixe nunca é a nossa hora. Apesar de que eu acho que vamos mais fazer pic-nic do que pescar. Veja, veio pouco peixe no arrasto, sinal que não é dia bom pra pesca.

Seu Antônio tomou um café rápido comigo e, enquanto eu ia buscar os outros passageiros, ele já foi para o barco. Quando cheguei na esquina da casa de Andrea, o Sargento veio ao meu encontro.

– O moleque rondou por aqui a noite toda, no fim ele já estava bem 'chapado'. O senhor quer que eu fique por aqui de dia.

– Tenho que conversar com a dona da casa antes. Nós vamos sair e estou achando perigoso deixar a casa sozinha. Ontem não pude ver quem era o menino, você o conhece?

– Claro, doutor, é o Zico; o senhor conhece também...

Realmente o conhecia, era um menino cheio de dificuldades de relacionamento em casa, principalmente com o pai, que trabalhava embarcado, como pescador profissional. Se ele soubesse que o filho estava envolvido com um possível assalto, as consequências para Zico seriam imprevisíveis, dado à sua reconhecida violência. Eu o conhecia do nosso trabalho de prevenção aos iniciantes e sabia que ele era pessoa de confiança para Nelcido.

Expliquei para Andrea o que havia acontecido e a necessidade do vigia. Antes de sairmos, ela ainda deixou a mesa preparada com um café bem reforçado ao Sargento, que agradeceu com sinceridade a confiança de deixá-lo ficar dentro da casa. Era um homem sozinho, as casas que vigiava viravam sua casa também.

Antes de sairmos, mostrei ao Luco a surpresa que tinha para ele: era um caniço de fibra com um molinete, tudo de primeira. Os olhos do menino brilhavam como se tivesse visto um tesouro.

– Se vocês tinham a esperança de ganhar a aposta, esqueçam.

Os peixes não estavam tão dispostos naquele domingo, apesar de toda empolgação de Luco. Meu pai queria ir para lajes mais retiradas da costa, mas Andrea preferiu não ir muito longe. Resolvemos então fazer um passeio e seu Antônio sugeriu que fôssemos mergulhar no lado norte da ilha, onde as águas eram sempre calmas.

– Com a maré baixa como está, podemos até descer na ilha, colher algumas bananas. Quero ver você dizer que tua mãe não o deixa ir até a ilha; nunca entendi esta história – comentou meu pai.

Ficou fácil de perceber que era intencional seu convite, para perceber a reação de Luco e de Andrea. Seu Antônio, na sua aparente simplicidade, era bastante perspicaz e já deveria também ter percebido algo de estranho em relação à ilha.

– Com esta maré baixa, a pedra da Santa deve estar pra fora. Podíamos ir lá pra tirar alguns goiás e sulapões. Já que peixe não tem, podemos mudar o cardápio do almoço. Desta vez ninguém vai ganhar a aposta.

Mal terminei de falar e ouvimos, lá na proa do barco, um grito bem conhecido:

– Peraí!

O caniço de fibra de Luco estava vergado; tinha ferrado alguma coisa e era dos bons. Fez todo o escândalo de sempre, até que trouxe até a beira do barco uma corvina que devia pesar perto de dois quilos. Seu Antônio correu a ajudá-lo com o sarico, todo orgulhoso.

– Corvina de verão eu não como – resmunguei, fingindo-me despeitado –, a carne é bichada.

– Não importa, ganhei a aposta, são dez pilas de cada um, é claro, e ainda vou vender o peixe para algum turista que não sabe da história.

A corvina é um peixe saboroso, porém, como muitos outros, sua carne torna-se abrigo de microrganismos parasitas durante os meses mais quentes, época em que estes peixes emagrecem bastante. Os pescadores mais antigos sempre comentam que corvina só se come nos meses que não têm a letra 'r' e que são junho, julho e agosto, exatamente os meses mais frios, quando o peixe está mais gordo e mais resistente às infestações. Principalmente nestes três meses, a corvina é muito utilizada para se fazer caldo, prato bastante apreciado na região.

A ideia de ir até a pedra da Santa foi uma saída rápida para despistar meu pai, porém compensou, pois pudemos tirar muitos goiás, sulapões e búzios. Na hora de comer, Andrea teve um pouco de resistência, porém, depois de provar, mudou de ideia. O goiá é um dos siris mais saborosos, e o búzio e o sulapão são moluscos de sabor forte, porém, muito nutritivos. Para completar a excentricidade, dona Cândida preparou um polvo e o almoço tornou-se nutritivo em excesso. Dormimos o resto da tarde e foi difícil convencer minha mãe de que não queríamos jantar. Levei Andrea para casa e Luco resolveu dormir na casa do avô. Dava para ver que o malandro fazia tudo para que eu me aproximasse da mãe.

Quando chegamos, o Sargento estava sentado na frente da casa, numa cadeira de praia, fumando seu cigarrinho e ouvindo no rádio de pilha os comentários do jogo do Flamengo.

– Mengão papou mais um – falou sorrindo. – Este ano ninguém tira da gente. Tá certo que é só o primeiro jogo do campeonato, mas este ano ninguém tira da gente não.

Dispensamos o Sargento para ele passear um pouco, já que ele mesmo se prontificou a passar a noite vigiando. Disse que à tarde tinha dormido bastante e estava pronto para outra noite. Foi difícil fazê-lo aceitar o pagamento, só o convencemos diante a ameaça de não chamarmos mais em outros dias.

Andrea ainda me perguntou se eu queria continuar nossa conversa ou deixar para o outro dia. É claro que queria. Havia tentado me esquecer do assunto durante o dia, mas não dava mais para esperar. Ela sentou-se no sofá à minha frente e prosseguiu, como se nunca houvesse interrompido a história.

Capítulo 22

– Os dias passaram calmos. A gravidez era normal e o parto deveria ser próximo ao dia quinze de outubro. Muitas vezes insinuei coisas a respeito de sua insólita passagem pela ilha do Padre, mas ela apenas sorria e desviava o assunto. Luísa havia trancado o curso na faculdade, sabia que seria muito difícil levar as duas coisas e preferiu cuidar do seu menino com calma. Ela escrevia muito, nessa época. Algumas de suas poesias estão dentro de um envelope no final do livro do Mino. Uma delas era assim, eu decorei:

"Deus repetiu-se em mim novamente
"Seu fogo também me arde
"queima em mim sonhos antigos
"que não necessitam mais existir
"cria outros
"Assim Deus repete-se todo dia
"e somente crescemos
"aprendendo a queimar sonhos errados

"Numa noite, no começo de outubro, ela teve um sonho, ou um pesadelo, que fez com que acordasse assustada. Dormíamos no mesmo quarto e eu estava acordada, estudando, quando ela pulou da cama chamando pelo nome do Mino. Sentei-me ao lado dela e tentei acalmá-la e saber o que tinha acontecido. Os sonhos dela não podiam ser ignorados, só que ela não me contou nada do que sonhara, no entanto, segurou minhas mãos com força e pediu:

"– Nunca deixe meu filho sozinho; se eu não puder cuidar dele, só você pode cuidar.

"– Pare com isso, Luísa! O que faria você não estar perto dele?

"– Prometa, prometa agora que, se eu não estiver por aqui, vai ser a mãe dele.

"– Mesmo junto com você eu vou ser outra mãe para ele; ou você pensa que vai criá-lo sozinha? E eu não preciso prometer nada, você sabe muito bem que, se alguma coisa acontecer a você, ele vai ficar comigo. Mas nada vai acontecer, foi só um sonho.

"Alguma coisa me causou um arrepio quando disse isso.

"No dia doze de outubro, já estava tudo marcado no Hospital Universitário. Eu era uma boa aluna e muitos médicos conheciam o caso de Luísa e acabaram por adotá-la. Só que, neste dia, sua calma gestação começou a alterar-se. Luísa passou mal pela manhã. A minha pouca experiência não me dava a segurança de diagnóstico, mas estava fácil descobrir seu problema: eclâmpsia. A pressão dela havia subido a ponto de colocar em risco a vida dos dois. Chamei rápido o doutor Aguiar, que era o obstetra responsável pelo parto. Ele já veio com a ambulância e, quando chegamos ao Hospital, logo ele decidiu antecipar o parto.

"Luísa estava mal e fora rápida, além do convencional, sua alteração. Doutor Aguiar medicou-a para controlar a pressão e mandou preparar a sala de parto. Tenho certeza de que ele fez de tudo para salvá-la, mas salvou somente ao Luiz. Assim como sua mãe partira quando Luísa nasceu, ela também nos deixou, ficando o pequeno Luiz, nome que eu dei em sua homenagem, para lembrá-la para sempre."

Andrea estava emocionada, chorava e eu quis que ela parasse um pouco, mas ela não concordou, queria ir em frente, rápido, achava que era mais fácil contar logo esta parte.

– Assumi o Luiz como meu filho, era um pedido de Luísa, no entanto, mandei um telegrama ao pai dela contando que seu neto havia nascido, mas sem contar o que havia ocorrido com Luísa. Ele não respondeu ao telegrama, mas o avô de Luísa, que a adorava e que sempre que podia vinha vê-la, apesar da proibição que seu José tinha imposto a ele de não mais procurá-la e também não mais ajudá-la financeiramente, no outro dia já estava lá. Era ele quem mantinha a neta; apesar de aposentado, tinha bastante dinheiro. Foi muito difícil dar a notícia. Ele chorou no meu ombro e pediu, também emocionado, que eu fosse a mãe do menino, que ele me ajudaria assim como ajudava Luísa. Era uma ajuda que eu não precisava, pois meu pai sempre teve boa condição financeira, você já deve saber, no entanto, o velho Raul, o avô, fez questão de ajudar.

"Foi ele quem deu a notícia ao seu José, uma semana depois. Infelizmente, a notícia teve um efeito devastador na consciência e no coração dele.

No outro dia, depois de saber a verdade, teve um enfarte, fulminante. Na verdade teve uma vida difícil. A perda da esposa já tinha sido superada com muitas dores, e a perda da filha, naquelas condições, a lhe perturbar violentamente a consciência por sua descabida omissão, foi demais para ele.

"Vô Raul ainda viveu mais quatro anos. Acompanhei sua doença, no final dos seus dias. Sofria de um enfisema pulmonar, por ter sido um fumante abusivo por toda a vida. Ele havia mudado para a capital para ficar perto de mim e 'meu' filho, estive com ele até o fim. Virou meu avô também, já que eu não tinha mais nenhum, e chorei muito a sua morte. O Luiz o adorava.

"Todo o drama que vivi me fez uma pessoa bastante conhecida dentro do curso. Os professores me respeitavam pela minha dedicação e me cuidavam como filha de todos e o Luiz, o neto de todos. Seus primeiros anos foram no colo de todo mundo, de colegas, professores, auxiliares, pacientes, ou quem aparecesse. Isso o tornou assim tão simpático, nunca estranhou ninguém. Devido ao carinho que tinham por mim, já terminei meu curso empregada num dos bons hospitais da cidade. Logo me chamaram para ser assistente de professor e fui contratada como professora auxiliar. Daí para o mestrado foi apenas um passo e para o doutorado, outro. Agora, no começo do ano letivo, devo assumir minha disciplina e minha vida vai virar uma correria. Novamente vou precisar de todos para cuidar do meu Luiz.

"Quando viajei para França, pedi ao meu pai que pensasse na ideia de vir morar aqui em Santa Fé. Eu queria que Luiz se aproximasse dos seus verdadeiros avós e, conhecendo sua natureza, sabia que isso iria acontecer com facilidade. Meu pai gostou da ideia, era dono de uma rede de supermercados na nossa cidade no interior do Rio Grande do Sul, mas estava cansado de tanto trabalho e seu médico já havia sugerido que, para sua pressão, seria bom ele morar na praia. Vendeu uma parte dos mercados, outra parte arrendou. Antes de vir para cá, comprou vários terrenos aqui, casas e apartamentos em outras cidades maiores. Algum tempo depois, ele estava aqui e, por coincidência, comprou o mercado do pai de Vera Lúcia.

"Na verdade, ele poderia ficar sem trabalhar, porém, preferiu ter uma ocupação, pois nunca conseguiu ficar sem fazer nada na vida. Ele sempre disse que seu descanso é o trabalho. O mercado de seu Alcindo, pai de Vera Lúcia, era movimentado, porém antiquado. Meu pai reformou-o inteiro, modernizando-o. Ele mesmo diz que ali não importa tanto o lucro, e sim o gosto de trabalhar sossegado."

Capítulo 23

– De uma forma geral, é esta minha história e a de Luiz. É esta a história de Luísa e Mino que você não conhecia. Onde eles estão agora? Não sei. Mino ainda vive? Não sei. Quem são os estranhos personagens da ilha? Não sei... mas não vou admitir ficar sem saber. Quando Luiz tinha dois anos, eu estive aqui, aluguei um apartamento com meu pai para passarmos alguns dias, duas semanas no verão, ninguém me conhecia. Cheguei a vê-lo, assim como a seus pais. Na época eu tinha muitas dúvidas se contava ou não a vocês sobre o Luiz. Na verdade, eu tinha muito medo de perdê-lo.

"Nas duas semanas em que estive aqui, fui várias vezes até a ilha. Meu pai trouxera uma lancha e um barco de borracha igual ao que Luísa e Chico usavam para descer na ilha. Ficava o dia inteiro sentada em frente à pedra e podia sentir que ela guardava um mistério além do meu alcance. Não vi nada. Decidi voltar apenas depois de estar preparada. Estanquei o desejo de descobrir este mistério por muito tempo. Se há alguma coisa a ser descoberta naquela ilha, eu não vou desistir enquanto não souber o que é, e tenho certeza de que você estará junto comigo.

"Tenho que conciliar minha vida na faculdade com a construção da minha clínica psiquiátrica, onde pretendo também oferecer cursos de pós-graduação no futuro, mas tudo isso não vai me afastar do meu principal objetivo nesta existência: descobrir o que existe naquela ilha."

– O que você considera estar preparada para descobrir esses segredos? – perguntei.

– O único contato que tivemos, seja lá com quem for, foi através de meios psíquicos. Não fosse o livro e a pedra, acima de tudo a efetividade da pedra na manutenção da saúde de Luiz, eu diria que Luísa tinha sofrido uma alucinação, induzida pela história e pela saudade de Mino. Mas sei que não é isso; existe alguma coisa lá que nos liga a pessoas muito amadas. Nesse tempo todo estudei o psiquismo humano. Estudei tudo que encontrei, desde os temores do homem pré-histórico ante a natureza, até a compreensão racional da espiritualidade do homem moderno, ou ao menos de uma parte da humanidade moderna, passando pela Índia, pelo Egito, pelos druidas, incas, gregos, essênios. Estudei Isaac Newton, René Descartes, Hahnemann, Freud, Jung, Mesmer, De Rochas, Einstein, Pauli, Capra... Estudei muito Mesmer e seus estudos sobre o fluido animal, e também estudei Kardec, com sua codificação dos conhecimentos espirituais que modernizou a ideia de que somente iniciados podiam chegar a conhecimentos ocultos à maioria. Através de Kardec, conheci o espiritualismo brasileiro nas obras de Chico Xavier, na divulgação de Divaldo Franco e na ciência de Hermínio Miranda, entre tantos outros.

"O Brasil é um país mediúnico e as manifestações deste tipo de energia se mostram em todas as religiões, espiritualistas ou não; basta ver o movimento carismático da igreja católica, que é mediunismo puro. Estudei muito e foi pela razão que conheci Deus. Foi pela razão que compreendi a manifestação de Jesus na Terra e qual é o caminho evolutivo do homem, que segue do lodo primordial às estrelas, às diversas moradas da casa do Pai."

Andrea silenciou, pensativa. A impressão que tive é de que o cabedal de conhecimentos contidos naquela mente era bem maior do que eu poderia imaginar e também era bem evidente que para poucas pessoas ela podia expô-los. Sempre fui curioso em relação ao conhecimento da realidade espiritual, apesar de nunca ter levado muito a sério um estudo organizado, no entanto, meu conhecimento do assunto ficou nulo comparando-se ao de Andrea. O que eu havia aprendido era mais o que ouvia em palestras no centro espírita, onde meus pais costumavam ir, ou nas reuniões de oração em casa, chamada de "evangelho no lar". A sensação de que aquele conhecimento não era nenhuma novidade tornou-me um pouco omisso e, agora, me arrependia por não ter lido mais, aprendido mais.

Tomado de humildade sincera, pedi para que continuasse, não apenas pela maneira interessante como ela falava do assunto, mas também na intenção de dissipar um pouco a tensão de que ela ficou tomada pelas lembranças do seu relato sobre Luísa.

– O Brasil é uma fonte espetacular de fenômenos psíquicos, anímicos ou mediúnicos – continuou. – Fatos que lá fora, na França, por exemplo, são tratados com seriedade e estudados metodicamente, aqui no Brasil acontecem todos os dias em terreiros de umbanda, no jogo de búzios, nas mesas espíritas. Já virou rotina o intercâmbio com a espiritualidade, bem como os fenômenos anímicos manifestados em paranormais de todos os tipos.

"Os assuntos tempo e memória me são extremamente atraentes e foram tratados com incrível competência por Hermínio Miranda, em *A memória e o tempo*. É pena que a ciência oficial ainda não abriu os olhos para a realidade espiritual, chegaria a avanços espantosos em pouco tempo. Eu li, em algum livro de que agora não recordo, uma frase interessante: 'de surpresa em surpresa a ciência descobrirá o espírito'. Quando isso acontecer, acredito que estaremos realmente dando passos mais largos no caminho evolutivo.

"Alguns cientistas famosos já chegaram a conclusões semelhantes, diante da surpresa de suas próprias descobertas ou pelas conclusões racionais que conseguiram nas suas pesquisas. É o caso de Fritjof Capra, em seu famoso *O Tao da física*, onde demonstra os surpreendentes paralelos entre as mais antigas tradições místicas do Oriente e as descobertas da física do século XX. E também em *O ponto de mutação*, quando mostra como a revolução provocada pelos conhecimentos da física moderna poderá nos trazer uma nova forma de ver o mundo. Não a antiga forma, oriunda do pensamento cartesiano, limitada à analise parte a parte de todos os problemas, como se tudo fosse uma máquina passível de ser desmontada, mas sim uma visão holística da natureza que nos cerca, onde tudo interage o tempo todo e nada pode ser estudado isoladamente."

– O que é, exatamente, essa visão holística? – perguntei.

– É a visão integral onde tudo interage e as interferências são contínuas. Não se pode estudar um fato isolando-o do meio, sabendo-se que o meio pode ser o responsável pelo fato. René Descartes desenvolveu um sistema analítico para a ciência, onde tudo é fracionado em partes para ser estudado, tratando-se tudo como máquinas que podem ser desmontadas. No entanto, a física moderna, aproximando-se do conhecimento espiritual, tomou rumos diferentes a este pensamento. Por muito tempo a ciência procurou pelo elemento fundamental da matéria, a menor parte possível de ser dividida, os tijolos da matéria, como eram chamados. Foram dividindo-a até um ponto em que, de uma ínfima porção de matéria, quando dividida, repartia-se em duas do mesmo tamanho que a anterior, antes de ser repartida. Então se perguntaram: de onde vinha a matéria sobressalente?

"O princípio da incerteza de Eisenberg, a teoria da relatividade de Einstein, entre tantas outras descobertas, demonstraram que o método analítico de Descartes, embora sua indiscutível validade para a época em que foi proposto, não consegue dissecar plenamente a natureza, a partir do momento que se percebe que esta não é uma máquina, um relógio, e sim um grande pensamento. Ou seja, a ciência esta cada vez mais perto de Deus. Isso, evidentemente, é evolução. No *I Ching, o livro das mutações*, chinês, um dos livros mais antigos da humanidade, está escrito assim:

> "Ao término de um período de decadência sobrevém o ponto de mutação. A luz poderosa que fora banida, ressurge. Há movimento, mas este não é gerado pela força... O movimento é natural, surge espontaneamente. Por essa razão, a transformação do antigo torna-se fácil. O velho é descartado, e o novo é introduzido. Ambas as medidas se harmonizam com o tempo, não resultando daí, portanto, nenhum dano."

"Deus está cada vez mais perto, meu amigo – continuou Andrea –, ou quem sabe somos nós que, finalmente, estamos nos aproximando dele."

Não podia negar a mim mesmo que eu estava maravilhado, não apenas pela exposição sintética e lúcida de Andrea sobre um assunto contagiante, mas também por ela mesma, simplesmente. Estava linda e ficava cada vez mais linda enquanto falava. Como eu a olhava magnetizado pelo seu encanto e ela já percebia isso, fiz uma pergunta para continuar o assunto, e não foi uma pergunta totalmente feliz. Eu deveria saber que, para uma mente como a de Andrea, e principalmente num momento como aquele em que ela tinha ativado sobremaneira sua capacidade intelectual, era necessário que eu medisse bem cada palavra, principalmente cada pergunta.

– De que maneira todo este conhecimento vai fazê-la desvendar os mistérios da ilha do Padre?

– Você tem alguma dúvida que o conhecimento só pode ajudar?

– Nenhuma – falei, sorrindo diante do seu olhar sarcástico –, só quero saber como esse conhecimento, especificamente, irá nos ajudar. Você poderia ter estudado o funcionamento de máquinas que perfurassem a ilha, por exemplo – falei, em tom de gozação...

– É evidente que eu tenho uma teoria sobre tudo o que aconteceu lá, ou ao menos quem está ou estava lá. Nesse tempo todo pensei muito e só uma ideia me parece racional, se algo pode ser racional numa história tão excêntrica.

– E qual é essa teoria?

Ela ficou me olhando séria, como se tivesse ainda alguma dúvida sobre sua própria ideia, ou então sobre minha capacidade de entender ou acreditar em sua teoria. Mesmo com todos os fatos fora do habitual que conhecíamos, pude perceber ainda bastante relutância nos olhos dela, depois me explicou toda ela numa só palavra:

– Alienígenas.

Capítulo 24

Alienígenas! Houve alguns segundos de silêncio após a afirmação de Andrea; neste tempo, ouvimos um barulho no fundo da casa, como uma janela batendo. No momento não demos atenção para o fato, tão envolvidos que estávamos com o assunto, mas, de repente, parece que ambos despertamos e corremos juntos para o quarto de Luco e logo vimos que a janela tinha sido arrombada. Andrea foi direto pegar a caixinha no guarda-roupa e não a encontrou. Os moleques do Nelcido foram mais espertos, levaram a pedra de Luco.

Pela primeira vez vi Andrea nervosa, e agora, sabendo o que a pedra significava, entendi que não era sem motivo. Eu também estava aflito.

– Deus! – exclamou ela. – Como eu pude ser tão descuidada, sabendo que estavam querendo roubar a pedra? Que mania que a gente tem de só se preocupar depois que as coisas acontecem!

– Tenta ficar calma, ao menos sabemos quem são os prováveis ladrões e não esqueça que sou amigo de quase todos eles.

Saí às pressas da casa de Andrea e fui direto à delegacia, porém, fiquei parado na frente do prédio, lembrando dos comentários que ouvira quanto à integridade do delegado, que parecia ter ligações bastante duvidosas para o seu cargo. Resolvi, antes de dar queixa, fazer uma busca sozinho. Passei na casa do Sargento e contei-lhe o ocorrido. Este ficou indignado com a safadeza dos moleques e também saiu à rua para me ajudar. Procurei pelo Nelcido, mas não estava em casa nem nos pontos habituais. Fui à casa do Zico, mas seu irmão mais novo disse que ele ainda não tinha chegado. Encontrei novamente o Sargento e pedi a ele para ficar à espera na casa do Zico; quando ele chegasse, era para me avisar em seguida.

Fui atrás do Sílvio, um menino que não pertencia bem à turma do Nelcido, mas que se tornara meu amigo pelo apoio que eu estava dando a ele e ao seu irmão mais velho, um dependente confesso. Sílvio me contou que viu a turma toda reunida no final da tarde na pedra da Cobra, depois não viu mais. Eu já tinha ido à pedra da Cobra e não visto ninguém, fui novamente e nada. Sílvio foi comigo e, na volta, lembrou de um detalhe que eu também havia esquecido:

– Quando tem algum assunto importante ou algum perigo, eles se reúnem lá no fundo do cemitério.

Tinha esquecido do cemitério. Deixei o carro a uma distância considerável, para que não ouvissem o barulho do motor, e contornei o muro até o fundo. Entrei por um pequeno portão de ferro já todo arrebentado, mas não ouvi nada, apenas encontrei um resto de fogueira no chão. Eles haviam estado ali, mas sumiram. Voltei para casa de Andrea e a encontrei ainda aflita, me esperando no portão, Luco estava com ela.

– Nada – comentei.

– Eles já deviam ter negociado a pedra, doutor – falou Luco. – Há estas horas ela já deve estar bem longe. Havia lágrimas em seus olhos, como se também se sentisse culpado pelo ocorrido.

Estávamos naquele impasse, quando chegou o Sargento trazendo o Zico pelo braço e bem a contragosto, dava para ver.

– T'aqui o gatuno, doutor Pedro. Ele diz que não sabe de nada, mas tá na cara que foi ele.

Zico não tinha como oferecer resistência ao Sargento; apesar de seus dezesseis anos, era franzino, tinha a pele queimada pelo sol, os cabelos pretos e olhos escuros. Levamos o menino para dentro e ele parecia bastante calmo, apesar da situação tensa por que passava. Afirmava, categoricamente, que não sabia de nada:

– Eu só vi esta tal pedra na mão do Nel, lá no cemitério, no dia que este aí roubou ela da gente – falou, apontando para o Luco.

– E a ordem que o Nelcido deu para que tu vigiasses esta casa? E a tua conversa com ele ontem à noite, lá na pedra da Cobra, quando tu disseste que a moça era descuidada?

As duas perguntas o apanharam de surpresa, fazendo com que se calasse, pensativo, como quem tentasse encontrar uma saída. Como seu silêncio se prolongava, mudei minha entonação e voltei a falar com ele, tentando me comunicar na maneira como eles falavam.

– Olha, Zico, não adianta tentar esconder; tu é esperto e sabe disso. Eu não quero te levar pra polícia, pois tu sabe que, se os ratos souberem dessa pedra, todos se ferram; vão querer a muamba pra eles e as regalias que eles dão para vocês acabam, pois vocês deixaram eles de fora dessa. Além do mais, se teu pai souber que tu aprontaste, de novo a situação fica ruim pro teu lado. Por isso, colabora comigo. Eu sei que tu não pode abrir o bico senão o Nel te ferra, mas eu te garanto que ele não vai saber de nada; não quero prejudicar ninguém, só quero aquela pedra de volta. Aquilo não é esmeralda não, é só uma lembrança de família.

A história da polícia eu tinha arriscado, não tinha certeza de até aonde ia o envolvimento dos dois lados, mas parece que fez ele pensar, porém, o que mais impressionou foi a lembrança do seu pai. Seu Ermírio era pescador profissional e reconhecidamente um homem violento, a ponto de a família preferir que ele estivesse no mar pescando do que em casa, isso dito pela própria esposa, dona Tereza. Ela, por sua vez, não assumia nenhum controle sobre Zico, que era filho do primeiro casamento do pai e, por isso e erradamente, deixado de lado pela madrasta, que concentrava toda a atenção em Rafael, mais novo que Zico e filho dela com Ermírio.

A situação era confusa e o resultado era o comportamento irregular de Zico. Contudo, ele tinha muito medo do pai, por quem havia sido agredido várias vezes. Era lógico que eu faria de tudo para preservá-lo, mas o susto serviu de alguma coisa, pois, depois de algum tempo, já meio chorando, ele falou:

– Ele chega esta semana do sul... Por favor não conta nada pra ele... Não aguento mais aquele velho. Se ele me bater de novo, acho que eu faço uma loucura...

Nesta altura e adivinhando a enorme carência afetiva do menino, Andrea aproximou-se e, acariciando seus cabelos, falou com delicadeza:

– Zico, ninguém aqui quer te fazer mal, mesmo que você não nos conte nada. Só queria que soubesse que esta pedra que você levou daqui é muito importante para nós. Ela foi dada ao Luco pelo pai dele... O pai dele morreu antes de Luco nascer e é a única lembrança que ele tem do pai, por isso é tão importante.

O carinho sincero demonstrado por Andrea balançou as convicções de Zico. Ele suspirou fundo e falou:

– O Nel nunca pode saber disso; não posso ficar com a fama de dedo duro. Ele já tinha a pedra negociada com um cara lá de Itaporã, que veio aqui só para buscá-la. Se eu soubesse que ela era assim tão importante, não teria roubado, juro, só que agora já fiz... Me perdoem.

– Quem é o cara? – perguntei.

– Eu não conheço, é um tal de Janinho, é de fora, é contato do Nel. A estas horas já deve estar longe. O Nel entregou a pedra pra ele faz mais de uma hora. Ele tava esperando lá no cemitério. Dava pra ver que era barra pesada, tava armado. Falou que paga uma boa grana pro Nel, se a muamba for boa. Eu não vou levar nada nessa... me perdoem.

Eu já havia ouvido falar desse Janinho. Era traficante e perigoso. Estava envolvido também com uma quadrilha de roubo de carros. Seria quase impossível recuperar a pedra.

Eu mesmo levei Zico para casa. No trajeto, ele permaneceu em silêncio e, quando desceu do carro, apenas disse:

– Se puderem, me desculpem.

Não havia mais nada a fazer com ele. Ainda tentei conversar com o Nel. Encontrei-o numa lanchonete na entrada da cidade. Quando me viu, afastou-se dos companheiros e ficou me esperando.

– Posso ajudar nalguma coisa? – perguntou com algum cinismo.

– Se quiser, pode – respondi. – Tem algum jeito de recuperar a pedra?

– Que pedra? – perguntou, sem olhar-me de frente.

– Eu pago mais do que vão te pagar...

Ao ouvir isso, pareceu interessar-se. Depois de pensar algum tempo, falou:

– Seja lá que pedra é essa, parece ser bem importante. Só que eu não sei do que o amigo está falando, se puder me explicar melhor...

– Nem vem ao caso explicar nada – falei, um pouco ríspido. – Quero evitar procurar a polícia, que em todos os sentidos seria ruim pra você. Se existir alguma maneira de recuperarmos a pedra, pagamos mais do que o Janinho vai pagar.

Como percebi o brilho obscuro do seu olhar, completei:

– Se você fizer alguma coisa contra o Zico, vai encontrar em mim um inimigo, que sabe como desmanchar teu sonho de poder.

Quando eu estava saindo da lanchonete, ele falou, não muito alto:

– Até parece que o doutor não sabe com quem tá falando...

– Acredito que ninguém se conhece direito por aqui – respondi com firmeza.

Saí dali e fui para casa. Também me sentia culpado pelo ocorrido. Havíamos sido muito inocentes. Seria muito difícil resgatar a pedra, considerando-se as mãos que agora a detinham, infelizmente sem saberem seu real valor. Não podíamos avaliar como seria a reação de Luco sem a pedra. Como ficaria sua saúde de agora em diante.

No outro dia, passei pela casa do Zico de manhã e levei-o comigo até Itaporã, cidade vizinha de Santa Fé e distante apenas vinte quilômetros da mesma. Não queria que ele ficasse à disposição do perigoso amigo Nel.

Fomos à delegacia e ele ficou surpreso por não tê-lo citado como ladrão da pedra. Eu disse apenas que alguém havia roubado e que um amigo me contou que o tal Janinho ficara com ela. O próprio delegado confirmou minha suspeita de que seria muito difícil recuperá-la. Quando eu citei o nome do indivíduo, o delegado levantou as sobrancelhas e me olhou por cima dos óculos:

– O elemento é perigoso, melhor deixar com a polícia.

Zico passou o dia grudado comigo. Contei a ele que o Nel já sabia de tudo e que o fato era uma chance de ele mudar de vida, se quisesse. No fundo, não era má pessoa e sua dependência química não era acentuada. No final da tarde, o delegado de Itaporã me ligou dizendo que Janinho tinha saído da cidade na noite anterior e não mais voltado. Iam ficar de campana e me comunicavam qualquer ocorrido. Não tive nenhuma esperança. Para nós, o caso era importante, para a polícia apenas mais um caso e que seria tratado desta forma, sem podermos revelar nada sobre a importância do objeto roubado, pois antes passaríamos por loucos.

À noite, eu estava deitado na rede do seu Antônio, na varanda da casa. Comigo estava o Pessoa. Desde sábado, quando o recebi, ainda não o tinha examinado. Como meus pais não estavam, abri-o com a saudade apertando em meu peito. Era impossível não ter a impressão de que estava abrindo um capítulo dorido do passado e as lágrimas, finalmente, depois de tantas emoções, vieram abundantes em meus olhos. Por dentro da capa do livro estavam algumas cartas de Luísa, obviamente todas foram entregues em mãos, mas eram longas e apaixonadas. Há dez anos atrás eu tinha lido algumas, só que agora fiz questão de não abri-las. Eram para o Mino, seriam somente dele. Havia também muitas poesias de Luísa, que gostava de escrever em folhas pequenas de papel, do tipo bloco de recados. Uma delas era assim:

estamos cegos, é necessário
se enxergássemos morreríamos
estamos surdos
precisamos não ouvir
que a vida passa barulhenta
um dia depois de nós
amanhã recomeçamos a viver
hoje tudo é correto
e tudo é errado
tudo é santo e somos maus

somos covardes
as paredes da casa não nos prendem
o mundo é bem maior
quadros, tapetes, memórias
são chaves perdidas
em gavetas que não existem mais
hoje somos cegos
hoje somos surdos
hoje somos felizes
amanhã recomeçamos à viver
15/01/84

Não era apenas uma poesia, era a realidade que eles haviam vivido, expressa com a precisão milimétrica dos sentimentos. Outra poesia interessante ela escreveu um pouco antes de morrer. Outra realidade precisa:

As palavras me fazem lembrar
de todas as palavras que perdi pelo tempo
se eu pudesse resgatar antes o tempo
quem sabe escolheria o silêncio
ou as palavras que nunca disse

As palavras me lembram mentiras
que engoli antes da dor
o tempo sugou a dor em seus vórtices
depois acabou o tempo
não acabou a dor

Alguma coisa quebrou-se aqui dentro
e os pedaços incomodam no andar
meus pés descalços se ferem no caminho
deste algo que se partiu aqui dentro
este alguma coisa que sobrou depois da dor
este caminho
labirinto que me leva para dentro do ser
que teima habitar em mim
21/09/84

Quanta emoção descontrolada acompanhou o nascimento de Luco. Alegria, saudade, dor, misturadas pelas mãos do tempo. E Luco ainda era, impressionantemente, feliz. Ele não tinha aquela alegria somente externa, por estar o tempo todo falando. Ele era alegre até no seu silêncio, embora este fosse raro, e transmitia isso só em olhá-lo. Deus realmente repetiu-se em Andrea, como ela escreveu, e conseguiu colher do torvelinho de aflições por que ela e Mino passaram uma face mágica da alegria em forma de gente, Luco. Somente Deus!

Continuei folheando o Pessoa, sem me dar conta do tempo e a impressão que eu tinha é que estava lendo poesias já muitas vezes lidas, muitas e muitas vezes lidas. Era como se Mino ainda estivesse ali, em cada verso. Fechei o livro tomado pela emoção, depois abri ao acaso, como ele gostava de fazer e encontrei uma parte de poesia contornada com um círculo:

> Ah, todo cais é uma saudade de pedra!
> E quando o navio larga o cais
> E se repara de repente que se abriu um espaço
> Entre o cais e o Navio,
> Vem-me, não sei por quê, uma angústia recente,
> Uma névoa de sentimentos de tristeza
> Que brilha ao sol das minhas angústias relvadas
> Como a primeira janela onde a madrugada bate,
> E me envolve como uma recordação duma outra pessoa
> Que fosse misteriosamente minha.

Capítulo 25

Nas semanas seguintes, não vimos mais o Nel, não apareceu mais na cidade, mesmo o Zico não tinha ideia para onde poderia ter ido. Também não tivemos nenhuma notícia da pedra. Ainda liguei algumas vezes para o delegado de Itaporã, mas sem sucesso. Andrea havia começado a dar aulas na capital, era professora assistente da disciplina de psiquiatria e tinha concentrado suas aulas nas terças e quartas-feiras, para que não passasse muito tempo longe de Luco. Também estava preparando o projeto de sua clínica psiquiátrica.

Eu esgotava quase todo meu tempo nas atividades da Secretaria de Saúde e no Conselho Municipal de Entorpecentes, onde conseguíamos resultados animadores no contato direto com os dependentes químicos e no trabalho junto com suas famílias, que começavam a quebrar os tabus que cercam o assunto e, acima de tudo, entender que a palavra 'nunca' não existe no dicionário da juventude. Muitos pais e mães nos recebiam com o conhecido: "Meu filho? NUNCA!" Quando descobriam que muitas vezes aquele 'nunca' já estava virando 'sempre', havia o choque. Estávamos conseguindo transformar este choque em uma atitude positiva de ajuda.

O posto de saúde e o consultório particular ocupavam o resto do meu tempo, fazendo com que eu visse Andrea poucas vezes. No entanto, percebíamos que era apenas uma questão de tempo para que o que sentíamos um pelo outro rompesse as barreiras da formalidade que ainda nos cercavam. Todo dia, quando eu saía de casa, encontrava seu Jamil, avô adotivo de Luco, abrindo seu mercado, antes mesmo que os funcionários chegassem. Sempre reservava um tempo para conversarmos:

– Esse guri está estranho, dr. Pedro, anda quieto pelos cantos e tu sabes bem que ele nunca foi assim... quase nem sai mais para rua. Tá certo que as aulas começaram e ele sempre levou a sério o estudo, apesar de dar a impressão de que não estuda, mas ele tá estranho.

Era verdade, Andrea já havia me falado do seu comportamento. Não reclamava de nada, só parecia andar melancólico e isto a preocupava bastante, pois Luísa não havia deixado nenhuma orientação caso acontecesse de a pedra ser roubada. Ambos já o havíamos examinado, mas não se constatava nada de anormal. Ele estava apenas quieto e isso por si só já era muito fora do normal. Não havia mais correrias, nem piadas ou malandragens.

No sábado pela manhã, Andrea apareceu em minha casa, aflita: Luco estava doente. Tinha passado a noite toda com febre, que não cedia aos antitérmicos. O que mais a impressionava era que não havia sintoma de infecção, nenhuma dor ou inflamação. Luco também estava sem apetite há alguns dias e não se descartava a possibilidade de estar anêmico. Naquela tarde mesmo, levamos Luco, com alguma resistência, para o Hospital Universitário, na capital, e fiquei admirado com a recepção que ele teve. Mesmo os mais novos o conheciam pela história que ouviram falar do menino Luiz. Fiquei pensando como foi que eu, que tinha estudado lá, não muito tempo depois de Andrea, não tinha ouvido falar deles. É certo que a vida universitária é quase sempre tomada por correrias, no entanto, eu deveria estar muito desligado, como sempre fui, para não ter conhecido a história.

Os médicos e médicas que o conheciam, o tratavam até com exageros. Aproveitei a oportunidade para rever alguns colegas e professores, entre outros tantos amigos da vida acadêmica. Durante o dia foram feitos todos os exames possíveis em Luco e, embora alguns resultados ainda não tivessem saído, nada de irregular fora encontrado.

À noite estávamos no apartamento de Andrea, não mais o mesmo onde morara com Luísa. Logo depois da morte da mesma, fizera questão de vender e se mudar. Segundo ela, era menor e mais fácil de cuidar, já que não gostava de empregadas em casa. Pelo telefone, pedimos uma pizza, a pedido de Luco, que, no entanto, comeu apenas metade de uma fatia e preferiu ir dormir.

Andrea estava muito abatida. Sabíamos que o estado de Luco deveria estar relacionado à perda da pedra. As pequenas alterações já começaram no dia seguinte e foram crescendo dia a dia. Ela ainda não se desculpara pelo descuido.

– Talvez Luco esteja numa fase de adaptação a uma nova realidade orgânica – arrisquei –, afinal de contas, ele tinha uma saúde privilegiada, mas, de certa forma, mantida de maneira artificial. Quem sabe seja realmente uma fase de adaptação?

– E se não for? – perguntou Andrea. – Vamos ficar esperando para ver até onde vai. Para os outros médicos é apenas uma doença que ainda não descobrimos o que é, porém, se fosse apenas uma doença, eu não o teria trazido aqui, você mesmo teria o tratado lá em Santa Fé. Nós sabemos que é algo diferente e estou fazendo todos estes exames para desencargo de consciência, pois alguma coisa me diz que não vamos encontrar nada. Só que, daí para frente, não tenho nem ideia do que vamos fazer. Espero que esta "alguma coisa" me dê alguma intuição mais concreta do que fazer...

No domingo, apenas passeamos pela cidade e, no final da tarde, voltei para Santa Fé, deixando-os à espera dos resultados dos exames que ainda não tinham ficado prontos. Somente na terça-feira foram concluídos e, como previra Andrea, nada foi encontrado. Os outros médicos apenas faziam especulações subjetivas, pois Andrea não revelava a provável causa real do problema, e nem poderia. O quadro, segundo os médicos, poderia ser identificado como uma depressão profunda, nada comum em uma criança.

Ficaram na capital até quarta-feira e, na quinta-feira pela manhã, Andrea me esperava, com seu carro, na frente de minha casa. Saímos e ela me levou até o alto da encosta da barra, no mesmo local onde Mino e Luísa se reencontraram depois da sua fuga e de onde a vista da ilha do Padre era melhor. Lá de cima, olhando para a ilha, ela falou:

– Acredito que o que queríamos fazer para satisfazer nossa curiosidade, já tão antiga, tomará um novo rumo. Não sei o que poderá acontecer ao Luco, se ele se adaptará ou não à nova situação, e não vou ficar parada esperando. Se o equilíbrio perfeito de sua saúde veio daquela ilha, é lá que eu vou reencontrá-lo, custe o que custar, e é claro que vou precisar da tua ajuda.

Depois de ficar algum tempo em silêncio, ela virou-se para mim e completou:

– Esta noite sonhei com Luísa. Foi um pouco estranho, coisa de sonho, mas posso lembrar que estava na ilha, em frente à pedra da colina, trazia Luiz pequenino, ainda bebê, em seu colo. Ela aproximou-se sorrindo e disse: "Ele é teu filho também". Acordei aflita, tentando lembrar mais algum detalhe, mas foi inútil. No entanto, a certeza de que a solução está lá na ilha é cada vez maior. Vou parar tudo o que estou fazendo e me concentrar em encontrar uma maneira de chegar até as pessoas que estão lá dentro... Espero que ainda estejam lá dentro... Tudo isso parece tão absurdo que, mesmo eu que passei por quase todas as etapas deste drama e que não poderia ter mais nenhuma dúvida, ainda duvido de que lá existe alguma coisa que fuja ao comum...

– ... e como pretende 'entrar' na ilha, se ambos já tivemos tentativas fracassadas? Você disse que acredita que existem alienígenas lá; como toda a história é extraordinária, também não descarto esta hipótese, mas como fazer contato?

– Mino conseguiu. Luísa conseguiu graças a Mino... Deve haver uma maneira. Parece evidente que eles não podem ou não querem se mostrar e qualquer contato terá que ser forçado. O contato que conseguimos até agora foi indireto, via regressão de memória, mas esta memória foi regredida a um tempo em que realmente esteve lá, por isso pode voltar. Além disso, e o mais importante, Mino estava lá fisicamente, ou está lá. Como? A circunstância peculiar ao envolvimento de Mino com estes prováveis ETs foi um encontro aparentemente casual, você sabe da história assim como eu. Pelo que entendi, as três pessoas que ele viu não sabiam que ele estava ali, tanto que, aparentemente, a mulher ficou surpresa ao vê-lo e pediu silêncio antes de desaparecer. Não fossem os objetos materiais que resultaram dessa história, como a pedra e o livro, qualquer um que conheça um pouco da atividade dos seres espirituais que nos cercam diria que ele apenas viu aparições desses seres, talvez por ter uma mediunidade de efeitos físicos...

– Mediunidade de quê?

– Efeitos físicos. É aquele médium, ou sensitivo, como queira, que, naturalmente, tem facilidade de liberar uma forma de energia bastante peculiar, da qual se utilizam os espíritos para fenômenos tipicamente físicos, como movimentar objetos ou mesmo materializações de coisas ou deles próprios. No final do século passado, na Inglaterra, uma mulher ficou famosa, madame Elisabeth d'Espérance, pela sua invulgar capacidade de propiciar materializações, tanto de coisas, como de espíritos. Sua capacidade foi amplamente estudada pelo cientista russo Alexandre Aksakof, sendo que muitas materializações promovidas por ela foram fotografadas. Ela é a mais famosa sensitiva deste gênero, porém, há muitos outros.

"Veja os casos das casas assombradas por fenômenos tipo *poltergeist*. Pode ter certeza que sempre há um sensitivo deste tipo por perto. A energia que estes médiuns liberam chama-se ectoplasma. A mediunidade em si é um fenômeno só, que responde pela interação entre dois planos da vida, mas ela manifesta-se de formas variadas, sendo que encontraremos médiuns psicógrafos, médiuns videntes, audientes, clarividentes e vários outros, sem que exista uma linha demarcatória exata entre estes diferentes tipos de sensibilidade.

"No mundo inteiro existem trabalhos sérios para se descobrir exatamente o que é esse fenômeno, principalmente na área da parapsicologia. Só que, enquanto a ciência oficial tentar estudar este tipo de fenômeno usando os métodos convencionais de pesquisa e provas, não encontrarão nada substancial; é como tentar pesar um tijolo usando uma régua.

Dentro de uma reunião mediúnica bem conduzida de um centro espírita acontecem, numa só noite, mais fenômenos mediúnicos do que em muitos anos de estudos de laboratório. Só que ali eles são medidos pela fé e pela necessidade, e fé e necessidade não são elementos comuns de pesquisa."

– Você, falando com tanta naturalidade desses fenômenos, torna o assunto ilha do Padre menos extraordinário.

– Existe muita coisa à nossa volta que não vemos e, tão pouco, entendemos. Olhe para esta pedra – falou, apontando-me uma pedra redonda, de mais ou menos um metro de altura, que estava à nossa frente. – Você pode ver as bactérias que estão na sua superfície?

– Sem um instrumento adequado, não.

– Mas isto não quer dizer que elas não estejam aí. Se tivéssemos instrumentos adequados, também poderíamos perceber todos os espíritos que podem estar à nossa volta agora. O fato de não os vermos, não quer dizer que não estão aí, nos falta apenas o instrumento. Este instrumento virá com o tempo. À medida que evoluímos, nossa capacidade de convivermos com o plano espiritual aumentará, inclusive já existem muitas pesquisas em torno de aparelhos para este fim. Por enquanto, nossa própria mente e nosso próprio espírito são os instrumentos.

– Vou repetir uma pergunta que já fiz: Como você acredita que isso tudo nos levará aos nossos possíveis alienígenas?

– De minha parte eu não consigo conceber uma civilização que tenha capacidade de viajar pelo cosmos, superando as limitações do espaço e talvez também do tempo, que não tenha alcançado uma relativa, ou mesmo grande, evolução moral e espiritual.

Imagine que um raio de luz, viajando no espaço a uma velocidade de trezentos mil quilômetros por segundo, levará aproximadamente cem séculos para atravessar nossa galáxia, e não esqueça que a Via Láctea é uma das menores galáxias conhecidas. As distâncias siderais são imensas e não poderiam ser superadas pelas técnicas atualmente conhecidas pela humanidade. Por isso eu acredito que quem consegue viajar pelo espaço, já superou a fase evolutiva da matéria e entrou na fase do espírito. Sendo assim, não vejo outra maneira de poder contatar com estas figuras, a não ser pelo conhecimento dos fenômenos do espírito.

O difícil é conseguirmos aproximar a nossa precária capacidade em usar as potencialidades do espírito com a deles, que, se for como eu penso, é imensamente superior à nossa. No entanto, o que me dá esperanças é que essas capacidades são as mesmas, o que difere realmente é a nossa experiência em usá-las.

– Não entendi – falei.

– A nossa essência é a mesma deles, a diferença é que eles já aprenderam a usar mais do que nós, mas isso não quer dizer que não possamos conseguir. Acima de tudo, isso é uma esperança para que possamos conseguir.

"Lembre-se do que aconteceu com Mino e Luísa – continuou –, depois de terem dormido em frente à pedra da colina maior da ilha. Eles acordaram sem recordar de nada do que havia ocorrido, no entanto, a capacidade intelectual de ambos estava em muito potencializada. Mino explicou a Luísa que depois ela não conseguiria registrar em sua mente os fatos ocorridos, devido aos mesmos estarem num padrão de atividade bem superior ao que nos é comum, não sendo possível que sua mente, em estado normal, conseguisse ler os fatos guardados na memória, como se eles passassem num cabeçote de reprodução de forma muito rápida, não sendo inteligível a leitura. Considerando isso, eu, veja bem, especificamente eu, acredito que apenas conseguiremos entrar, seja lá onde for, e falar com quem não temos ideia de quem seja, dinamizando nossas capacidades espirituais, e isto só é possível se conseguirmos desligar nossos espíritos dos nossos corpos...

– Espera! Espera, por favor – atalhei o assunto, realmente confuso. – Vai mais devagar! Você está quase falando com a rapidez do pensamento e está esquecendo que eu não conheço como você sobre esses assuntos. Minha família é espírita e estou familiarizado com a questão, mas não a conheço tanto. Quer dizer que somente nossos espíritos poderão entrar lá? E como foi que Mino foi parar lá? E Luísa, se só entrou seu espírito, como ela pode trazer a pedra e o livro?

– Calma, desculpe-me se atropelei o assunto; entenda que estou aflita com a situação de Luco. Eu não tenho certeza sobre minhas afirmações, são especulações, probabilidades. Temos que começar por algum ponto e este caminho, o espiritual, no momento é o que está sendo o mais sensato. Não sei se quero dizer que são espíritos de outros planetas que estão lá dentro. Todos nós somos espíritos. Digo apenas que deve existir uma diferença evolutiva muito grande entre eles e nós. Não sei responder suas perguntas, elas estão mergulhadas num véu que ambos temos a mesma curiosidade de levantar, só que, hoje, não é só curiosidade, é também necessidade, pois temo por Luiz, pela sua saúde, pela sua vida.

Andrea falava sufocada, e deixara escapar uma lágrima. Ela sempre estava linda, e agora, apesar das preocupações ou até mesmo devido às preocupações, estava ainda mais linda. Sequei sua lágrima e ela aconchegou-se em meu peito, como quem se protege. Era impossível proteger uma mulher como Andrea, mas eu fiz de conta, sentindo explodir definitivamente em meu peito uma necessidade infalível de amá-la. De certa forma, tinha me esquecido como era sentir isso e me achava meio surpreso diante da minha própria insegurança. No entanto, Andrea, parecendo ter percebido isso e olhando-me com os olhos molhados, me perguntou:

– O que estamos esperando?

– Talvez estejamos conversando demais – respondi e a beijei, lentamente, como se, naquele momento, não houvesse tempo, apenas sentimento.

Na verdade eu tinha receio em relação ao sentimento de Andrea. Sua postura firme e sempre independente tolhia minhas iniciativas de aproximação afetiva. Eu já havia pensado várias maneiras de me aproximar, mas sempre que estava com ela não encontrava uma brecha. Naquele momento, no entanto, pude perceber que Andrea era tão humana como eu e igualmente carente. Demorei a compreender que ela tinha estabelecido barreiras defensivas através de sua independência, exatamente por não ter sabido trabalhar em si essa carência. Porém, agora caíam essas barreiras e nos entregávamos às nossas iguais necessidades de afeto, e um furacão se agitava dentro do pequeno espaço que separava nosso destino, varrendo nossas dúvidas e inquietações.

– O passado que existe entre nós chama-se Luco – comentou Andrea. – Eu nunca soube nada de ti, dos teus amores, tuas paixões, ou será que esse coração esteve sempre vazio?

– Algumas pessoas entraram aqui – respondi –, mas ficaram apenas na sala de visitas. Ninguém dividiu o aluguel desta casa comigo. E o teu passado, menina Andrea? – perguntei, como gostava de chamá-la. – Por quais caminhos andou tua emoção? Por que até hoje esta menina está sozinha?

– Ao contrário de ti, minha casa foi invadida sem a devida permissão, por isso, depois de banir os invasores, tive que trancar algumas peças, pregar tábuas nas portas...

– Quer dizer que eu posso entrar somente até a sala de visitas?

– ...a não ser que saiba abrir estas portas sem quebrá-las.

Ficamos abraçados lá no alto do morro por muito tempo, em silêncio. Já era quase meio-dia e soprava um vento nordeste morno, o que tornava o dia bastante abafado. A bondade de um sombreiro nos acolhia e a vontade era de ficar ali, sem nos preocuparmos com as amarras do tempo; no entanto, os compromissos tendiam sempre a nos manter afastados.

– Como está Luco, hoje? – perguntei.

– A febre dele tem se mantido baixa e ele não reclama de nada. Você sabe que a minha maior preocupação é o seu desânimo, seu abatimento. Porém ele não demonstra, ao menos por enquanto, nenhum sintoma mais grave.

– Quer trabalhar comigo, hoje à tarde? Tenho um trabalho a fazer junto com alguns dependentes químicos e suas famílias. Gostaria que fosse comigo, poderíamos trocar ideias, conversar um pouco mais sobre Luco. Eu conheço pouco sobre esses assuntos transcendentais, mas, na minha pouca experiência como médico, já percebi que a solução de alguns problemas que me preocupam vem de repente, quando estou ocupando minha mente em outros afazeres também importantes.

– É que você abre tua sintonia vibratória...? ...Está bem, não falo mais nada... Está bem, vamos nessa, vamos almoçar juntos e com Luco, que já está na casa do avô, depois nós vamos trabalhar juntos... juntos... – repetiu, como se falasse para si mesma e tentasse se convencer daquilo. Era fácil perceber que relacionamentos afetivos precisavam superar fossos e muros altos em seu coração.

Capítulo 26

Naquela tarde eu tinha marcado encontro com dois dependentes químicos e, se necessário fosse, entraria em contato com suas famílias. Os dois, Júnior e Dinho, tinham 15 anos e estavam dando passos largos na descendente escada do vício. Já havíamos conversado algumas vezes e ambos, além de amigos, tinham ainda muito medo da família. No entanto, os comentários dentro da sociedade já ocorriam, pois os dois pertenciam a famílias conhecidas da cidade, o que era sintomático para que fossem perdendo, paulatinamente, o medo do seu próprio envolvimento com a droga.

Como era de se esperar, não compareceram à entrevista marcada. No dia anterior, numa conversa rápida, na rua mesmo, eu tinha avisado da possibilidade de procurar seus pais para a solução do problema, pois todas as conversas e atenção que estávamos dispensando a eles não estavam surtindo resultados. A não presença deles ali era um sinal perigoso, demonstravam descuido em relação ao fato de a família ficar sabendo, ou não haviam levado a sério minha conversa.

Ainda os procuramos pela cidade, nos pontos que eu tinha marcado em minha agenda pessoal como os preferidos pelos dependentes e que era o resultado de um trabalho delicado dos meus auxiliares, que realmente rastreavam, sutilmente, a atividade e movimentação de muitos usuários de drogas. Conversei com outros dependentes, os confessos, e nenhum deles sabia do paradeiro dos dois. Ainda encontrei a Lica, a namorada de Júnior, sentada no banco de uma praça abandonada, na entrada de um conjunto residencial semiconstruído e também abandonado. Ela era mais velha que Júnior e também estava no tortuoso caminho da droga, só que há mais tempo. Aproveitei a oportunidade para conversar com ela:

– E você, Lica, o que anda aprontando?

– Eu nunca apronto nada, cara. Por que você se interessa pela gente? Chegou aqui há pouco e já vem se metendo onde não é chamado.

Normalmente, nos meus contatos, não defrontava com agressividade, no entanto, já sabia do jeito de ser de Lica, também dependente confessa e com inúmeros problemas de família. Os pais eram separados, sendo que morava com a mãe e não via o pai já há alguns anos. Tinha 19 anos, era magra, vestia-se descuidadamente e era dependente de cocaína. Gostava de dizer que era anarquista, porém, não tinha a menor ideia do significado real do termo, somente fazia uma ideia deturpada do assunto. Apesar de sua magreza e descuido, ainda era muito bonita, com seus cabelos pretos e pele muito branca, coisa pouco comum numa cidade litorânea. Não era muito alta e seus olhos eram verdes e profundos, onde se podia ler toda uma história de desafeto.

– Quem disse que eu me interesso? – respondi. – Isto faz parte do meu trabalho, que procuro fazer bem feito, não sou nenhum bom samaritano. Meu trabalho é tentar ajudá-los. Na verdade, não estou aqui para ajudá-la, você sabe, quero ajudar ao Júnior. Não quero vê-lo como você, que já me falou algumas vezes que ama a liberdade e, no entanto, é escrava sem resistência de um produto químico.

Andrea, que me acompanhava em silêncio, olhou-me de forma estranha, não entendendo minha maneira fria de tratar a menina. Sem que Lica percebesse, sorri discretamente para Andrea e pisquei, para que ela entendesse que era intencional minha conduta. Lica, por sua vez, ficou algum tempo em silêncio, olhando para o nada, depois começou a sorrir e o seu sorriso logo se transformou em gargalhada, chegando a ter uma crise de riso. Quando conseguiu controlar-se um pouco, falou:

– Cara, chegou tarde, o Ju tá na maior viagem... Chegou tarde, cara. De manhã, ele já apareceu com uns fininhos e não parou mais... Era bagulho bom, cara... Ele tem uns *brothers* bacanas, conseguem coisa boa... Depois fizemos uns carreirinhos e agora ele tá viajando ali ó, t'ali ó – falou, apontando para dentro do que deveria ser o escritório de vendas do conjunto residencial, que estava abandonado já há alguns anos.

Eu e Andrea fomos até lá e encontramos algo que lembrava um ser humano, não na aparência física em si, mas pelo estado moral desesperador. Júnior estava sentado, encostado em uma parede e sorria para nós. Cumprimentou-nos levantando a mão, que logo caiu ao lado do corpo, depois fechou os olhos e continuou sorrindo. Estava totalmente mergulhado no esquecimento da realidade, vivendo, momentaneamente, um mundo que não existia, mas que era, ao menos sob o seu ponto de vista, muito melhor do que o mundo real que o cercava. Era obrigação nossa tentar fazer com que a realidade do seu mundo não fosse tão difícil de ser enfrentada. No entanto, no momento não podíamos fazer nada. Andrea ainda contestou, alegando que não poderíamos deixá-lo ali, daquela forma.

– É errado, todos sabem – eu falei –, só que agora e ao seu modo todo torto, ele está bem; se tentarmos fazer qualquer coisa, estaremos cortando o seu barato. Pode ter certeza, agora não há nada a fazer. Até ontem ele só tinha usado cocaína uma vez, por curiosidade, e não tinha viajado, apenas se sentido mal. Fumava seus fininhos e cheirava cola, que é viagem garantida, só que curta. Hoje ele conheceu outro pedaço do inferno, só que sua carência faz com que enxergue a vida como um inferno muito mais feio. Este inferno que ele conheceu hoje, para ele, chega a parecer um paraíso e vai fazer com que experimente mais vezes, a não ser que façamos alguma coisa.

Puxei Andrea pelo braço e, quando passávamos por Lica, que ainda sorria (ela também tinha cheirado), segurei sua mão e falei ao seu ouvido:

– Todos precisamos de ajuda.

Depois a abracei por alguns segundos e beijei o seu rosto. Quando nos afastamos, ela tinha parado de sorrir e estava séria. Antes de entrarmos no carro, ela falou, assim meio como quem não quer ser ouvida, entre a verdade e o cinismo:

– Volte sempre.

Saí lentamente e pensativo, só então percebi que Andrea chorava.

– A gente pensa só nos nossos problemas, como se não existissem outros – falou-me. – Agora entendo por que você queria que eu viesse junto.

– Não quero ser desagradável, mas o pior ainda está por vir. Ainda vamos falar com a família; isto é bem mais difícil.

– Para que eu não fique boiando tanto, me explica: o que é um fininho?

– Cigarro de maconha.

– Carreirinho?

– Tu não sabes nem isso? Tens certeza de que passou por uma universidade?

– Desculpe, mas o mundo da droga sempre me causou arrepios; nunca tive contato com ele, por incrível que pareça. Nem amigo drogado, nunca tive. Todos os estudos que fiz dentro da psiquiatria em relação aos viciados sempre foram de forma acadêmica, com termos técnicos. Nunca estive em contato com a realidade do cotidiano deles.

– Carreirinho de cocaína, para cheirar...

– Aaahh!...

– Procure não chamá-los de viciados, este nome já carrega um estigma pesado. Chame-os de dependentes ou usuários. Eles devem ser encarados como doentes, não como marginais ou vagabundos. Se a sociedade os visse como doentes, todos pensariam em encontrar uma cura, acabaria o tabu e os próprios traficantes encontrariam dificuldades em manter um mercado, que não seria mais tão negro. Viagem você sabe o que é?

– Não seja tolo, mesmo que eu não soubesse, já teria aprendido, pois vi o Júnior viajando por um terrível país de sombras. Como é que alguém pode chegar a uma atitude tão evidentemente irracional?

– Fumar qualquer cigarro é irracional. Embriagar-se é irracional. Comer em excesso é irracional, porém, são irracionalidades aceitáveis socialmente e alimentam um mercado 'branco' enorme e poderoso... tão poderoso quanto o mercado negro da droga.

Capítulo 27

Chegamos à frente da casa de Júnior. Não havíamos avisado, o que tornaria ainda mais difícil nossa tarefa. Antes de entrarmos, pedi a Andrea que prestasse muita atenção nas reações de dona Anita, a mãe, que provavelmente estaria sozinha, já que o marido era pescador profissional, trabalhava no mar, longe de casa, e a filha mais velha era casada e morava em outra cidade. Eu já sabia de antemão que dona Anita superprotegia o filho, o que fazia com que os amigos receassem contar a ela que o seu pequeno herói se envolvera com drogas.

Depois de apresentar Andrea, que dona Anita ainda não conhecia, entramos em sua bonita casa. Ela já se mostrava um pouco apreensiva e perguntou:

– Fico muito contente que estejam me visitando, no entanto, sabendo o quanto trabalho dr. Pedro tem, receio que não esteja aqui apenas para conversarmos e passar o tempo.

– Para passar o tempo não, mas conversarmos sim, e não quero lhe deixar apreensiva, por isso vou direto ao assunto, já que eu o considero bastante urgente e entendo que a senhora se preocupa muito com o bem estar de Juninho, como não poderia deixar de ser...

– O que aconteceu com meu filho, ele não está bem?

– Olha, dona Anita, o assunto é delicado e não posso dizer que não é grave. Acredito também que entenderá nossa intenção de ajudar.

Depois de um tempo calculado para chamar mais a atenção, completei:

– Seu filho está envolvido com drogas.

Dona Anita me olhava aflita e, quando ouviu minha afirmação, ficou aparentemente atônita, depois desanuviou a expressão e falou-me sorrindo, quase que aliviada:

– Como essa gente é maldosa! Quem foi buzinar nos seus ouvidos uma história dessas, dr. Pedro? Meu Juninho usando drogas? Nunca! Esse menino não é muito interessado pelos estudos, mas, fora isso, nunca me deu nenhum problema, pelo contrário, na verdade ele mal para em casa... nem me incomoda... Está sempre com os amigos, todos gente de confiança, de boas famílias... Não preciso me preocupar.

Ela mesma percebeu a contradição de suas palavras e se atrapalhou um pouco em completar seu pensamento. Andrea não conseguiu controlar sua reação diante da incongruência da opinião da mulher e acabou soltando um riso jocoso e totalmente inoportuno, o que não foi bem aceito pela mãe, que fechou a cara. Esperei algum tempo, como quem escolhesse melhor as palavras, depois continuei:

– Eu costumo dizer, nestas ocasiões, que a palavra 'nunca' não existe mais no dicionário da juventude. Hoje eles querem conhecer de tudo, experimentar tudo e seu filho não foge a esta regra. Sei que é um assunto bastante delicado e difícil de ser aceito de imediato, porém, eu não estou aqui de intrometido, nem de ouvir falar. Juntamente com minha equipe, estamos desenvolvendo um trabalho de auxílio aos dependentes químicos e seu filho já está precisando deste auxílio. No entanto, nossa principal intenção aqui não é lhe dizer o que deve ou não deve fazer, ao menos por enquanto. Queremos apenas alertá-la do problema, depois que a senhora estiver plenamente consciente da situação, se quiser, podemos voltar a conversar. Só lhe peço que trate o assunto com bastante cuidado...

– Meu filho não é nenhum viciado – atalhou a mulher. – Sempre foi tratado com muito carinho, sempre teve tudo o que quis, não é agora que vai virar um vagabundo. Muito me admira o senhor, um doutor, ir atrás da conversa dessa gente – falou dona Anita, tomada de irritação.

Andrea quis entrar no assunto, porém, rapidamente segurei-a pelo braço e levantamo-nos. Tive medo que ela relatasse o que acabávamos de ver, o que seria muito ruim para a relação de confiabilidade entre eu e Júnior, pois eu poderia passar a ser encarado como dedo-duro. Antes que ela falasse qualquer coisa, eu falei:

– Em hipótese alguma quero lhe trazer algum transtorno, dona Anita, pelo muito que a respeito. Pode até ser que eu esteja enganado e espero que realmente esteja. O Júnior é um menino ótimo e o quero muito bem. Caso eu não esteja enganado, se quiser, pode contar conosco. Agora precisamos ir, ainda temos muita coisa a fazer hoje. Até logo.

Saímos dali sem mais delongas e dona Anita não chegou nem a nos acompanhar até a porta, ficou sentada no sofá da sala, não sei se irritada ou preocupada. Eu sabia que, apesar da resistência e da rispidez com que nos tratou, a visita tinha sido produtiva. Andrea, no entanto, parecia consternada. Não comentei nada, deixei que ela pensasse. Depois de alguns minutos, ela sorriu e falou:

– Entendo, agora eu entendo. Quase estraguei tudo, não é? Desculpe-me, apesar de acostumada a tratar com o psiquismo humano, não percebi qual era a sua intenção. Cheguei a pensar que você estava fugindo.

– Neste assunto, que ainda na maioria das vezes é tratado com o maior segredo no âmago das famílias, tem-se que colaborar sem parecer que está ajudando, para não causar constrangimento. Acredito que isto um dia vai mudar. Se encarássemos o dependente como uma pessoa doente, não haveria tantos preconceitos. Um diabético entra numa farmácia sem constrangimentos para comprar um remédio para sua doença. É claro que as outras doenças não dependem propriamente da vontade do portador, o que torna mais fácil sua aceitação social, comparando-se com a dependência química de qualquer tipo, seja o alcoolismo ou o uso de estimulantes, entorpecentes ou alucinógenos, mas é exatamente aí que residem os obstáculos para a solução dos problemas: no constrangimento, no preconceito. Estas são barreiras que devem ser superadas. A AIDS enfrenta a mesma situação. Dona Anita descobrirá logo a verdade e poderá ou não vir até nós. Se não vier e o Júnior não mudar, voltaremos a atuar diretamente. Por enquanto, apenas vamos acompanhá-lo de perto, sem que ele saiba disso.

– Mas uma mulher que acha que dando tudo que o filho quer está cumprindo sua obrigação de mãe não vai conseguir resolver sozinha este problema – falou Andrea.

– É quase certo que não, mas temos que deixar a iniciativa com ela, pois ela é a mãe. No entanto, existem outros agravantes que você não sabe. Dona Anita mantém um relacionamento secreto, ou quase secreto, com outro homem. Vive realmente uma vida dupla e, para compensar isso e também manter o filho distante de casa para não ser atrapalhada, faz todas as suas vontades. Porém, no que se refere a afeto e atenção, deixa bastante a desejar. É evidente que não me cabe julgar a vida sentimental dela, que deve ter suas justificativas para fazer isso, no entanto, como essa relação já vem de alguns anos sem uma definição, isso não deixa de demonstrar uma atitude de fraqueza, a mesma fraqueza que demonstra na lida com o filho.

– E o Júnior sabe disso?

– Sabe, já me falou isso; além do mais, quase todo mundo sabe. Numa cidade pequena como Santa Fé, um assunto como esse é um prato cheio para os ociosos, que ocupam seu tempo se preocupando com o que fazem os outros, sem se inteirarem que suas vidas também precisam de atenção e correção, quase sempre. Logicamente uma situação assim cria um estado de revolta no filho, que, mal preparado que foi para enfrentar as dificuldades naturais da vida, deságua suas tensões numa atitude rebelde. Tenho certeza de que hoje ele está querendo, mesmo que não de forma totalmente consciente, que a mãe saiba o que está fazendo, para chamar a atenção. Por isso ele não compareceu na entrevista e ainda foi ficar chapado num local que certamente eu o procuraria.

– Ele ficou o quê?

– Chapado... dá para entender, não é?

– Deus! Estou começando a ver que me afundei em pesquisas, teorias e espiritualidade, pensando na vida de uma maneira ampla, e acabei esquecendo os conflitos do dia a dia. Deixei de lado o contato com o ser humano.

– Não esqueça que ainda não acabou, temos que encontrar o Dinho, que é amigo do Júnior, no entanto, passa por uma situação totalmente diferente do primeiro. Não é de família rica, o pai é segurança de banco e a mãe é professora do município. Tem mais duas irmãs, ambas mais novas, e dois irmãos mais velhos que ele. Nenhum dos irmãos tem envolvimento com droga. Fuma maconha e cheira cola, por enquanto, e tem muito medo que a família saiba. Ele sabe que o pai é do tipo violento, que não vai conversar, vai direto para pancada, por isso me admirei por ele ter faltado na entrevista comigo. Vamos passar pela casa dele, mas pretendo evitar o assunto com sua mãe e irmãos, quero só sondar como anda o ambiente.

– E por que está usando drogas?

– Foi no embalo, principalmente devido à influência do Júnior e da Lica. É um menino inseguro e, nas vezes em que conversei com ele, ficou nítida a preocupação em não ficar de fora da turma, que é de uma classe econômica mais alta que a dele. Por isso foi no embalo, só que agora já anda por conta própria e, se uma atitude não for tomada, não conseguirá achar o caminho de volta.

Andrea, que me ouvia atenta, acariciando meus cabelos, me perguntou:

– Se você terminou o curso há pouco e fez residência em pediatria, de onde tirou esta experiência no trato com os dependentes químicos?

– Se eu for contar em detalhes, levaria tempo – um dia conto com calma –, porém, de forma resumida, posso dizer que meu melhor amigo no tempo de faculdade era usuário de drogas, e de vários tipos, na verdade, de tudo o que aparecia em sua frente. Quando nos conhecemos, ele já era dependente, no entanto, acabei acompanhando toda sua trajetória de conflitos e aflições até sua morte, por *overdose*, no último ano do curso. Para completar, namorei uma estudante de direito também dependente química e que, por causa da droga, desistiu do curso e desapareceu, sem que jamais eu a visse, exatamente quando eu estava apaixonado por ela. Devido a isso e a mais algumas situações que eu vivenciei, prometi a mim mesmo que trabalharia neste campo, ajudando principalmente adolescentes a encontrarem caminhos alternativos, outras opções de vida que não seja a droga.

– E quais são estes caminhos alternativos, se dentro de suas famílias é que normalmente reside o centro dos problemas?

– Apesar das dificuldades estruturais que vivemos, principalmente nas cidades pequenas, existem maneiras de chamar a atenção daqueles que ainda não começaram a se envolver. Tem que se começar cedo, apostando naquilo que cada um sabe fazer de melhor, para que ele aprenda a se valorizar como ser humano. A cultura, a arte, o esporte... são caminhos seguros e eficientes, no entanto, estas soluções ainda não viraram ninho de procriação de votos, por isso, os políticos, desde o vereador até o presidente da república, não se preocuparam devidamente com o assunto.

"É fácil de se perceber isso, aqui em Santa Fé. O que existe para se explorar o potencial artístico dos jovens? Por acaso uma escola de artes é coisa difícil de ser feita, sabendo-se que, de uma maneira geral, nossos artistas naturais, salvo poucas exceções, levam uma vida difícil? Mas os políticos preferem gastar com festas que enchem os olhos e as urnas. Em relação ao esporte, esbarramos na mesma mediocridade. Não há um programa de orientação esportiva sério, onde cada jovem possa descobrir seus talentos e se valorizar. Se você observar com atenção os dependentes, vai perceber que a maioria deles não demonstra que sabe fazer alguma coisa de diferente. Não é que não saibam fazer, só que nunca descobriram no que é que são bons, e acabam descobrindo-se bons no uso da droga. Ao menos é um assunto que dominam."

Rodamos ainda mais uma vez pela cidade, na esperança de encontrarmos Dinho. Fomos novamente aos pontos principais e não o encontramos. Parei o carro na esquina de sua casa para conversarmos um pouco antes de enfrentarmos outra mãe. Falei para Andrea que seria muito melhor encontrar Dinho antes de ir à sua casa, mas, ao mesmo tempo, não poderia voltar atrás na minha palavra, pois estaria demonstrando insegurança e ninguém confia em pessoas inseguras.

Andrea, pensativa, olhou para mim e comentou, com naturalidade, como se eu conhecesse do assunto:

– Se você tivesse experiência com mediunidade, eu poderia tentar um desdobramento, quem sabe conseguiríamos achar o Dinho.

Olhei-a de maneira interrogativa, demonstrando não ter entendido nada do que ela tinha dito, fazendo com que ela completasse:

– É... mediunidade de desdobramento. É uma forma de hipnose em que um magnetizador induz um sensitivo a desdobrar-se, ou seja, sair do corpo, transportar-se e executar alguma função, sendo que o magnetizador pode saber o que está acontecendo com o sensitivo no plano espiritual, pois este mantém suas funções da fala...

Andrea, que estava sentada de lado no banco do carro, descalça, com os pés sobre o acento e com uma das mãos sobre o meu ombro, de repente endireitou-se e colocou as duas mãos sobre a boca, como que tomada de espanto, deixando-me preocupado.

– É isso! É isso! Gritou Andrea dentro do carro, chegando a me assustar diante do inesperado de sua atitude. – Como eu não tinha pensado nisso ainda!

– Posso saber qual a grande descoberta? – perguntei.

– Pense um pouco, menino – falou de maneira carinhosa. – Qual nosso maior problema para entrarmos na ilha? O que aconteceu quando tentamos descobrir alguma coisa lá? Nada, não fizemos nenhum contato. Só que tentamos contato dentro de nossos corpos... E se fizéssemos um desdobramento? Se usássemos um sensitivo para induzi-lo a se desdobrar e conduzi-lo para dentro da ilha? Foi assim que Luísa entrou lá, induzida pelo dr. Duran, só que movimentou a sua memória no tempo, mas também foi um tipo de desdobramento. Deus! É isso, ao menos é uma nova tentativa... pode dar certo.

– E você já fez isso alguma vez?

– Várias vezes. A regressão de memória pode ser feita através de hipnose; após o sensitivo estar hipnotizado, podemos tanto movimentar sua memória no tempo, como seu espírito no espaço, desde que exista autorização para isso, é claro. Você estava certo, abri minha sintonia vibratória para a solução do problema sem que eu percebesse. Leis de causa e efeito agindo, com certeza.

– Como?

– Nada muito sério, depois conversamos mais sobre isso – falou, sorrindo como uma criança que encontrou um brinquedo perdido. – Vamos logo terminar nosso serviço que tem outro a nossa espera.

Capítulo 28

Quando parei o carro na frente da casa do Dinho, sua mãe estava no portão, como se estivesse nos esperando, o que foi confirmado tão logo descemos:

– Já esperava o doutor. Obrigado por ter vindo... Obrigado à doutora também, toda ajuda é bem vinda, vamos entrando.

Dona Joana tinha cerca de 45 anos, mas a vida dura lhe impusera algum tipo de velhice precoce. Mesmo assim, seu sorriso era afável e logo nos deixou à vontade. Já acomodados na sua cozinha, onde eu fiz questão de ficar, para quebrar a diferença que ela mesma poderia estabelecer entre nós, perguntei, enquanto nos servia um cafezinho:

– Como a senhora sabia que eu vinha?

– Eu já estava desconfiada e sem que ele soubesse comecei a revistar as coisas dele. Ontem à noite encontrei isto – falou, apontando para uma bucha de maconha que estava bem no meio da mesa e que eu ainda não tinha visto. – Hoje de manhã, esperei o Mário sair e apertei o menino. Ele não teve saída e me contou tudo, até da entrevista que o senhor tinha marcado com ele para hoje e também o fato de que, se ele não fosse, o senhor viria me procurar. Eu mesma não deixei que ele fosse, para que o senhor viesse aqui. Desde já quero agradecer ao doutor por isso...

– Se a senhora começar a me agradecer, nós vamos perder tempo, dona Joana. Não faço mais que a minha obrigação. Onde está o Dinho, agora?

– No quarto dele. Estamos esperando o Mário chegar para termos uma conversa; daqui a pouco ele está aí.

– Seu Mário não é muito nervoso para ter uma conversa como essa, assim de surpresa, sem uma preparação prévia? – perguntei.

– Na verdade eu não sei o que fazer, doutor. Só ameacei ele sabendo que tem medo do pai, mas não sei o que fazer. Estava aqui torcendo que o senhor chegasse antes do Mário para que me orientasse. O que o senhor acha mais certo?

– A primeira atitude é não perder a calma; antes de tudo, o Dinho está precisando de atenção e compreensão. Acho que a senhora não deveria falar já ao pai dele. Dê um tempo, espere um pouco; isto vai significar um voto de confiança e vai aliviar a cabeça do seu Mário de um problema que, talvez, ele não esteja preparado para solucionar da maneira correta. No entanto, mantenha-se atenta, continue a revistar suas roupas sem que ele saiba e também a acompanhar seus passos, saber sempre o que ele está fazendo. É necessário que ele entenda que a atitude que tomou gerou preocupação, e também é muito importante que a senhora se prepare para alguns insucessos, sem perder a paciência. Gostaria também que a senhora me procurasse sempre que necessário, ou sempre que algum fato novo aconteça.

Saímos da casa de dona Joana antes que o marido chegasse, para que ele não estranhasse nossa visita. Achei melhor não conversar com o Dinho. Seria mais interessante deixar o assunto em família e intervir o mínimo possível. Andrea ficou impressionada com a diferença de receptividade nas duas famílias.

– A condição econômica parece refletir diretamente na atitude em relação à família e ao trato com o uso da droga – comentou Andrea.

– Nem sempre. Temos problemas diferentes para cada caso. O problema maior reside na condição humana. Dona Joana, por exemplo, não formou seu caráter embasada na sua conta bancária, como, infelizmente, tanto ocorre. Ela é professora primária pela prefeitura, recebe um pequeno salário, mas está mais acostumada com o trato com o ser humano. Existem muitos dependentes de famílias pobres que mais rapidamente ingressam na criminalidade, exatamente pela dificuldade em adquirir a droga. Os problemas da dependência são complexos demais para serem definidos de maneira simples ou encarados sem a devida seriedade por parte das pessoas responsáveis pela sociedade, no entanto, continua a ser deixado de lado na maioria dos planos governamentais. A melhor maneira de se enfrentar o problema é conseguir atrair o jovem para outro caminho, de preferência antes que conheça o obscuro caminho da droga. A arte é um caminho, o esporte é um caminho, como já disse, porém, estas atividades são encaradas apenas como entretenimento pelos governantes, e não como terapias eficazes, contra, talvez, o maior câncer social da atualidade.

Quando terminei de falar, Andrea me olhava sorrindo e com ares de interrogação:

– Você é candidato na próxima eleição?

– Quem sabe?

– Deus! Não levo muito jeito para primeira dama.

Aquela observação espontânea de Andrea me tomou de surpresa, pois, na brincadeira ou não, ela acabava de me colocar ao seu lado no futuro. Isso fez crescer em meu peito a sensação sempre indefinível da paixão que cada vez mais se infiltrava pelas frestas que havia nas barreiras que eu criara aos novos sentimentos, depois de alguns desastres emocionais. Eu já sabia que a represa que continha este rio logo ruiria por completo e estava feliz por isso.

Passamos novamente pelo local onde encontramos Júnior anteriormente, porém, ele não estava ali, nem Lica. Seria perda de tempo procurá-los, por isso fomos embora. Já era final de tarde, deixei Andrea na casa de seu Jamil e ela me pediu para ir à casa dela à noite, para me explicar a história da mediunidade de desdobramento. Disse-lhe que jantaria em casa e logo estaria lá, porém, ao chegar em casa, encontrei dona Cândida aflita, pois meu pai, que saíra para pescar ao amanhecer, ainda não voltara. Tinha levado um velho amigo para pescar e deveria ter voltado no começo da tarde. Ela já tinha mandado chamar o Berto, que andava meio sumido e que chegou um pouco depois de mim.

– Ô guri! – falou Berto, da maneira que costumava me chamar desde menino – já deixei a lancha pronta, só vim aqui te buscar, pois, se eu fosse sozinho, sei que tu não gostaria.

Capítulo 29

Em poucos minutos, já estávamos cortando as águas do Atlântico Sul, em alta velocidade, aproveitando uma tarde de calmaria de final de verão, que deixava o mar liso e fácil de ser navegado. Começava a escurecer e não teríamos muito tempo para procurar, por isso fomos direto aos pontos preferidos por seu Antônio, mas não o encontramos. O amigo que estava junto era um senhor já de idade, que morava em uma cidade vizinha e que vinha normalmente sozinho passar os finais de semana na praia para pescar, ou com meu pai, ou com seu próprio barco.

A sua idade era um fator preocupante para estar tanto tempo no mar, no entanto, não deveria ser o motivo da demora, pois qualquer problema com ele, meu pai retornaria rapidamente à terra. Berto não esperou mais para avisar a capitania dos portos, pelo rádio, do desaparecimento. Entrou em contato também com o rádio do iate clube, onde sempre ficavam alguns pescadores amadores à noite, no bar ou no restaurante, porém, nenhum destes tinha visto meu pai. Em poucos minutos, todos os pesqueiros que estavam na região já sabiam do ocorrido e, como meu pai era muito conhecido, houve bastante alvoroço no meio, mas nenhum deles os havia visto.

Paramos muitos barcos menores que não possuíam rádio, mas que costumavam pescar na região, sem, contudo, colher qualquer informação positiva, qualquer pista. Era costume de seu Antônio sair ao mar bem cedo, quase sempre antes dos outros pescadores, exceto daqueles que ficavam a noite toda pescando, mas mesmo estes não tinham nenhuma informação, mesmo por que, durante a noite, costuma-se perceber a existência de outros barcos, mas, na maioria das vezes, não se identifica que barco é.

A noite era de lua crescente, quase cheia, o que nos manteve no mar por mais tempo. Percebi que Berto circulara várias vezes nas proximidades da perigosa laje do badejo, onde ele acreditava ter morrido Mino, talvez procurando algum destroço, mas o mar estava limpo.

– Com este mar calmo, é difícil ter acontecido alguma coisa aqui na laje – comentei.

– Aqui sempre é perigoso, guri. Aqui não existe mar calmo, sempre é perigoso.

Tornava-se cada vez mais estranha a situação. Berto ainda passou mais algumas vezes pela laje do badejo, porém desta vez sem poder se aproximar devido à maré baixa. Em dado momento, ele parou o barco e apontou para a laje, pedindo para que eu observasse. Não foi preciso muito tempo para que eu entendesse o que ele queria dizer: sobre a laje, aparentemente o mar estava calmo, porém, repentinamente formou-se uma onda e pudemos ver várias pontas de pedra aparecendo em sua vaga, logo em seguida a onda quebrou-se sobre elas, espalhando uma grande quantidade de espuma. Formaram-se mais duas ondas iguais à primeira, em sequência, sendo que Berto comentou:

– Sequência de três, sempre assim, pode-se até escapar da primeira, mas não se escapa da segunda... a terceira nem precisava... a terceira só afunda o que ainda está boiando...

Um arrepio percorreu meu corpo e só me restou rezar para que aquele não tivesse sido o destino de meu pai. Não tínhamos mais nada a fazer no mar, ao menos para o momento, e tive que voltar à terra sem nenhuma notícia.

Passamos ainda pela ilha do Padre, mas não havia sinais de fogueira, nem barco algum próximo à ilha. Já passava da meia-noite e tanto eu como Berto sabíamos ser difícil obter algum resultado, no entanto, era difícil voltar para casa sem notícias. Dona Cândida deveria estar ainda mais aflita. Ficamos até as duas horas da madrugada, sempre observando o horizonte à procura de algum sinalizador disparado, mas nada.

Quando cheguei em casa, Andrea estava sentada no degrau da varanda junto com minha mãe. Como sempre, dona Cândida não teve nenhuma atitude espalhafatosa, apenas levantou-se e veio em minha direção esperando por notícias.

– Logo que amanheça, continuamos, mãe. Deve ter havido algum problema com o motor; ele já tinha me dito que era hora de puxar o barco para uma revisão. Além do mais, o mar está muito calmo, seu Antônio é marinheiro velho, não ia se deixar levar em um dia de calmaria.

– E o rádio, meu filho, por que ele não usa o rádio?

– Mas o rádio não funciona há tempos...

– Ele mandou consertar, não gosta de usá-lo, porém eu pedi que ele consertasse.

Este era um fato novo e realmente preocupante, no entanto, ainda havia a possibilidade de ter estragado novamente, era um modelo bem antigo. Abracei ternamente dona Cândida e pude sentir em seu abraço a tristeza que a invadia. Já tinha perdido Mino; a possibilidade de ver o mar levando também seu Antônio talvez destruísse a bagagem de esperança que havia conseguido guardar depois da morte do filho. Olhei para Andrea, como a pedir alguma ajuda, mas sabendo que era inútil, era preciso esperar.

Obviamente, não consegui dormir. Tinha marcado às seis horas da manhã com Berto, mas às cinco horas eu já estava lá e descobri que Berto não tinha nem ido para casa, me esperava no barco e saímos para o mar antes do amanhecer. Fizemos o mesmo percurso do dia anterior, para começar, depois fomos mar adentro, seguindo a direção do vento, ainda muito fraco. Fomos para norte, imaginando fazer um grande triângulo e retornar ao ponto de partida. Às onze horas estávamos de volta, sem resultado. Voltamos para terra em busca de novas notícias. Muitos pescadores que circulavam pela região não faziam contato por rádio, mas eles também não tinham notícias. Antes de chegar em casa, passei na casa de Andrea, que me esperava ansiosa:

– Tenho uma novidade – falou –, entrando em meu carro, depois de constatar que nossas buscas tinham sido inúteis. Vamos para a casa do Zico, ele quer falar contigo.

– O Zico? Não seria melhor deixar os problemas do Zico para outra hora – comentei, até um pouco irritado.

– Não tire conclusões precipitadas, antes escute o que ele tem a contar; poderá ser importante.

Confesso que fui à procura de Zico a contragosto; não conseguia entender o motivo. No caminho, Andrea mostrou-me a manchete da primeira página de um jornal de circulação estadual, me chamando a atenção para a manchete policial: "ASSALTO À JOALHERIA ACABA EM TIROTEIO E MORTE."

Não dei atenção ao fato, meus pensamentos não se desligavam do mar, que podia ter levado também meu pai, porém, ela insistiu que eu visse e depois leu a coluna jornalística:

> Durante a madrugada de ontem, ocorreu uma tentativa de assalto à Joalheria Gertni, no centro da cidade. O assaltante Jânio Funkel, 32 anos, conhecido como Janinho e com muitas passagens pela polícia, mais o menor N. D. L, foram surpreendidos pelo sistema de alarme eletrônico da joalheria, ligado diretamente ao posto da PM que dista apenas 800 metros do

> local. Acuados pela PM, os dois assaltantes tentaram a fuga pelos fundos da loja, onde trocaram tiros com a polícia, sendo que o menor foi baleado e veio a falecer a caminho do hospital. Janinho, também ferido, segundo relatório da polícia, conseguiu alcançar o carro que o esperava na rua dos fundos da joalheria, sendo que ele e o motorista conseguiram fugir. Foram, no entanto, perseguidos (...)

Apesar do problema que eu vivia, não pude deixar de estremecer. N. D. L., eram as iniciais de Nelcido Diamantino Lourenço e era muito provável que fosse ele a vítima, no caso, de seus próprios desatinos.

– Isto tem alguma coisa a ver com nossa visita a Zico? – perguntei.

– Não, acho até que Zico não sabe do ocorrido; nossa visita é uma tentativa de encontrar teu pai. Mostrei a notícia somente para que você se desligue um pouco do desaparecimento dele. É importante que você esteja atento ao problema, porém, desesperar-se com ele não te trará nenhum resultado. Esta manhã Zico foi à tua procura, eu estava lá com dona Cândida, como não te encontrou, pediu para falar com tua mãe. A princípio o que ele contou pode ser uma pista, se soubermos explorar a sensibilidade dele...

– Não estou entendendo nada, quer me explicar? – falei, um pouco ríspido. Realmente meu raciocínio estava embotado. Ainda bem que Andrea era compassiva e não se perturbou, pelo contrário.

– Vamos com calma, você está muito impaciente e sei que tem motivo para isso. Depois que conversarmos com Zico eu explico.

Não quis entrar na casa. Andrea foi chamá-lo, enquanto eu esperava no carro. Ele sentou no banco de trás e ficou um pouco indeciso; foi Andrea que puxou o assunto:

– Vamos, não ligue para este enfezado, conte novamente o sonho...

– Sonho!? Estamos aqui por causa de um sonho?

Andrea sorriu um pouco debochada, sem se irritar com minha grosseria, e falou com carinho:

– Tenha calma, meu querido, não vejo o motivo pra essa exaltação, como se não estivéssemos o tempo todo rodeados por coisas extraordinárias. Não custa você lembrar o quanto os sonhos têm sido importantes. Por favor, Zico, conte-nos teu sonho.

– Foi um sonho esquisito, seu Pedro, foi diferente. Não vão pensar que eu estou louco não, só que não parecia que eu tava dormindo. A impressão é que eu saí de casa no meio da noite. No começo era isso que eu pensava, só que, quando eu cheguei na praia, eu não parei; só então eu vi que não tava andando, eu voava bem rente ao mar, muito rápido, só que estava muito escuro, eu não via quase nada e não sabia parar. Eu tentava parar e não conseguia. De repente eu vi uma ilha no meio da escuridão, parece que tinha uma luz fraquinha que cobria toda ela. Era uma ilha grande, dava para ver, quando fui me aproximando, comecei a contorná-la até chegar num ponto de muita arrebentação. Ali eu podia ver melhor, via bem a água e as pedras... Tinha duas pedras que se levantavam da água, uma bem perto da outra e atrás delas o mar acalmava, formando uma lagoa...

– ... a ilha do Macaco – cortei-o, começando a me interessar pela história. – Continue – pedi.

– No meio do remanso, atrás das pedras, tinha um barco. Fui até ele, mas estava vazio. Em cima da casaria do barco eu vi um cachimbo, que parecia também rodeado por uma luz fraquinha. Depois disso, eu fiquei meio tonto e comecei a voltar, voltei rápido e parece que em um segundo eu já estava em casa. Acordei assustado e suado e não consegui dormir mais. De manhã, minha mãe me contou que seu Antônio tinha sumido, eu ainda não sabia, mas a primeira coisa que me veio na cabeça foi o cachimbo. O doutor me falou, uma vez, que seu pai tinha um único vício, o cachimbo, mas que fumava só quando estava no mar, para não incomodar os outros...

Zico interrompeu a história. Na verdade, não tinha mais o que dizer, não sabia ao certo o que tinha lhe acontecido. Olhei para Andrea envergonhado, querendo que ela me perdoasse sem que eu pedisse, e curioso também: queria que ela me explicasse tudo aquilo, mas percebi que ela não gostaria de falar na frente do Zico. Agradecemos a ele e o confortamos para que não se preocupasse com o que tinha acontecido. Logo que saímos, ela me falou:

– Desdobramento. O Zico desdobrado se transportou até aquela ilha e sem que alguém o induzisse, ao menos alguém encarnado. As mãos invisíveis do destino estão traçando para nós um caminho, tentando solucionar nossos problemas. Você sabe onde fica a ilha?

– Sei, é claro, passamos por ela hoje. Esse local onde ele foi é chamado de lagoa das gaivotas; é cercada por molhes de pedra e a única passagem é pelo vão das duas pedras que ele viu, porém, só se consegue chegar lá com o mar muito calmo e maré alta, exatamente como estava ontem... Será que seu Antônio foi se enfiar lá? Ele teria avisado, a ilha fica longe, porém, é pescaria garantida. Tenho que ir, não volto para casa antes de confirmar esta história. O Berto deve estar lá no barco, esperando notícias pelo rádio; vamos voltar para o mar. Vai até minha casa e diz para mãe que eu fui atrás de um sonho...

Realmente Berto esperava informações pelo rádio e entrava em contato com a capitania dos portos para ver se conseguia um helicóptero para ajudar nas buscas. Quando me viu chegando, assustou-se com minha expressão:

– Tivesse alguma notícia em terra, guri? Que cara é essa?

– Liga o motor dessa bateira – falei brincando com ele. – Acho que sei onde aquele velho se meteu.

Tão logo saímos da barra, expliquei a história pro Berto, que colocou força total no motor e rumou em direção norte. O barco de Berto quase nem encostava na água, me causando até um pouco de receio. Chegamos frente à ilha em menos de meia hora, diminuímos a velocidade e a contornamos até a lagoa das gaivotas. O mar estava calmo, mas a maré estava baixa, o que causava uma perigosa arrebentação em frente da passagem, no meio das duas pedras.

– Temos que esperar, menino. Agora é quase duas horas, só lá pelas cinco é que vai se poder entrar, se o mar não engrossar.

– Tem algum lugar que se possa ver se tem algum barco lá dentro?

– Da distância que estamos é difícil, só se eu for nadando.

Não dei tempo de ele começar e já fui tirando a roupa antes dele; quando ele quis reclamar, já tinha mergulhado. Só o ouvi gritando para eu não tentar ir contra as ondas, para não me arrebentar nas pedras. Realmente, a tentativa era perigosa, porém, com calma fui me apoiando nas pedras mais altas e esperando as ondas menores, desta maneira cheguei à base de uma das pedras grandes, com muitos cortes e arranhões pelo corpo.

Havia ali uma rampa onde eu subi e, sem muita surpresa, vi o Santa Luzia apoitado bem no meio da lagoa, que, por sinal, era bem grande, com mais ou menos uns 50 metros de diâmetro. Era rasa, mas não tinha ondas, que se quebravam no recife que a circundava. O barco do seu Antônio estava numa das poucas partes fundas da lagoa, mas não tinha ninguém no interior, no entanto, a distância entre o barco e a ilha era pequena e havia uma pequena praia sem pedras, por onde se podia chegar até ela.

Fiquei em cima da pedra, na parte mais alta, tentando encontrar algum vestígio de fumaça, mas não conseguia ver nada. A pequena praia que ali existia tinha uma faixa estreita de areia e logo atrás dela se erguia uma parede de vegetação cerrada. Eu sabia que, saindo dela pelo lado sul, existia um estreito caminho que levava aos pesqueiros. Em frente a estes havia espaço para se acampar.

Não esperei mais e voltei para a água, em direção ao barco de meu pai. Ali era mais fácil nadar, pois, apesar das pedras, não havia ondas ou correnteza, sendo que eu podia caminhar sobre as pedras mais planas, sofrendo apenas alguns cortes nas ostras e mariscos. Dava pé onde o barco estava e foi fácil subir nele. Quase todo o equipamento de pesca estava ali, porém, não havia quase mais nada, exceto o cachimbo de seu Antônio, em cima da casaria, exatamente onde Zico o tinha visto. Eu estava bastante aliviado pelo fato de o barco estar ali e apoitado; não chegaria até aquela lagoa sem um condutor consciente do que fazia, mas do restante não conseguia entender mais nada.

Deixei o barco e fui até a praia; não havia pegadas na areia. Procurei o caminho que saía para sul e segui até os pesqueiros, que eram lousas de pedra que se projetavam para dentro do mar a uma altura que, mesmo com a maré alta, podia-se pescar, sem riscos. Ali encontrei o primeiro sinal: havia um acampamento montado, evidentemente de improviso, pelo seu aspecto, com uns poucos mantimentos, uma fogueira apagada e alguns espinhaços de peixe assado. Sentei perto do fogo para pensar um pouco em tudo aquilo. Não tinha lógica. Fiquei ali indeciso, até que ouvi nas minhas costas a voz do meu pai. Virei-me e parei onde estava. Ele e seu amigo Wagner não estavam sozinhos.

– Chegou quem estava faltando: o filhinho! Até que demoraste para achar o papai... – falou sarcasticamente Janinho, o mesmo amigo do Nel que havia assaltado a joalheria e fugido. Reconheci-o pela foto que estava no jornal que Andrea me mostrara. – Vieste tarde, mas com a condução que eu precisava pra me mandar daqui mais rápido – prosseguiu ele. – Com aquela baleeira eu não fugiria nem da polícia – comentou, em tom zombeteiro. Tinha uma grande mancha de sangue na camisa, na altura do ombro direito.

Janinho estava um pouco atrás dos dois, que aparentavam, apesar de tudo, estarem calmos. Ele tinha na mão uma arma pesada de repetição, como se fosse uma pequena metralhadora. Nunca entendi nada de armas, mas dava para perceber que era perigosa. É claro que eu não tentaria nenhuma atitude impensada e meu pai sabia disso, por isso também não se perturbou; apenas seu amigo, o Wagner, aparentava um pouco de preocupação. Sentei novamente no chão e apontei-o para os outros:

– Vamos lá, sentem, acho que não há motivos para não conversarmos – falei, tentando mostrar serenidade.

– Ô doutorzinho, já deu meu tempo aqui – falou Janinho. – Quero ir embora e tu já sabes em que barco eu vou. Deem graças a Deus por eu não ser de queimar arquivo, só que vocês ficam, eu vou.

– Você sabe que não vai poder ir muito longe...

– Longe? Não preciso ir tão longe... só o suficiente pra alcançar quem me protege... Mas chega de conversa, dá um jeito de trazer aquela banheira pra perto e trás teu amigo junto, a não ser que queiras que eu meta bala nos velhinhos.

– Tem que esperar um pouco, a maré ainda está baixa, mas não se preocupe, quero só a segurança deles. Se não fizer nada com eles, não terá problemas.

– Então vais dar conta de chamar teu amigo pra dentro da lagoa e não tenta nada, doutorzinho.

Voltei até a prainha da lagoa e eles me acompanharam, ficando alguns metros de mim, atrás de uma pedra. Quando chegamos, o Berto já tinha entrado, não sei como, pois a maré ainda estava baixa e vinha chegando lentamente, batendo de leve nas pedras. A paciência nunca tinha sido uma virtude do meu amigo.

– Melhor eu ir falar com ele – falei –, o Berto é meio esquentado.

– Se esquentar, vai esfriar logo – falou Janinho, levantando a arma.

Voltei até o barco, expliquei para o Berto o que estava acontecendo e tentei acalmá-lo, pois foi fácil de ver que ele não aceitava a ideia sem alguma resistência. Ficou pensativo por algum tempo e temi que estivesse planejando algo perigoso. Abriu a tampa do motor do barco e ficou olhando para ele parado, depois levantou e disse:

– Não se preocupa não, guri, não vou fazer nada que coloque em risco a vida deles – falou Berto, com um sorriso sinistro.

– Olha lá, Berto! No que tás pensando?

– Nada de mais, só espero que ele não queira que eu o leve daqui.

Saímos do barco e fomos para a praia. Eles nos esperavam no mesmo local. Quando estávamos chegando perto, Janinho segurou Wagner, que era mais velho, pelo braço e encostou o cano curto de sua arma em seu peito:

– Melhor virem com as mãos na cabeça e de costas pra mim. Diz pro seu amigo tirar essa calça.

Berto tinha tirado só a camiseta e Janinho tinha medo que ele tivesse alguma arma escondida, o que não era verdade. Depois que Berto tirou a calça, Janinho mandou que fôssemos até o barco do meu pai e jogássemos fora todo o combustível de reserva, para que não pudéssemos sair dali e avisar a polícia, da qual ele não parecia ter muito medo.

Ainda ficamos mais de uma hora esperando a maré subir, para que ele pudesse sair sem muitos perigos. Nesse tempo, aproveitei para conversar com nosso sequestrador.

– Não gostaria que eu examinasse esse ferimento?

Janinho fez de conta que não escutou a pergunta, acendeu um cigarro e continuou olhando o mar.

– Se você não tem medo da polícia, por que está fugindo? – continuei perguntando.

Ele sorriu com desdém da minha pergunta e tive a impressão de que me respondeu apenas por perceber minha ignorância no assunto.

– Quem disse que estou fugindo da polícia?

Depois de algum tempo completou: – Existe polícia e 'polícia'... A federal tá no pedaço, foram eles que mataram o Nel e nos perseguiram. Os ratos daqui sabiam do assalto e iam levar uma parte, não todos, é claro, só aqueles que nós já compramos ou que têm o rabo preso. Mas com a Federal é diferente, eles chegam queimando... Algum dedo duro deve ter contado, por isso eles tavam de campana. Poderiam ter evitado, poderiam prender antes do assalto, mas preferiram o flagrante, só para poder queimar... aparecer no jornal, mostrar que o governo faz alguma coisa...

Janinho falava como se fosse uma vítima e não o bandido; era até interessante, porém, tinha razão quanto ao modo de agir da polícia nesse sentido. O assalto havia sido na cidade vizinha, apenas a perseguição se estendera até Santa Fé, por isso não foram vistos.

– A notícia no jornal falava de mais uma pessoa junto com vocês e que esperava no carro, que fim deu nele?

– Um tiro bem dado – falou com frieza. – Quer dizer que já saiu no jornal? Ao menos eu mereci a primeira página? Não falaram nada do Miro?

– Que Miro? O outro que morreu?... Não, deste não falaram nada.

– É notícia ruim pra eles, o Miro também era menor. Ele já tinha me deixado na casa do Nel e, quando saía de carro, eles chegaram e detonaram. Podiam ter prendido o Miro, mas foram logo atirando. Eu saí pelos fundos da casa e consegui chegar até o rio, entrei na água e fiquei escondido no meio dos barcos, por sorte eles não me acharam, e para azar dos velhinhos que iam sair pra pescar bem com o barco onde eu estava escondido.

Realmente, ninguém havia ouvido falar em ação da polícia na cidade naquela madrugada. Por mais que a casa do Nel fosse retirada, esse tipo de ação sempre é vista por alguém. Com certeza eles agiram muito rapidamente, escondendo tudo.

– E se eu não aparecesse aqui, o que faria?

– A princípio ia fazer o velho te chamar pelo rádio, mas nem o rádio da banheira funciona. Foi teu próprio pai quem disse pra esperar que o outro aí acharia a gente – falou, apontando para Berto.

Olhei com ar de reprovação para seu Antônio, não por ter falado que o Berto o acharia, mas pela mentira de que tinha consertado o rádio. Ele entendeu meu olhar e sorriu, desdenhoso.

– O que você fez com a pedra que o Nel roubou? – perguntei, mudando de assunto.

– Pedra!?... aaahh! A esmeralda falsa. Então foi de ti que ele roubou... papudo, falou que era uma esmeralda, mas era cristal de rocha, muito bonito, mas sem valor. O joalheiro disse que nunca tinha visto um cristal de rocha como aquele, mas não tinha valor... Na raiva, joguei no mar.

A notícia não me causou surpresa, já imaginava um fim daquele tipo para nosso amuleto. Foi Berto quem nos chamou a atenção para a maré, aproveitando do nosso silêncio:

– A maré não sobe mais que isso, hoje. Se não aproveitar agora, não sai mais, a não ser que queira arriscar...

– Não quero arriscar nada, tanto que é tu que vai tirar esta banheira daqui. Quando sairmos fora desta lagoa, eu me mando e tu voltas; não quero levar bagagem pra me incomodar. Foi boa a companhia; um dia nos achamos para outra pescaria – falou, já de dentro da água.

Berto assumiu o comando e levou sua lancha, com cautela e habilidade, para fora da lagoa das gaivotas, passando pela estreita entrada no meio das pedras. Enquanto saía, ia dando explicações a Janinho do funcionamento do barco. Nós não sabíamos para onde ele ia, no entanto o combustível era suficiente para ir bem longe. Eu torcia para que ele não fizesse nada a Berto, nem que o deixasse muito longe da ilha, pois, apesar de ele saber nadar, uma corrente poderia levá-lo para longe.

Pensando assim, nadei com cautela até as pedras da entrada a fim de observar o que eles fariam. Berto já vinha voltando. Esperei-o em cima da pedra. Ele subiu junto comigo e logo perguntou:

– Como estão os dois?

– Estão bem, já os examinei, não se preocupe. Coloquei você numa enrascada, pode perder tua lancha ...

– Não tem perigo, se ele chegasse a algum lugar, a lancha seria capturada e eu acho que ele só quer fugir, mas não vai chegar a lugar nenhum...

– Como assim? – perguntei intrigado.

Berto colocou a mão por dentro da sunga e tirou a válvula que comanda a entrada de gasolina para o motor.

– Sem isso aqui ele deve andar no máximo uma milha, só tem a gasolina que já está dentro do motor.

– Como é que você tirou isso sem que ele visse?

– Expliquei pra ele que está válvula tava com defeito e que, por isso, às vezes faltava combustível quando se dava muita aceleração rapidamente, só que, antes de fechar a tampa por onde passa a mangueira de gasolina, tirei a válvula e a escondi na sunga. Ele não viu nada, mas nós temos que sair o mais rápido possível daqui, a maré não vai ficar assim muito tempo.

Capítulo 31

Voltamos até o barco do meu pai e o levamos até perto da areia. Os dois pescadores perdidos embarcaram e saímos dali lentamente, contornando a ilha em sentido inverso do rumo tomado por Janinho, pelo lado norte, porém logo o avistamos, muito à distância, com o barco de Berto parado em mar aberto. Nosso combustível era pouco, o que não permitiria ir muito longe. Ele nos viu, pois subira na proa e agitava incessantemente os braços. Depois disparou várias vezes sua arma para o ar e em nossa direção, porém, estávamos distantes o suficiente para não sermos atingidos.

– Se tivéssemos um rádio estaríamos a salvo – falei, olhando com recriminação para meu pai.

– Não seja por isso – falou seu Antônio, levantando-se e indo até a pequena plataforma da proa, onde havia um depósito fechado. Abriu uma tampa que mais parecia uma tábua solta e nos mostrou um equipamento de rádio novinho, não dos mais potentes, mas funcionando plenamente.

– O rádio velho não funciona, só que não deu tempo pra desinstalar ele ainda, mas este aqui funciona, podem falar.

Não tivemos nem tempo de comentar a matreirice de seu Antônio. Berto sentou à frente do rádio e chamou a Capitania dos Portos, avisando do ocorrido e pedindo ajuda, pois estávamos quase sem combustível. Pediu informação sobre quais barcos de pesca estavam próximos de nós e logo recebemos mensagem do Margarida III e IV, que estavam trabalhando na região e sabiam do sumiço do barco de meu pai. Era uma parelha e o mestre era um velho amigo de meu pai, dos seus tempos de pesca profissional, e de Berto também. Tinham resolvido ficar na região até que se encontrasse seu Antônio e em poucos minutos nos alcançariam.

Não levou nem cinco minutos e já avistamos nossos salvadores. O Margarida III se aproximou e o IV manteve alguma distância. Seu Januário, o mestre, já vinha no convés e acenava para nós. Mudamo-nos para o grande pesqueiro, um barco de 26 metros de comprimento por 8 de largura, preparado para navegar toda a costa brasileira atrás de pescado e que comumente pescava no extremo sul do país. O Santa Luzia veio atrás a reboque. Seu Januário ainda ordenou que o Margarida IV ficasse na região, cuidando para que nenhum barco pequeno e desavisado tentasse prestar socorro ao bandido.

Posteriormente soubemos que Janinho se entregou sem resistência à polícia; não era do tipo violento e, de certa forma, sabia que tinha as costas quentes, não ficaria muito tempo preso. Na verdade, enquanto conversávamos lá na ilha, dava para se perceber que ele mesmo se questionava se havia valido a pena aquela fuga. Acredito que o que ele mais queria era evitar que a Federal agisse na surdina e escondesse o caso. Se o fato já saíra no jornal, dificilmente o matariam sem causar alarde na imprensa. Com tudo às claras, não havia muito motivo para receio. Berto recuperou seu barco, sem dificuldades.

Quando chegamos em casa naquele dia, depois dos depoimentos na polícia, dona Cândida já tinha recebido a notícia de que havíamos encontrado os sumidos e nos esperava com um belo jantar: aperitivo de manjuba frita, muito camarão e um grande caldo de sargo. Fez questão de que Berto jantasse conosco. Wagner também ficou, depois de avisar a família pelo telefone, sendo que nem sabiam do que estava acontecendo, pois nenhum de nós tinha o telefone para contato.

Andrea e Luco já estavam lá quando chegamos e a presença de meu pai, a salvo, conseguiu trazer de volta um sorriso no rosto de Luco, que há muito tempo não víamos. Quem também estava lá era Zico, que cada vez ficava mais entrosado conosco e demonstrava ser um bom menino, desde que bem influenciado. Foi a respeito dele que Andrea veio conversar comigo, depois do jantar. Estávamos sentados na varanda da casa e Berto já tinha ido embora, com o pretexto de ir ver a noiva, o que nos deixou bastante curiosos, pois era uma notícia inusitada, porém, ele nada nos explicou, apenas disse que logo teríamos uma surpresa.

– Zico pode ser a nossa chave de abertura para a ilha – disse-me Andrea. – O transe mediúnico que teve, saindo do corpo e indo até onde estava seu pai demonstra isso. Ele lembra o que aconteceu, mas não tem ideia de como aconteceu. Nosso amigo parece ter facilidade em ser induzido a desdobrar-se do corpo, o que, para nós, acontece no momento oportuno, pois eu teria essa facilidade, mas somente se fosse induzida. Você não sabe fazer isso e eu não gostaria de envolver ainda mais pessoas nesta história, que, convenhamos, poucos acreditariam. No seu caso, como não demonstra sinais deste tipo de mediunidade, perderíamos muito tempo até que conseguíssemos algum resultado. Temos que conversar com Zico. Acredito que a maior dificuldade é fazê-lo entender tudo o que está acontecendo.

– Você não explicou ao certo o que ocorreu. Como ele foi descobrir meu pai lá na ilha? – perguntei.

Como sempre ela ficou algum tempo pensativa, olhando para o nada, antes de responder. Era como se seu pensamento percorresse rapidamente os arquivos da memória, calibrando a resposta que iria ser dada, pensando na resposta inteira e não apenas nas primeiras palavras que iria usar.

Andrea era uma figura ímpar no seu trato com as pessoas, sempre gentil e afetiva, no entanto, comigo ela alternava momentos de grande emotividade e carinho, com longos estágios de afetividade amistosa, como se fôssemos irmãos, o que, muitas vezes, me deixava inquieto. A maneira como conversava comigo agora era como se fôssemos apenas amigos: estava sentada longe de mim e, desde que chegamos com meu pai, ela ainda não tinha me dado um beijo. Porém, eu sabia que isto poderia mudar em segundos, ficando eu à mercê de seus ímpetos de paixão. Por fim, comentou:

– Não posso dar uma resposta precisa, pois estamos trabalhando com possibilidades e não exatamente com fatos concretos. A presença espiritual à nossa volta é constante, tanto de entidades boas, como de irmãos menos evoluídos. Entre estas entidades boas, contamos sempre com amigos, interessados em nosso desenvolvimento, os quais nos ajudam sempre que necessário. Acredito que um desses amigos induziu Zico magneticamente e o levou até a ilha. Não era necessário que ele se manifestasse, bons espíritos não alardeiam sua presença, além do que, isso apenas confundiria a memória de Zico, talvez até ele se perdesse, devido à atração que esses irmãos produzem em nós. Veja bem, esta é uma opinião espírita, outras pessoas da ciência podem ter explicações bem diversas, sempre adentrando nos poderes da mente. Eu acredito que não há por que dificultar tanto as explicações, desde que elas estejam sempre amparadas em fatos estudados.

– Como um espírito pode induzir magneticamente uma pessoa encarnada?

– Induzindo, ora! Não foi sobre o corpo de Zico que ele, ou ela, atuou, e sim sobre seu espírito. No máximo, em relação ao corpo, aliviou as forças que nos prendem ligados à matéria e são responsáveis pela interação corpo-espírito; o restante é trabalho de espírito para espírito. Zico teve, com certeza, aumentada sua capacidade de reter os fatos do plano espiritual na memória material. Sua ida 'flutuando' até a ilha não deixa de ser uma atividade normal do espírito, só que, quando acordados, não lembramos disso. Esta é uma explicação, existem outras plausíveis, mas eu acredito mais nesta não só pelo meu conhecimento teórico do assunto, mas também por algumas experiências pessoais com desdobramento deste tipo.

As palavras ditas por Andrea tinham a medida exata do seu pensamento; ela conseguia ser objetiva, mesmo quando comentava assuntos subjetivos, porém, esta característica não a rotulava como uma pessoa calculista ou metódica. A sua sensibilidade, ou mesmo intuição, era uma prova disto.

Ela tinha razão quanto a Zico, era necessário contar tudo, no entanto, ainda não tínhamos confiança integral nele. Apesar de já ter demonstrado grandes avanços em relação à libertação dos liames da droga, ainda não tinha se libertado completamente e a experiência sempre indicou que não se pode confiar em pessoas dependentes, de qualquer espécie. O ocorrido com o roubo da pedra era um exemplo que não deveria ser esquecido. Passar para ele todo este cabedal de informações poderia ser realmente arriscado, mas era necessário arriscar, em benefício de nossos planos. Além do mais, o sobrenatural da história era um escudo que nos protegia, pois era bem mais fácil o assunto virar motivo de zombaria do que ser acreditado.

Capítulo 32

Naquela noite, levamos Zico para casa e pudemos notar que ele estava um pouco abatido. Foi sentado no banco de trás do carro, abraçado a Luco, a quem não parava de tentar animar. Luco até tentava reagir e, às vezes, até deixava escapar alguns traços de sua antiga agitação, mas estes momentos eram curtos e logo ele silenciava, o que trazia a todos nós uma tensão crônica. A febre, apesar de pequena, ia e voltava, intermitente. Quando paramos na frente da casa de Zico, este abraçou demoradamente Luco e pudemos notar, espantados, uma lágrima escapando, sorrateira, de seus olhos. Não quis desperdiçar a oportunidade e pedi a Andrea que levasse Luco para casa, enquanto eu ficava para conversar um pouco com Zico. Ficamos ali mesmo na frente da casa, sentados em um banco do lado de fora da cerca de madeira.

– O que há, meu amigo? Por que você chorou quando abraçou Luco?

Pude sentir que Zico precisava falar sobre o assunto, como se aquilo fosse um peso difícil de carregar sozinho em sua consciência.

– Acho que pedir desculpas pelo que fiz não resolve mais nada... Só que tá na cara que alguma coisa aconteceu com ele depois que eu roubei a pedra. Depois, tenho sonhado com isso toda noite: sempre vejo Luco sorrindo e correndo por um gramado. Vejo que ele tem a pedra pendurada no pescoço, até que ele some de repente, depois ele aparece num local todo branco, tá deitado no chão, só que neste momento eu me assusto, pois, a pedra que tava no pescoço dele tá nas minhas mãos. Sempre acordo neste ponto, sempre assustado e com a sensação de que tenho que devolver a pedra, mas é sonho, minha mão tá vazia. Não sei como, mas tenho certeza de que ele ficou assim depois que eu roubei a pedra. Até tentei encontrar o Nel para ver se ele me devolvia, só que agora é tarde, apagaram o Nel.

– É, eu sei, li no jornal. É uma pena, mas você pode devolver a pedra, não aquela, mas outra, talvez. Aquela o próprio Janinho me contou que jogou no mar, pois não tinha valor comercial, mas podemos tentar encontrar outra, não sei também ao certo, só sei que é totalmente verdade que ele está assim triste devido à pedra.

– Mas, se o Janinho jogou no mar, é impossível. O Luco já tinha me dito que era um presente do pai dele, que nem chegou a conhecer. O que vai resolver encontrar outra, Luco é muito esperto para ser enganado.

– Acontece que não é apenas no valor sentimental que está o poder daquela pedra. É certo que foi o pai dele quem deu, porém, deu por que sabia que aquilo não era apenas uma lembrança dele. Antes de tudo era um aparelho que manteria Luco sempre feliz e com saúde.

– Não tô entendendo direito, mas, se o senhor é médico e tá falando isso, acredito... e se tiver um jeito de fazer o Luco de volta ao que era, eu ajudo, faço o que for preciso. De que jeito a gente pode conseguir outra daquelas?

– Infelizmente, não é assim tão fácil, e a primeira e principal ajuda que você pode me dar é manter em segredo tudo o que vou te contar agora. É uma história longa, por isso vou te contar apenas o que nos interessa.

Ficamos ali quase duas horas e pude perceber, até com alguma surpresa, que Zico era muito esperto, não me permitindo que passasse por cima de alguns fatos que até não pareciam tão importantes, mas que, na verdade, eram fundamentais para o correto encadeamento da história, mostrando acuidade mental desenvolvida e uma maturidade além da média de sua idade. Ele tinha apenas 16 anos e é certo que o modelo de vida dos dependentes químicos os expõe a experiências antes do tempo, porém, Zico já tinha amadurecido mais e aliado a isso sua inteligência. Isto também se demonstrava no esforço enorme que desenvolvia para libertar-se dos grilhões da dependência, o qual estava conseguindo deixar para trás, virar a página.

Tudo isso facilitou minha narrativa e me tranquilizou. Após ter contado a ele que a única maneira que conhecíamos de entrar na ilha era fazendo uma experiência sensitiva de desdobramento, não precisou nem eu contar quem seria o nosso escolhido, logo ele foi me cortando:

– Eu vou lá, tô acostumado a fazer isso...

– Como assim, acostumado? – perguntei, tomado de surpresa.

– Aquilo que aconteceu comigo, de ir atrás do teu pai, é comum; já faz tempo que meus sonhos não são mais sonhos, eu sei disso, só que nunca comento nada com ninguém. A única vez que contei pra minha mãe, ela disse que eu tava ficando louco e me pediu pra esquecer e não comentar com as outras pessoas, pra não acabar num hospício. Por isso eu fico sempre quieto, mas é comum, antes de dormir, eu sair do corpo e me mandar, nem sempre sei pra onde vou. Quase sempre, depois disso, vira tudo sonho, assim, meio entrecortado, mas às vezes eu sonho com o que vai acontecer ou com coisas lógicas, numa sequência certa. Sonho bastante com gente que usa drogas. Depois, de manhã, antes de acordar, eu me vejo entrando no quarto, não sei de onde, parece que não tem parede... entro no corpo e acordo, só que tenho que ficar alguns minutos esperando que ele ligue.

Olhei para ele com ar de surpresa.

– Ligue?

– É... não consigo me mexer na hora, nem que tente. No começo ficava aflito e demorava mais a ligar. Hoje eu já sei como é, espero um pouco e depois movimento um dedinho, do pé ou da mão. É como se destravasse tudo de repente, como se ligasse de repente. Eu mesmo brinco comigo dizendo: "peguei no tranco de novo".

Meu conhecimento do espiritismo não chegava a tanto e lamentei a falta de Andrea ali e todo seu cabedal de conhecimento espiritual. Devido ao turbilhão de acontecimentos que nos envolviam, muitas dúvidas, e até mesmo assuntos, ficavam para trás.

Não havia mais o que esperar, já perdêramos muito tempo e a situação de Luco era preocupante. Estava bem claro que o encadeamento dos fatos podia ter nos atrasado, porém, foram fundamentais até aquele momento para que encontrássemos um caminho para desvendar todo aquele mistério. Era como se mãos invisíveis e poderosas, tão poderosas que pudessem trabalhar os fatos, estivessem controlando nossos passos, tentando nos levar a algum ponto.

Despedi-me de Zico com um abraço e voltei caminhando para casa. Uma saudade até já esquecida de Mino voltava a ocupar espaço em meu peito. A impressão é que ele estava do meu lado, caminhando comigo. Não pude conter uma lágrima que fugia, vinda dos porões da memória. Passei mais uma vez direto pela minha casa, como já fizera tantas vezes, e fui até a pedra da Cobra. Era outra noite de lua cheia e céu limpo. O mar estava sereno, brincando com a luz da lua na sua superfície tremida e, destacando-se neste cenário telúrico, estava a ilha do Padre.

Não sei exatamente por que, não muito pela lógica, mas existia em mim uma esperança de que meu irmão ainda estivesse lá, pois com certeza um dia esteve lá, depois de seu naufrágio, em matéria ou em espírito. Tudo era estranho e era necessário, às vezes, lembrar de dados incontestes, como o livro de meu irmão, a pedra, a saúde de Luco e a sanidade de Luísa e Andrea, para não ter a impressão que tudo aquilo era besteira, loucura, imaginação.

Somente lá em cima da pedra é que me dei conta do quanto estava cansado. Já passava de duas horas da madrugada e havia muito tempo que eu não dormia. Percebi, surpreso, que o sono estava, de alguma forma, mudando a percepção dos fatos à minha volta, me desligando. Então resolvi voltar para casa. Quando ia me levantar ouvi, claramente, alguém me dizendo: – Espera, espera mais um pouco.

Procurei em minha volta e não vi ninguém, estava sozinho. Diante de tantos fatos inusitados, resolvi esperar mais um pouco. Até certo ponto aquilo tinha me ligado de novo, espantando um pouco o sono.

Nada aconteceu, quando eu começava a desligar novamente e já pensava em ir realmente embora, imaginando que aquilo era fruto da minha estimulada imaginação, veio-me a supressa: num relance, realmente num instante que não pode ser medido, tive uma visão extraordinária da ilha do Padre. Tão extraordinária quanto difícil de ser descrita. Apareceu em minha frente uma grande luminosidade, mais para o avermelhado, que me deixou sem visão. Porém, logo em seguida, vi exatamente em cima da ilha uma enorme esfera luminosa, maior, bem maior que a própria ilha, duas vezes o seu tamanho, sendo que esta tinha aproximadamente um quilômetro e meio de diâmetro. Se fosse possível uma comparação, poderia dizer que parecia uma bola de futebol americano.

Não era possível definir nenhum detalhe nela, era apenas luz num tom entre o rosa e o laranja, extremamente suave, apesar de intenso, fazendo com que meus olhos se contraíssem. Pude ver que, da parte inferior da esfera, desceu uma faixa luminosa, num tom um pouco mais claro, iluminando toda a ilha. A largura desta faixa luminosa era exatamente a largura da ilha. Logo em seguida recolheu-se aquela luz e, como num *flash* que se apaga, sumiu tudo, ficou apenas a ilha e sua impassível naturalidade. Não dava para entender, mas tudo isso que aconteceu não poderia dizer se levou um segundo.

Eu mesmo me assustei com minha reação: fiquei calmo, como se nada houvesse acontecido, talvez por que aquilo não deixava de ser apenas mais um fato, entre tantos fora do comum. Só que era o primeiro que acontecia exclusivamente comigo. Levantei-me da pedra e fui até em casa. Precisava dormir e me recuperar fisicamente, porque sabia que estávamos somente começando uma caminhada.

Capítulo 33

Era um belíssimo dia no começo do mês de abril, com sol aberto e generoso, matizando a natureza de tons perfeitos. Não estava quente naquela manhã de sábado, no entanto, ainda não havia sinais de rebojo, o vento sudoeste que trazia o frio e que, nessa época do ano, marcava definitivamente o final do calor. Não havia perspectivas para que o tempo mudasse logo, por isso nos sentimos tranquilos em desembarcar na ilha do Padre, eu, Andrea e Zico. Estávamos ali por que decidimos que seria melhor que Zico tivesse contato com o ambiente para onde desejávamos transportá-lo, ao menos a parte conhecida desse ambiente.

Às nove horas da manhã, já subíamos a trilha que levava à nossa tão conhecida pedra em forma de plataforma. Lá de cima a visão era esplêndida, toda a costa e a serra protegendo a região litorânea, com suas tonalidades que iam do verde ao azul-claro. Santa Fé aparecia e sumia, entrecortada pelos morros, espalhando-se por uma longa faixa de litoral. Ao sul, nossa visão terminava na ponta do farol, mas, ao norte, podíamos ver barra do Arari, o porto de São Domingos e ainda outras ilhas.

Estava ali, no alto da colina menor da ilha do Padre, a pedra misteriosa por onde Mino teria 'imaginado' que as estranhas figuras daquela noite, já distante no tempo, teriam sumido. Tive que repetir mais uma vez esta parte da história a Zico, que às vezes até parecia uma criança querendo ouvir várias vezes um conto de que gostou.

Durante alguns dias, Andrea havia tentado ensinar a Zico algumas bases do relacionamento espírito/matéria. Também tinha tentado, com grande sucesso, induzir nosso amigo a viagens fora do corpo. Ele demonstrava grande facilidade para isso, bem como em seguir as instruções de sua orientadora. Bastavam alguns minutos de concentração para que Zico começasse a relatar ambientes diversos dos que nos encontrávamos.

Andrea o induzia magneticamente a procurar lugares que ele já conhecia, como a minha casa, como a praia da canoa, como seu próprio quarto, o que ele fazia com grande naturalidade. No entanto, sempre o ambiente que ele nos descrevia não era totalmente igual ao que conhecíamos, o que me levava à dúvida da veracidade da experiência. Porém, Andrea me explicava que o fato era natural, pois o que ele via era a realidade espiritual do ambiente, que poderia ser, e normalmente o era, diferente da realidade que nossa percepção material podia captar. A única coisa que nos preocupava era que, quando retornava ao corpo e readquiria a consciência, não conseguia lembrar absolutamente nada do que tinha visto ou vivenciado. Andrea temia que, estando dentro da ilha, Zico, em contato com um ambiente vibratório que acreditávamos, por dedução, ser bastante diferente do nosso, não conseguisse comandar seu corpo material que estaria conosco. Mesmo assim, tínhamos que arriscar, não podíamos perder mais tempo.

Assim, naquela manhã de sol do dia 7 de abril de 1994, sentávamos os três sobre uma pedra, no alto da colina norte, a colina menor da ilha, para a nossa primeira tentativa séria de tentar entrar em contato com o passado, com o mistério que circundava nossas vidas.

Andrea informou mais uma vez a Zico que, se não conseguíssemos sucesso nesta primeira experiência, não tinha muita importância, pois o motivo principal que nos levara até ali era fazê-lo reconhecer o ambiente, o local que acreditávamos ser uma porta de entrada para a solução de muitas de nossas dúvidas. Sentou-se atrás de Zico, e identifiquei seu silêncio como uma prece.

Ficamos em silêncio por alguns minutos, esperando a manifestação de Zico, o qual, nas últimas experiências, já dispensava a indução inicial, tão acostumado que já estava com o processo. Não tardou para que ele começasse a nos relatar o ambiente que via:

– Se vocês acham bonito aqui em cima é por que não podem ver o que eu tô vendo... É maravilhoso, nunca vi, nem imaginei, que podia existir coisa igual. É muito mais bonito, parece que cada cor é mais forte, tem mais luz, tem mais vida... tem mais pessoas por aqui... não, não tem não, acho que foi só impressão minha...

Neste ponto, Andrea interferiu e tentou fazê-lo transportar-se, sair dali:

– Zico – pergunta ela –, consegue me ouvir bem?

– É claro, muito mais do que tu imaginas.

– Então vamos tentar sair daqui um pouco. O que você acha de refazer o caminho e ir até a beira do mar para ver o que encontra, lá onde deixamos nossas mochilas...

– Já estou aqui, o que mais que tu queres que eu faça?

Por mais que eu já estivesse acostumado com o fenômeno, ainda não conseguia deixar de me impressionar com aquilo. O corpo de Zico permanecia ali, deitado comodamente na relva rala que se espalhava por sobre a pedra, onde se acumulava um pouco de terra, com a cabeça apoiada em sua jaqueta, transformada em um travesseiro improvisado, enquanto seu espírito se transportava a locais distantes, sem se desligar totalmente do corpo e, através dele, nos informava o que estava vendo.

– Você consegue ver o que tem dentro da minha mochila, a azul com vermelho? – perguntou Andrea.

Depois de alguns segundos, Zico respondeu um pouco constrangido:

– Não, não consigo ver nada, só vejo nossas mochilas, exatamente como elas estavam.

– Preste atenção, eu já ensinei como se faz isso. Não olhe para a parte de fora da mochila, olhe para dentro, imagine que você pode, que você vai enxergar...

– Tem uma bíblia, lá dentro... é... igual à que a mãe tem lá em casa... revestida com couro e protegida com um zíper...

Olhei surpreso para Andrea, era o Pessoa do Mino, sem dúvida. Ela continuou conversando com Zico:

– Ótimo, é isto mesmo que eu queria que você visse. Agora sobe, vem pra cá de novo...

– Às suas ordens, madame – falou Zico, sorrindo. – Estava cada vez mais habilidoso na sua técnica de se movimentar em outro plano. Andrea prosseguiu:

– Nós já te falamos que foi por esta pedra redonda que sumiram as três figuras que Mino tinha visto aqui fora. Olhe para ela, o que vê...

– Vejo a pedra, só a pedra... Espera, já sei, não é só isso pra ver, né? Tenho que ir mais longe...

Ficou algum tempo em silêncio, mais ou menos dois minutos, depois falou bem baixinho

– Ei! Olha só... tem uma passagem, agora eu vejo...

Era difícil disfarçar a ansiedade, mesmo assim, Andrea tentou manter a calma:

– Não tenha pressa, vai devagar...

– É uma passagem estreita, menos de 1 m de largura, por mais ou menos 1,70 m de altura... Está claro lá dentro, muito claro... Esperem, vou entrar...

Por cerca de quinze minutos, Zico ficou novamente em silêncio, depois, de súbito, retornou do seu transe e olhou-nos assustado. Fechou os olhos de novo e deixou cair a cabeça, colocou as mãos no rosto e exclamou:

– Deus!!!

Foi a única palavra que disse. Nós, apesar de aflitos por notícias, esperamos que ele se manifestasse, porém, Zico adormecera profundamente. Depois de meia hora, tentamos despertá-lo, mas foi inútil. Mantinha as funções vitais do corpo, mas era como se tivesse desmaiado, entrado em coma. Tínhamos que novamente esperar. Deixei Andrea cuidando dele e fui buscar nossas mochilas, não sabíamos quanto tempo teríamos que esperar.

Coloquei as mochilas ao lado da pedra e deitei com a cabeça encostada nelas, depois chamei Andrea para deitar comigo. Precisávamos esperar; sabíamos que tanto Luíza como Mino dormiram um longo tempo depois de seus contatos com os habitantes do interior da ilha; não sabíamos o motivo disso, porém, parecia que estávamos próximos a descobrir.

Ao meio dia, preparamos nosso almoço, uma refeição rápida, que havíamos levado já pronta: sanduíches, frutas e refrigerantes. Depois continuamos nossa espera. Acabamos dormindo, Andrea encostada em meu peito, fazendo-me equilibrar a vontade que Zico acordasse ou continuasse dormindo.

Acordei quando já passava das 16:00 horas e me assustei não vendo Zico onde estava. Levantei e acordei Andrea para me ajudar a procurá-lo, porém, ele estava bem sobre nós, sentado no alto da pedra redonda da passagem. Ele olhava fixo para algum lugar, não olhou para nós. Abracei Andrea e falei:

– Já voltou ou ainda tá viajando?

– Não, cara, não voltei... e a vontade é de nunca mais voltar. Cara! Que viagem! Se tivesse como vender isso eu tava rico. Se vocês querem saber, é igual cocaína, não, é melhor, muito melhor, e a gente não fica doido depois...

Ele falava da mesma reação de Mino e de Luísa. Pelo que eu tinha entendido, ele estava se sentindo integrado à natureza que o rodeava, entendendo seus mecanismos intrínsecos e sutis, como se o seu ser não fosse único, mas uma parte do todo à sua volta.

– Vamos, moleque, vai guardar segredo do que viu? – falou Andrea.

– Eu não vi muita coisa não, foi muito rápido, não sei se eu lembro com detalhes. Eu entrei pela passagem e foi como se eu sentisse um choque elétrico, só que sem dor. Havia uma luz muito forte lá dentro e eu tive que parar para acostumar um pouco a visão. Era vermelho-claro, quase um laranja. Era uma sala pequena, mas eu não via bem as paredes que limitavam o espaço. Depois que acostumei com a visão, vi que tinha uma porta, como se fosse uma porta no meio da luz. Ela se abriu e uma mulher, uma mulher linda, muito linda, entrou na sala. Não falou nada, apenas fez um gesto com a mão e me pediu para que eu a seguisse. Quando passei pela porta de onde ela tinha vindo... bem, parece que apagou tudo. Já tentei lembrar do que aconteceu, mas não consigo; só lembro quando acordei e os vi do meu lado... Depois, acho que dormi...

Olhei para Andrea sem conseguir disfarçar a frustração. Sem dúvida tivéramos sucesso, mas continuávamos praticamente na mesma em termos de novidades. Andrea, porém, sorriu e comentou:

– Foi excelente! Não fique assim. Eu nem esperava tanto para uma primeira tentativa. Vem cá, seu viajão – falou para Zico, – Desce daí, vamos voltar que já está tarde. Vou deixá-lo curtir um pouco tua aventura, mas amanhã temos muito que fazer.

Antes mesmo de escurecer, já tínhamos retornado para terra. Levamos Zico conosco. Ele queria ver Luco antes de ir embora. Nos últimos dias, os dois não se desgrudavam, apesar da diferença de idade, como se fossem dois irmãos que se reencontravam.

Luco estava na casa do avô. Estava deitado, coisa que raramente ele fazia antes de perder sua pedra, e mantinha-se com um pouco de febre. Não levantou quando chegamos, ficou em seu quarto. Zico apressou-se em ir procurá-lo e não levou mais do que dois minutos para que Luco viesse de lá em disparada e pulasse no pescoço de Andrea, cobrindo-a de beijos. Fez o mesmo comigo e encheu nossos ouvidos com todas as perguntas que pôde fazer no menor tempo possível. Todos nos olhamos assustados. Aquele era novamente Luco, o nosso querido Luco. Andrea, contendo as lágrimas com dificuldade, segurou-o e percebeu que ele não tinha mais febre.

– Conta pra mãezinha o que aconteceu, o que você está sentindo?

– Nada, dona Andrea, não sinto nada, ou melhor, sinto fome. Não tem comida nesta casa não? Ninguém janta aqui? Ô tia Júlia... qualé... cadê o rango?

– Vem cá, seu moleque, o jantar está quase pronto, mas eu te dou um adiantamento...

– Zico, vem cá, vem comigo, vamos negociar uma parte deste adiantamento – gritou Luco.

Ficamos na sala, eu e Andrea, espantados. Podíamos ouvir a tagarelice habitual de Luco na cozinha, como há muito não ouvíamos:

– Você tem ideia do que pode ter acontecido? – perguntei.

Como sempre fazia, Andrea olhou para o nada, como se vasculhasse nos arquivos da memória uma explicação. Quando falou, parecia ter conseguido a melhor resposta:

– Preste atenção. O que nós sabemos dos contatos de Mino e Luísa com... com... eles? Sabemos que ambos dormiram longamente depois de estarem lá e, em seguida, tiveram um estado de hiperexcitação de suas faculdades, de suas potencialidades, o que nos leva a crer que alguma coisa os fez ficar assim. Pessoas, ou ambiente, ou ambos. Se buscarmos na memória, vamos lembrar que Luco parecia estar constantemente nesse estado. Eu não gosto de ser mãe coruja, mas não posso deixar de ser realista: meu filho, o filho da Luísa e Mino, sempre esteve bem acima da média intelectual de sua idade e da média de atividade também. Isto que eu falei até agora é fato, ambos comprovamos, mas o que vou falar agora já entra na área da probabilidade: quem sabe estivesse contido naquele presente de Mino para Luco, na pedra, uma concentração do estado vibratório daquele ambiente? Não sei se estou sendo clara, isto é especulação. Quem sabe Zico trouxe, aderido ao seu campo magnético individual, outro campo magnético, ou que modulou o seu de acordo com a situação que se encontrava... igual ao que continha a pedra...

– Mas seu corpo não esteve lá dentro...

– Mas seu espírito esteve e principalmente este concentra um campo magnético à nossa volta. Quando Luco encontrou Zico, absorveu seu estado vibratório, como fazia quando estava em contato com a pedra, e retomou seu estado habitual... Não sei. Eu mesma estou confusa, não gosto de especulações... Temos que continuar. Ao contrário de encontrarmos explicações, estamos somente aumentando nossas dúvidas...

Dona Júlia nos serviu o jantar, tão logo o avô Jamil chegou. Este também não conseguiu disfarçar a emoção por encontrar Luco da maneira como tinha se acostumado vê-lo. Várias vezes questionou Andrea sobre o estado de Luco, e era difícil uma explicação clara, o que o fazia pensar em alguma doença mais grave, que não lhe queríamos contar.

Luco jantou como antigamente e, mal terminou de comer, carregou Zico para fora de casa. Apesar de ser noite, Andrea não questionou sua atitude, parecia querer reter aquele momento, mas ambos sabíamos que, se sua dedução estivesse correta, aquele estado poderia ser passageiro, pois tanto Mino como Luísa voltaram à normalidade depois de algum tempo, como se o potencial magnético que carregavam se esgotasse.

Tínhamos que sair da dúvida, por isso alegamos que era hora de Zico ir para casa, porque amanhã teríamos bastante trabalho. Aos familiares havíamos explicado que fazíamos experiências psíquicas com Zico, dentro dos conhecimentos científicos de Andrea e que era um aprimoramento de técnica de tratamento que ela gostaria de usar em sua futura clínica. Levei Zico e logo voltei. Luco já havia adormecido. Segundo Andrea, ele dormiu alguns minutos depois de termos saído. A febre, apesar de baixa, tinha voltado.

Capítulo 35

Não havia mais tempo para divagações, já tínhamos pensado por muito tempo e não podíamos esperar mais por respostas, precisávamos ir atrás delas. Por isso, no domingo pela manhã, antes das oito horas, eu já caminhava na direção da casa de Andrea, onde continuaríamos nossas tentativas de contato. Zico já estava sentado num dos pilares do portão de entrada, parecendo mais impaciente que nós mesmos. Entramos na casa onde Andrea nos esperava com um café da manhã posto à mesa. Ela já nos avisara que o café era em sua casa e não foi preciso pedir para que nos alimentássemos bem, principalmente Zico parecia não ter limites para a fome, como se fosse necessário repor as energias gastas no dia anterior.

Logo após a refeição, ficamos conversando, agora com mais detalhes e calma, a respeito dos acontecimentos da véspera. Andrea tinha em mente, como já fizera com Luísa, regredir a memória de Zico, antes de conduzi-lo novamente ao interior da ilha para novo contato. Tentamos inicialmente fazer com que lembrasse de tudo o que podia com sua memória consciente, antes de mergulharmos em sua memória inconsciente.

Sentamo-nos na sala de Andrea. Zico sentou-se em uma poltrona individual, onde podia ficar bem relaxado, quase deitado. Andrea concentrou-se como sempre e fez uma oração, convergindo nossos pensamentos para o mesmo ponto, o da atividade mental superior, ligado a uma necessidade de elevação para que nossa obra fosse eficiente. Em seguida, induziu Zico magneticamente a entrar no transe, o que aconteceu com facilidade. Ele logo conversou com Andrea:

– Já estou aqui fora – falou Zico, referindo-se a estar fora do corpo.

– Que bom – falou Andrea –, só que, agora, eu não preciso que você saia do corpo. O que nós queremos é que volte no passado, para isso você não precisa sair do corpo, pode voltar... pode lembrar o que aconteceu...

Andrea continuou induzindo magneticamente nosso amigo, pedindo que o mesmo lembrasse do que aconteceu no dia anterior. De repente ele começou a falar:

– Ela está ali. Ela é linda! Tem cabelos longos e negros... Sorri pra mim e pede pra que eu a acompanhe...

Silêncio. Incômodo silêncio que cobria de sombras nossas dúvidas há tanto tempo. Era preciso ter calma, mas era difícil. Eu sentia vontade de segurar Zico pelos ombros e pedir: fala, por favor, fala...

Na verdade, ele não ficou mais do que dois minutos em silêncio, mas era como se uma vida se resumisse naquele tempo. Andrea, então, perguntou:

– E você a acompanhou... O que está vendo agora?

– Estou andando atrás dela por um corredor. Ela parou na frente de outra porta... falou uma palavra que eu não entendi...

– Que palavra? – perguntou Andrea. – Tenta lembrar!

– *Sidzi*... parece isso, *sidzi*... caramba! É engraçado... parece uma gravação que posso repetir... Mas espere, vou em frente... A porta se abriu e ela pediu para que eu entrasse... É enorme aqui dentro...

– O que você está vendo? Onde você está?

– É como se fosse uma sacada... tem uma grade de ferro, acho que é ferro, é metal, um metal azul. Isso aqui é... como vocês chamam mesmo? Um mezanino, isso, um mezanino. Daqui de cima dá pra ver uma imensa caverna... Está cheia de pessoas, muitas pessoas...

– Que roupas eles vestem? É igual à roupa da mulher que te acompanha?

A roupa da mulher é verde, bem clara. Um vestido sem mangas com decote em 'V' e na altura dos joelhos. Ela é muito bonita, seus olhos são verdes, sua pele é quase transparente... e tem um colar no pescoço, com uma pedrinha verde no meio... é, igual à do Luco. Algumas das outras pessoas usam roupas da mesma cor, outras usam azul-claro, algumas de amarelo, algumas de branco, poucas de branco. Algumas têm um cinto onde carregam alguns aparelhos que ficam piscando uma luz vermelha... Todos andam com suavidade... engraçado... até parece desenho animado... Dá a impressão de que não tocam o chão...

– Você consegue imaginar o tamanho dessa caverna? – perguntou Andrea.

– É difícil. O que eu posso ver é mais ou menos uns cinquenta metros de largura por uns cem metros de comprimento... Não sei se é mesmo isso, nunca fui bom para medidas. Em volta é tudo pedra, mas as pedras têm uma tonalidade rósea. No chão da caverna, onde estão as outras pessoas, existem algumas fileiras de aparelhos, como se fossem computadores, ou televisores, daqui de cima não dá para ver com detalhes.

Andrea já havia me explicado que, dependendo da pessoa que regride a memória, os fatos que esta conta não dependem diretamente do correr do tempo normal. É como se ela pudesse parar o tempo para poder descrever detalhadamente o ambiente ou pessoas que estava vendo em seu videoteipe mental, assim como quando estamos lembrando de um fato que nos aconteceu.

– Vamos em frente – pediu Andrea. – O que aconteceu depois disto?

– Tem uma escada que desce, costeando a parede de pedra. Vou descer com ela. As pessoas que estão trabalhando não se importam com minha presença. No fim da escada tem um novo corredor, virando-se à esquerda. Entramos nele... Tem outra caverna aqui, no final do corredor, só que essa é menor. Continuamos caminhando. Tem outros aparelhos e outras pessoas... As que me olham me sorriem... São pessoas muito bonitas, tanto os homens como as mulheres... Paramos em frente de uma porta. Ela repetiu a mesma palavra e a porta se abriu, igual à outra, em duas, indo metade para cada lado. A porta parece que é feita de um tipo de vidro opaco, azul-claro. Entramos numa sala pequena; tem uma mesa comprida, parece uma madeira envernizada, com seis cadeiras de cada lado e, no final da mesa, na ponta, tem um homem sentado. Ele sorri para mim e se levanta pra me cumprimentar. É um senhor de idade, ao menos tem cabelos brancos... Não, ele não é velho, só os cabelos é que são brancos... Ele veste um macacão branco com uma cinta preta na cintura, com dois aparelhos, parecem rádios. Também é com decote em 'V' e sem mangas. Nos pés ele usa uma sandália, parece corda trançada. A mulher também usa uma igual, ambas da mesma cor da roupa. Ele estende a mão... fala comigo:

– Há muito tempo esperávamos vocês. É pena que seus amigos ainda não perceberam como é fácil entrar. Porém, seja bem-vindo você. Sente-se aqui do meu lado, vamos conversar. Preste atenção em tudo para que você possa contar tudo para eles, quando regredirem sua memória.

Olhei para Andrea espantado: "Fácil de entrar!!! Como fácil de entrar??? Há quanto tempo tentávamos!" Andrea entendeu meu dilema, sorriu e pediu para que eu tivesse calma, estávamos indo muito bem.

– Continue – pediu a Zico.

– Tua missão aqui é bastante simples – aquele homem continuou falando. – Resume-se em levar algumas poucas notícias para os seus amigos e, principalmente, contar para eles como entrar aqui. Depois disso, acredito que todos vocês, juntos, poderão tirar todas as suas dúvidas.

– E como eles vão fazer pra entrar aqui? – perguntei.

– Batendo na porta – respondeu sorrindo. – Todos vocês poderiam entrar da mesma maneira que você entrou agora, porém, apenas seus corpos energéticos entrariam, e nós queremos que seus corpos materiais os acompanhem.

– Mas só batendo na porta? Mas que porta? Não tem porta lá fora, só tem uma pedra...

– A pedra é nossa porta. Eles já ficaram lá fora muitas horas, mas nunca pediram para entrar, nunca bateram na porta...

– Mas se vocês sabiam que eles estavam lá fora, por que não abriram a porta por conta própria?

– É simples: aquela saída para o seu mundo funciona com comando vocal, como todas as nossas portas, porém, apesar de toda nossa tecnologia, há um acordo com os responsáveis pela Terra que não invadiríamos o espaço a vocês reservado. No entanto, nada fala, neste acordo, sobre alguém da Terra invadir o nosso espaço aqui dentro. Basta inserirmos um comando vocal com a voz de um de vocês, para que ela se abra ao 'ouvir' este nome pronunciado, como você acabou de ver quando Sidzi abriu as portas por onde vocês passaram. Esta que o trouxe até aqui é Sidzi, minha amiga.

– Olá, Sidzi! – falei sorrindo. Ela também sorriu, mas não falou nada.

– Ela é nova por aqui, ainda não domina bem seu idioma. Eu sou Geron, um dos responsáveis, no momento, por este lugar. Mas isto é conversa mais demorada, para termos os três juntos.

– Mas então não basta apenas bater na porta...

– É apenas uma maneira de falar. Em suas casas vocês batem na porta, ou tocam a campainha e quem é morador atende. A nossa campainha é um pouco diferente, mas isso não quer dizer que não vamos atendê-los. Está vendo este pequeno microfone sobre a mesa, fale seu nome a ele para que possamos inserir seu comando de voz à nossa porta de entrada.

Era um microfone bem pequeno, uma haste com uma bolinha preta na ponta. Cheguei bem perto e falei:

– José de Jesus Cordeiro...

O tal do Geron sorriu e me falou:

– Esse é seu nome, mas não é assim que o chamam. Pode até deixar esse, mas você não prefere Zico?

Repeti a operação, usando o apelido. Geron ficou em pé e disse:

– Agora é preciso que você vá. Em pouco tempo tenho certeza de que vocês estarão aqui. Venha... eu mesmo o acompanho.

Refizemos o caminho e, quando cheguei na sala de entrada, Geron apertou minha mão e, sem soltá-la, me disse:

– Acredito que não é necessário avisar que mais nenhuma pessoa pode saber do que você viu, além de Pedro e Andrea.

Apertou com mais força minha mão e completou:

– Agora vá...

Virei-me para a porta, que de dentro para fora era bem visível, e me imaginei passando por ela, como Andrea havia me ensinado. Logo depois acordei e os vi do meu lado; depois disso vocês já sabem de tudo.

Zico ficou em silêncio, enquanto eu e Andrea nos olhávamos, incrédulos. Era evidente que somente pedir para entrar não era o bastante, principalmente pelo fato de que era necessário se inserir um comando vocal em alguma espécie de controle de abertura de porta, e isto só era possível fazendo-se uma gravação para algum processador. No entanto, estava claro que as pessoas que habitavam lá dentro não tinham nenhuma objeção quanto à nossa entrada. Porém, pairavam algumas evidentes dúvidas, por exemplo: Zico havia entrado em espírito lá dentro, então eram seres espirituais que lá viviam? Desta maneira, as três pessoas que Mino tinha visto eram 'fantasmas', só que fantasmas normalmente não colocariam um livro nas mãos de Luísa, com uma pedra grudada em uma placa de metal, que Luco usou por tanto tempo.

Andrea e eu trocamos estas dúvidas sem falarmos; estava claro em nosso olhar as mesmas interrogações. Estava claro também que sairíamos correndo dali para a ilha, aceitando o convite de seus habitantes. Enquanto nos olhávamos, Zico perguntou:

– Esqueceram de mim? Posso voltar? Não esqueçam que sem mim não vão entrar em lugar nenhum...

– É claro que pode voltar – falou Andrea –, e volta logo que nós já estamos saindo.

Andrea ainda ajudou Zico magneticamente em seu retorno. Ele tinha regredido a memória fora do corpo, por ter mais facilidade em recordar desta maneira, nos relatou depois, enquanto íamos para a ilha, antes mesmo do almoço. Depois daquele café da manhã e da notícia trazida pela memória de Zico, ninguém pensava em fome.

As onze horas da manhã estávamos em frente da pedra misteriosa. Era impossível imaginar que ali existia uma passagem, era pedra pura, ao menos parecia pedra pura. Estávamos todos nervosos, no entanto, sem combinação prévia, tentávamos agir naturalmente, como se aquilo que íamos fazer já fosse de hábito.

Zico parou um passo à nossa frente, olhou para trás, como se esperasse nosso consentimento. Ambos consentimos com a cabeça, ele olhou para pedra e falou seu nome:

– Zico.

Imediatamente surgiu, no meio da pedra, uma luz roxa, que se dividiu em duas, ambas se afastando uma da outra em sentido vertical, rapidamente. A que descia chegou bem perto do solo e mudou seu percurso para a esquerda formando um ângulo reto com a linha que deixava para trás e que parecia um fino corte na pedra, como se ela tivesse sido cortada por uma lâmina muito afiada. Continuou seu percurso, formando um novo ângulo reto, mais ou menos trinta centímetros distante do primeiro, subiu mais ou menos um metro e setenta de altura, fez dois novos ângulos retos, formando um retângulo e voltando ao ponto de origem.

A luz que inicialmente subiu fez um percurso idêntico, só que no sentido contrário, vindo a se encontrar com a outra no exato ponto de partida, onde se uniram e se apagaram, deixando finamente desenhado na pedra dois retângulos unidos pela linha do meio. Tudo isso não demorou mais do que dois segundos, sendo que, após mais alguns poucos segundos, os dois blocos retrocederam mais ou menos cinco centímetros, sem nenhum barulho e, em seguida, se separaram rapidamente, deixando que uma luz rosada saísse lá de dentro, muito intensa e que, apesar da claridade do meio do dia, chegou a nos incomodar.

Zico, como se já fosse de casa, entrou pela estreita passagem, virou para nós e acenou, dizendo:

– Venham, não era isso que tanto queriam? Venham, vamos desvendar este mistério.

Podíamos ver apenas o seu vulto, desenhado no meio da luz. Apesar de termos sonhado por um momento como este por tanto tempo, alguma coisa nos prendia ao solo, não permitindo que nos movêssemos. Não uma força sobrenatural, vinda de fora, mas algo em nós mesmos. Uma sensação de irrealidade parecia nos invadir naquele momento, como se aquele fato totalmente insólito, novamente nos fizesse duvidar de nossa sanidade mental. Toda a realidade do dia a dia, nossos problemas, aflições, dúvidas, pareciam estar em xeque naquele momento em que nos deparávamos com alguma coisa que ainda não conhecíamos e que parecia ser muito maior do que nós mesmos. Zico teve que insistir para que acordássemos do transe que havia nos dominado:

– Vocês vão ficar aí parados? Não acredito que estão com medo. Vamos...

Movimentamo-nos, finalmente. Entramos pela porta, onde a claridade era muito mais forte. Tão logo entramos, a porta atrás de nós se fechou, o que não nos assustou. A intensidade da luz não permitia que divisássemos o tamanho da sala, já que ela parecia sair das paredes, não havendo ali nenhuma lâmpada. Depois de aproximadamente cinco minutos, em que nos mantivemos em absoluto silêncio, começamos a nos adaptar à claridade, ou a mesma diminuiu sobremaneira, permitindo que enxergássemos quatro cadeiras dispostas em círculo à nossa frente. Eram cadeiras também rosadas, simples, mas que pareciam confortáveis.

Quando as toquei percebi que eram muito leves, quase sem peso, porém, muito sólidas, feitas num material que parecia um papel acetinado. Enquanto eu fazia esta observação, percebemos que do meio da luz abriu-se uma nova porta e por ela entrou uma pessoa:

– Geron! – exclamou Zico.

– Eu mesmo, meu amigo – falou o recém chegado, estendendo a mão inicialmente a Zico, depois a Andrea e, finalmente, a mim, que estava mais para o lado. Ele mantinha um largo sorriso no rosto, como se regozijasse com nossa presença. Pediu, gentilmente, que sentássemos, o que também fez, tão logo nos acomodamos.

– Eu sei que vocês têm muitas dúvidas, inúmeras dúvidas a serem sanadas, e eu espero poder ajudá-los, no entanto, precisamos ficar aqui por mais algum tempo, até que o padrão vibratório de vocês possa ser adequado ao nosso ambiente, pelo bem de vocês e nosso. Enquanto isso, coloco-me à disposição para as primeiras perguntas, para não perdermos tempo.

Geron falava de maneira suave, porém, com firmeza. Seu português era perfeito. Vestia-se da mesma maneira que Zico havia nos relatado. Todo o conjunto de sua figura era bastante agradável.

Olhei para Andrea, como se quisesse definir quem faria a primeira pergunta. Pelo seu olhar, ficou claro que ela perguntaria o que nós dois mais queríamos saber:

– Quem são vocês?

Geron abriu um largo sorriso antes de responder, como se já esperasse esta pergunta:

– Somos humanos, como vocês, porém, nossa casa não é a Terra. Habitamos outro planeta, bastante semelhante ao de vocês, diferente apenas no estágio evolutivo em que se encontra. O responsável pela sua humanidade já lhes disse diretamente que há muitas moradas na casa do Criador, nós moramos numas dessas moradas.

– E qual é essa morada? E o que fazem aqui na Terra? – completou Andrea.

– Somos de um planeta do sistema de Sírius, na constelação da Ursa Maior. Não demorará muito para que seus astrônomos venham a descobrir que há planetas em torno de Sírius e de muitas outras estrelas, e que o sistema solar não é um caso à parte no universo.[5] Também não demorará para que eles descubram que muitos, muitos desses planetas são habitados por humanidades, mais ou menos avançadas. Estamos na Terra como observadores. Esta pergunta é um pouco mais difícil de ser respondida, a princípio; depois que vocês nos conhecerem melhor, entenderão com mais facilidade.

"Sabemos que vocês, especialmente, conhecem um pouco sobre os diversos estágios evolutivos por que passamos em busca da perfeição, desde o berço inerte no cristal, passando pelos degraus do reino vegetal, animal inferior e superior, até chegarmos no domínio do espírito. Não há nenhum menosprezo à situação evolutiva atual da humanidade terrena se dissermos que estamos mais avançados.

"No momento, nossa humanidade atravessa um estágio evolutivo em que podemos viajar pelo espaço com alguma facilidade, saindo do raio de ação do magnetismo de nosso planeta, sem nos afetarmos com as dimensões temporais ou mudarmos nossas potencialidades. Isso nos permite criar espécies de salas de aula avançadas em diversos planetas, para que, nessas salas, nossos alunos aprendam sobre a senda evolutiva dos povos, estudando e aprendendo diretamente na fonte, sem a necessidade de recorrermos à memória histórica, tantas vezes imprecisa. Desta maneira podemos orientar nossos alunos, que já começam a se preparar para o trabalho de auxiliares dos orientadores das humanidades. O Grande Orientador de vocês tem muitos auxiliares."

– Jesus? – perguntou Andrea.

– Ele mesmo. Somente com sua permissão estamos aqui. Os alorianos... desculpem-me, eu não expliquei: nosso planeta chama-se Alor. Como eu dizia, nós, os alorianos, atingimos um estado evolutivo que nos permite a exploração, mas no sentido de descoberta e estudo e não de extração de riquezas de outros planetas e povos. O Poder Criador do Universo, dotado que é da mais pura sapiência, limita a expansão dos povos de acordo com seu estado evolutivo. Na situação atual da humanidade terrena, por razões

[5] A descoberta dos primeiros exoplanetas (planetas pertencentes a outros sistemas solares) foi anunciada em 1989, portanto, cinco anos após esta revelação. (Nota do autor).

óbvias, esta exploração ainda não é possível, no entanto, sua humanidade está atingindo um ponto onde acontecerão grandes e agradáveis mudanças.

– Perdoe-me a ignorância – atrevi-me a interromper –, porém, como ainda sou iniciante no domínio dos assuntos do espírito, não me pareceu tão óbvias as razões de não podermos explorar o cosmo. Você se refere a limitações tecnológicas?

– As limitações tecnológicas, de certa forma, são uma consequência e não uma causa. A principal razão é a evolução espiritual, sendo que uma coisa está diretamente ligada à outra, principalmente no que se refere a viagens pelo espaço cósmico. A evolução naturalmente limita um povo aos seus próprios domínios enquanto este povo não aprende a respeitar os seus próprios domínios. A sua humanidade ainda está atrelada ao extrativismo das reservas naturais do planeta, renováveis ou não, o que faz com que a Terra fique cada vez mais pobre e, ao mesmo tempo, incentive o homem a se preocupar em defender o seu habitat.

"A preocupação atual com o meio ambiente, com a preservação dos mares e florestas, a proteção dos animais em extinção, os cuidados com a alarmante situação da camada de ozônio, faz com que os terráqueos já se candidatem ao domínio de novas tecnologias, que abrirão campo a avanços em vários setores da atividade humana, entre elas a exploração do espaço sideral.

"Pode parecer um contrassenso dizer que, quanto mais a humanidade olha para seu próprio ambiente, mais desenvolve suas asas para voar longe da Terra, porém, a verdade é que somente os que sabem exatamente o que procuram podem sair dos seus limites."

– Isto quer dizer que gafanhotos não voam pelo cosmo... – completei.

– Exatamente – falou Geron, sorrindo. – O domínio do espírito é fator primordial para que um povo possa se expandir e viajar a outros orbes. Enquanto um povo está limitado pelo fator tempo, pouquíssimos benefícios reais são trazidos das viagens cósmicas. Imaginem que um raio de luz, movendo-se a 300 mil quilômetros por segundo, leva cerca de cem séculos para atravessar nossa galáxia... e lembrem que a Via Láctea, como vocês a chamam, é uma galáxia pequena. As distâncias cósmicas são imensas...

Falou isso e olhou-nos com um sorriso. De imediato lembrei da explicação de Andrea a respeito da possibilidade de apenas seres mais evoluídos viajarem pelo espaço. Ela havia usado praticamente as mesmas palavras de Geron e até parecia que ele sabia disso. Nos olhamos curiosos, porém ele continuou com serenidade:

– ...e nenhuma espaçonave, por mais avançada que seja, consegue mover-se a uma velocidade que chegue ao menos perto da velocidade da luz.

Não que não existam povos viajando pelo universo nestas condições, senão vocês mesmos não veriam tantas espaçonaves visitando seu planeta. Nós mesmos já fizemos isso no passado e ainda fazemos em algumas condições especiais, porém, como eu disse, as vantagens deste tipo de viagem são pequenas. Quando uma humanidade domina as potencialidades do espírito, descobre que as limitações impostas pelo tempo atuam principalmente sobre a matéria bruta, como vocês ainda a conhecem.

– E como vocês se movimentam pelo espaço? – perguntou Andrea.

– Velocidade do pensamento. Para vocês pode parecer uma fantasia, a princípio, no entanto, não há como tornar produtiva uma viagem cósmica demorando-se tempo infindável para sua conclusão. Vejam, porém, que nós viajamos para estudar, aprender e ajudar. A exploração que fazemos tem um único objetivo: evolução. Por isso que estamos tão distantes de nossa terra natal. O homem da Terra, remexendo como está seu próprio ambiente e, com isso, descobrindo a imperiosa necessidade de preservá-lo, adquire condições de conseguir, através dos seus dirigentes espirituais, avanços tecnológicos importantes, que vêm pelos caminhos da ciência. A ciência, por sua vez, de experimento em experimento, quase sem perceber, descobrirá o espírito e todas as suas potencialidades. Deste ponto em diante, se esforçará em dominar estas potencialidades. Podem ter certeza de que, quando isso acontecer, e não está muito distante este fato, a vida na Terra será bem diferente do que é agora.

"Quando me refiro à velocidade do pensamento para viagens siderais, ela está diretamente vinculada ao estado vibratório do corpo ou objeto a ser transportado, isto é, os humanos da terra, com seus corpos ainda densos como são, estão bastante distantes de conseguir esta tecnologia. Com o tempo e o domínio das forças do espírito, que são infindáveis, conseguirão avanços admiráveis. Se vocês conseguissem se deslocar no tempo e falar a uma pessoa da idade média que o homem viajou à lua, provavelmente seriam queimados na fogueira. Tudo ao seu tempo, meus amigos. Nós, alorianos, tomamos vários caminhos errados até chegarmos às primeiras conquistas nos domínios do espírito. Foi necessário que chegássemos a problemas onde as soluções materiais eram impossíveis, como a superação rápida das distâncias cósmicas, para que realmente pensássemos em procurar estas soluções em outros domínios.

"Houve muita resistência da parte dos nossos cientistas, como acontece com toda a ideia nova. Einstein e Heisenberg tiveram muitos opositores por aqui, e outros cientistas serão desprezados ainda na Terra, quando trouxerem à tona novas dimensões do conhecimento, que fogem ao habitual e comprovável por técnicas de laboratório.

“Evidentemente, em meio há tantos conflitos, como eram grandes mentes funcionando em nosso planeta, surgiram novas e fabulosas descobertas, que acabaram por nos impulsionar ao cosmos. Hoje dizemos que viajamos com a velocidade do pensamento, porém, não é assim tão simples, obviamente. Entre muitos aparentes acasos de nossa ciência, descobrimos a possibilidade de anularmos o campo gravitacional dos corpos; no início, em pequenos objetos, utilizando materiais supercondutores de energia, semelhantes às suas porcelanas supercondutoras. Dos pequenos objetos a veículos foi um passo, principalmente quando conseguimos o que para vocês ainda é uma utopia: a fusão a frio dos núcleos do átomo de hidrogênio, o que nos proporcionou uma fonte de energia inesgotável, barata e não poluente.

“Em Alor, os veículos de transporte usam a energia antigravitacional, sendo que a força do pensamento direciona e modela a velocidade destes veículos, mais ou menos como acontece com nossas espaçonaves. Desta maneira, a velocidade do pensamento não é apenas um passe de mágica, porém uma tecnologia conquistada através de grandes sacrifícios de nossos cientistas.

“Lembrem, também, que pensamento é energia em movimento e não algo puramente abstrato. Desta forma, se podemos dizer que o Pensamento Divino criou a vida e tudo o que existe, não é difícil concebermos esta mesma energia gerando trabalho, energia e movimento. É fácil de avaliarem isso, pois, se não fossem seus pensamentos lutando pela vida e pela felicidade, nada seria como é na Terra, tampouco haveria evolução. No entanto, para que esta energia resulte em trabalho positivo, temos que aprimorar o pensamento em qualidade e potência, o que se consegue somente quando o pensamento é mais evoluído em intenções. Em Alor, sabemos cultivar os pensamentos positivos, voltados para o bem, sem mais nenhum vício no mal, o que gera uma poderosa fonte de energia.”

Geron falava com simplicidade, porém, com a segurança de quem domina profundamente o assunto. Parecia que poderíamos ficar horas ali, falando sobre seu povo e o nosso, viagens espaciais e espírito, no entanto, eram outros os motivos que nos moviam. Eu e Andrea nos olhamos e Geron, de imediato, demonstrando grande potencial anímico, redirecionou o assunto, falando:

– Sei que as dúvidas que vocês têm são muitas e, como eu já disse, temos tempo para saná-las. No entanto, não quero que fiquem preocupados, por isso quero adiantar alguns fatos. A você, Andrea, e ao Zico também, gostaria de adiantar que temos a solução para o problema de Luco, e a você, Pedro, quero dizer que, infelizmente, Mino não está mais conosco, já há muito tempo. Eu sei que, mesmo que discretamente, você alimentava esta esperança. Porém, dependendo de alguns acertos e consentimentos daqueles que permitem nossa permanência em seu planeta, você poderá saber onde ele está e talvez até entrar em contato com ele...

– Com Luísa também? – atalhou Andrea.

– Nas mesmas condições de fazermos alguns acertos e obtermos alguns consentimentos – completou Geron. – Todos nós temos muito interesse no caso de Luco, que é acompanhado com carinho desde quando Mino provocou uma revolução em nossa estrutura de trabalho para que seu filho pudesse ter uma pedra como a que usamos – falou, segurando uma pedra que trazia presa ao pescoço, igualzinha à de Luco.

Por mais que tentasse disfarçar a emoção, a referência a Mino abalava profundamente minhas emoções. O mesmo acontecia com Andrea, por saber da possibilidade de recuperação de Luco, bem como da possibilidade de entrar em contato com Mino e Luísa.

– Você falou sobre Luco, que o seu caso é bastante conhecido aqui. Poderia nos explicar melhor isso? – perguntei.

– Consentirmos que uma pessoa da Terra usasse uma das nossas conquistas evolutivas foi um caso inédito, só permitido diante de uma argumentação perfeita de Mino junto aos nossos superiores. Ele conseguiu mostrar que seria um objeto novo de estudo e que, se bem acompanhado, no momento certo, ajudaria a humanidade terrena a valorizar as conquistas espirituais.

– E o que é exatamente essa pedra? – perguntou Andrea.

– Na verdade, você está quase certa nas deduções que já fez a respeito do assunto. Esta pedra não é extraída da natureza como um mineral comum, na verdade, ela é sintetizada em laboratório, depois de um profundo estudo sobre o padrão vibratório do espírito antes que ele renasça. Cada pedra é fabricada individualmente e contém em seu magnetismo a exata medida do padrão vibratório correto da pessoa. Devido a isso, cada vez que ocorram mudanças nesse padrão, no decorrer da vida, acontecerá uma correção, uma retificação instantânea.

"Há muito tempo que os alorianos não têm contato com as doenças, que podem ser naturais ao meio, mas que não precisam ser naturais aos estados evolutivos mais elevados. É evidente que chegamos a essa descoberta quando nossos méritos coletivos nos davam condições para isso. Hoje, em nosso planeta, não precisamos mais usar pedras como estas, pois, pelo longo tempo sem contato com doenças, as banimos por completo do nosso meio. Também é preciso salientar que nossas pendências em relação aos mecanismos de ação e reação cármicas são bem mais leves. Ainda usamos as pedras quando estamos fora de Alor, em ambientes ainda desequilibrados.

"A ausência da doença nos permitiu aplicarmos muito de nosso tempo e reservas no avanço tecnológico. Este material da pedra, como vocês se acostumaram a chamá-la, chama-se *zídion*, e é obtido em laboratório através de vegetais marinhos microscópicos, semelhantes aos seus plânctons e bactérias não nocivas. Em cada um deles há uma memória de como é nosso espírito antes de nascermos.

"Devemos lembrá-los de que os alorianos já deixaram bem distante no tempo a necessidade da dor para resgatar suas faltas, seus erros para com o equilíbrio universal. Mino teve que argumentar muito para que a experiência que ele propunha fosse aceita. Somente com a possibilidade de que esta pedra fosse um dia afastada de Luco, é que seu pedido foi aceito."

– Quer dizer que vocês sabiam que a pedra seria roubada? – perguntou Andrea.

– Digamos que influenciamos, de alguma maneira, para que isto acontecesse. Você sabe muito bem que sua humanidade ainda está vinculada à necessidade da dor, como elemento propulsor para seu próprio desenvolvimento, e a doença do corpo ainda é um fator corretivo para as deficiências do espírito. Você sabe também que toda doença do corpo, antes de manifestar-se, já existe previamente no espírito, devido às profundas feridas que os erros do passado deixam no corpo espiritual.

"A análise do padrão vibratório de Luco mostrou ainda muitas necessidades de correção, o que é natural diante do estado evolutivo que vocês ainda atravessam. Nossa tecnologia não permite que fabriquemos pedras defeituosas, que possibilitem o aparecimento de doenças no futuro, por isso tivemos que fabricar uma pedra como se o padrão vibratório de Luco estivesse já livre do fenômeno doença. Como isso não é verdadeiro, tivemos que projetar um tempo sem que ele a usasse, para que estas imperfeições tivessem oportunidade de manifestação. Até agora, todo nosso projeto, estudado e acompanhado com carinho por todos os estudiosos de Alor, tem tido ótimos resultados."

– E como vocês conseguiram interferir para que a pedra fosse roubada? – perguntei.

– Diretamente não interferimos, pois não temos permissão para isso. Porém, a nosso pedido, as entidades espirituais responsáveis pela evolução na Terra designaram alguns espíritos, obviamente bem intencionados e vinculados ao projeto, para que influenciassem os fatos, chamando a atenção de Zico para a pedra no dia em que estava brincando com Luco... Daí para frente os fatos foram apenas se encadeando.

Quando Geron terminou de falar, sobre a porta que ele havia entrado acendeu-se uma luz azul-clara, que ficou piscando. Geron levantou-se e nos disse:

– Vamos, meus amigos, vocês já estão em condições de conhecer um pedacinho de nosso planeta instalado aqui na Terra.

Capítulo 38

Geron esperou que passássemos pela porta e nos acompanhou até a sacada que Zico já nos havia relatado. Lá de cima, podíamos ver uma grande sala a mais ou menos dez metros abaixo de nós, que parecia ter sido cavada na pedra, pois todas as paredes laterais eram de pedra. O interessante é que não víamos lâmpadas e a mesma luz rosada banhava todo ambiente, parecendo que vinha das paredes. Encostado na sacada, nosso anfitrião abriu os braços e falou:

– Uma sala de aula aloriana, como tantas que existem em muitos outros planetas, reproduzindo um pouco do nosso ambiente natural, ao menos em nível energético. Aqui podemos estudar seu mundo, não só para compreendermos melhor o que nós mesmos fomos no passado, mas também para entendermos, diretamente na origem, como são os diversos períodos evolutivos. Assim, quando nossos alunos estiverem à disposição dos Orientadores dos Mundos, poderão colaborar nos mais diversos campos do conhecimento.

"Estas pessoas que vocês veem aqui estudando fazem parte de uma turma que está muito próxima da formatura. Já passaram por um demorado aprendizado em Alor e vêm por um longo período de tempo, na contagem terrena aproximadamente 30 anos, peregrinando por diversos planetas, todos em estágios evolutivos diferentes, para completarem suas formações de auxiliares na condução dos mundos. Hoje são eles, alorianos, amanhã serão vocês, terráqueos, estudando a vida para poder manter a vida" – falou Geron, virando-se para nós.

Depois disso, ficou em silêncio. Era necessário o silêncio para que pudéssemos absorver a grandeza do conhecimento que estávamos recebendo, desde o momento que entramos na ilha. No pouco tempo que conversamos com Geron, tivemos à nossa disposição um cabedal de conhecimentos e revelações que a ciência humana vem tentando encontrar através de sua história, e que, infelizmente, se fosse abruptamente revelada, como ele nos fazia, dificilmente seria aceita.

Ficamos todos quietos, esperando que nosso amigo continuasse sua explanação, mas ele não continuou, como se esperasse que agora nós perguntássemos, e foi Zico, que desde o princípio havia se mantido calado, quem perguntou, talvez até aparentando não ter conseguido apreender a dimensão das revelações que acabara de ouvir:

– Por que tivemos que esperar todo aquele tempo lá na outra sala, se da outra vez que eu estive aqui eu passei direto para dentro?

Apesar de aparentemente inoportuna a pergunta, refletia uma dúvida que também eu e Andrea tínhamos, talvez apenas a fizéssemos em outra oportunidade. Posteriormente, refletindo sobre o assunto, percebi que nenhuma pergunta seria exatamente oportuna para aquele momento.

– Da outra vez que você esteve aqui, seu corpo material ficou lá fora – respondeu Geron, com sua natural calma e firmeza. – A entrada de um corpo material como o de vocês, sem uma adequação do campo magnético que os envolve, poderia trazer transtornos ao nosso ambiente, especialmente no funcionamento dos nossos aparelhos e computadores. Vocês também não conseguiriam nos enxergar com precisão se entrassem de repente.

– Como assim? – atropelei a pergunta. – Os corpos de vocês não são materiais?

– Gases são matéria, no entanto, normalmente não podem ser vistos. A matéria que os compõe é rarefeita, assim como é rarefeita a matéria dos nossos corpos. O espírito de vocês, libertos do corpo de matéria mais densa, também mantém um revestimento fluídico, conhecido por diversos nomes. Vocês, no caso, o chamam de perispírito.

“Este revestimento também é um tipo de matéria, só que de uma natureza ainda não perfeitamente detectável pelos aparelhos de medição de sua ciência, o que não quer dizer que ele não exista. Se vocês tentassem explicar a um homem primitivo como funciona uma transmissão por rádio, ele não entenderia, mas isso não quer dizer que não exista transmissão por rádio; a sua ciência ainda tem muito a aprender.

“Os alorianos não têm mais necessidade de mergulhar em corpos densos, de reencarnações, como vocês chamam. Não que em Alor não se nasça ou se morra, porém, isso acontece de uma forma um pouco diferente do que vocês estão acostumados. Teremos oportunidade de lhes explicar melhor este assunto. Para podermos estudar a Terra e sua humanidade, é necessário que condensemos um pouco a matéria que nos envolve, ou seja, aqui, nossos corpos são um pouco mais densos do que em Alor, porém, ainda não o suficiente para que vocês possam nos enxergar com facilidade em estado normal.

"Quando vocês entraram pela porta da pedra que liga ao mundo exterior, eu estava preparado para recebê-los. Tinha tornado meu corpo ainda mais denso, para que vocês me enxergassem, à medida que seus espíritos iam absorvendo o nosso padrão vibratório, adequando sua sensibilidade ao nosso ambiente. Isso acontece naturalmente, devido ao espetacular poder de adaptação do espírito, seja qual for o estágio evolutivo que ele se encontre.

"A luz que acendeu era o indicativo de que vocês já estavam em condições de entrar. Ela acendeu automaticamente, tão logo registrou o ambiente em equilíbrio. Vocês podem me perguntar por que deixamos que entrassem, principalmente por que permitimos que entrassem com seus corpos físicos, e eu posso responder: está tudo planejado já há um longo tempo. A vinda de vocês aqui faz parte do projeto LUCO, como o batizamos, antes mesmo do nascimento do filho de Mino e Luísa, e que é acompanhado diariamente, como já lhes disse. A presença material de vocês evita desperdício de tempo, já que não necessitarão do uso da regressão da memória para saberem o que aconteceu aqui."

– E Luísa, ela não entrou aqui com seu corpo, como conseguiu levar livro e a pedra lá para fora? – perguntou Andrea.

– Ela entrou desdobrada, apenas o espírito; nós é que levamos o livro e a amostra de *zídion*.

– E o que significa nossa presença aqui para o andamento do projeto? – perguntei.

– É necessário continuarmos e, acima de tudo, precisamos cuidar do estado de Luco. Para que vocês possam entender a amplitude do nosso projeto, precisamos voltar no tempo, por mais que esta regressão possa trazer à tona emoções que vocês conseguiram superar com evidentes dificuldades, porém, precisamos falar da história de Mino e Luísa. Apesar de serem lembranças doridas, sabemos que há muito tempo vocês procuram explicações.

"Vimos, com pesar, no passado, vocês esperarem do lado de fora da pedra de entrada alguma resposta, no entanto, na época não podíamos fazer nada. Vocês ainda eram frutos verdes, não podiam ser colhidos. Hoje, no entanto, não só podemos ajudá-los, como vocês são necessários para o andamento do projeto.

"Venham, me acompanhem. Eu mesmo estou me precipitando um pouco. Antes de tudo, gostaria que vocês conhecessem nossa atividade, nosso ambiente. Não será num dia só que poderão conhecer tudo o que fazemos aqui. Não se preocupem, vocês voltarão várias vezes, afinal de contas, agora já aprenderam o caminho."

Capítulo 39

Acompanhamos Geron, que descia pela escada que levava ao imenso salão, onde muitos 'estudantes' nos recebiam com simpatia, porém, sem deixarem suas tarefas em frente a aparelhos semelhantes aos nossos computadores. Havia uma música no ambiente, que lá de cima não ouvíamos. Era uma música linda e envolvente, ao mesmo tempo suave, porém, não víamos aparelhos de som, nem alto-falantes. Geron percebeu nossa curiosidade:

– É o som de nossos aparelhos – falou e percebeu nossa surpresa, apressando-se em explicar. – Suas máquinas produzem ruídos, aprendemos a transformar esses ruídos em sons agradáveis, como a música, o que não torna cansativo o trabalho. O som que ouvem vem de nossos computadores – continuou Geron, aproximando-se de um dos aparelhos. – São computadores, um pouco diferentes do que vocês conhecem no momento, mais avançados, evidentemente, mais capazes e mais simples de serem usados. Obedecem a comando vocal, como quase todos os nossos equipamentos. Eles chegam até a dar a impressão que possuem inteligência própria, no entanto, são máquinas apenas, com quase infindável capacidade de memória.

– E se a pessoa for muda? – perguntou Zico, sempre um pouco fora do assunto.

Olhamos para ele ao mesmo tempo, como se tivéssemos nos surpreendido.

– É... – completou – se for mudo, como vai operar estas máquinas?

– Não temos mais mudos, Zico – respondeu Geron, com seu habitual sorriso. – Limitações físicas como essas são necessidades cármicas de correção que não estão mais dentro de nossos programas de crescimento individual. Ficaram para trás no tempo, para a época do resgate através da lei da causa e efeito, quando tínhamos que voltar aos corpos físicos para restaurar a harmonia do ambiente que tínhamos desequilibrado, devido ao nosso orgulho, egoísmo, ambição, vaidade... Transformamos nosso orgulho em desejo de crescimento; nosso egoísmo em vontade de ajudar aqueles que estão em degraus mais abaixo da mesma escada evolutiva. Nossa ambição transformou-se em colaboração e a vaidade em autoconhecimento. Olhamos para nós mesmos e descobrimos o que realmente somos. Por isso, nossas vidas não são mais de provas e expiações, como lhes acontece no presente, são de contribuição, e nesta contribuição encontramos a alegria, elemento sem o qual ser humano algum pode viver, independente da humanidade a que pertença.

– ... mas, lá nesse planeta de vocês, não tem um futebolzinho, uma praia no fim de semana, uma bebidinha? Qual é a diversão de vocês? Namoradas... cinema? – perguntou Zico, com cara de assustado, fazendo com que todos ríssemos.

Estávamos caminhando pelo corredor principal daquela sala de aula. Existiam quatro filas de computadores, de mais ou menos quarenta metros cada uma delas e quatro alunos em cada aparelho, mais um aparente professor, todos bastante ocupados. Estes aparentes professores distinguiam-se pelos uniformes brancos, iguais ao de Geron.

Geron não respondeu de imediato a pergunta de Zico; continuou caminhando até o final do corredor, onde havia uma nova porta. Antes de abri-la, respondeu com um sorriso.

– Os antigos romanos divertiam-se com a as lutas mortais nas arenas ou com a matança de cristãos pelos leões. Na idade média, cavaleiros divertiam-se com lanças e armaduras. O tempo passa, as diversões mudam, no entanto, temos muitas formas de recreação e o amor continua sendo para nós a recreação principal. Temos namoradas, nos apaixonamos, temos filhos... coisas boas da vida necessitam ser preservadas, independentes do estágio evolutivo. Lembrem que Deus é a expressão da bondade.

Quando terminou de falar, virou-se para a porta e falou seu nome. Imediatamente ela se abriu e pudemos entrar em um novo ambiente, que nos reservava novas surpresas. Estávamos em outra sacada, porém, à nossa frente, apenas um fosso profundo e, ao lado, um elevador que parecia uma cápsula transparente, onde entramos e fomos descendo pela parede de pedra do fosso.

– Como ainda ninguém os descobriu aqui dentro? – perguntei. – Todas estas construções, estes aparelhos. Como ainda não foram detectados?

– Estamos bem protegidos – explicou –, primeiro pelo nosso padrão vibratório, que ainda não é detectável pelos seus sensores, e, depois, por um campo magnético que envolve nosso ambiente físico e aparelhos mais pesados, o que também não permite a nossa descoberta. Alguns aviões de guerra na Terra já conseguem voar sem serem detectados por radares inimigos. Logo chegará um tempo por aqui em que se investirão os resultados da tecnologia, não em guerras, mas na busca da paz.

Quando terminou de falar, havíamos chegado em uma nova sala, porém um pouco menor, com uma grande piscina de água verde-clara, bem no seu meio. Do outro lado da piscina, saindo da água, uma rampa de pedras justapostas projetava-se de dentro da água e, no fim da mesma, uma surpresa: um tipo de submarino, com aproximadamente três metros de largura por oito metros de comprimento. Na verdade, parecia um grande automóvel, só que sem as rodas. A base era feita de um metal azulado e a cabine parecia de vidro ou uma resina transparente, de forma que se podia ver de fora o seu interior, onde havia lugar especificado para oito pessoas.

– Este é o nosso principal veículo de contato com o seu mundo. Como vocês podem perceber, a matéria de que é feito é bem mais densa do que a que usamos habitualmente, sendo que ele foi construído aqui mesmo na Terra, com matéria-prima do planeta, que vocês ainda não aprenderam a sintetizar. Com ele é que podemos estudar o ambiente marinho à nossa volta, colhermos parte do nosso sustento e, principalmente, socorrermos os náufragos, como Mino, que para aqui são trazidos para que nossos alunos possam estudar com mais precisão os corpos que são necessários para a manifestação de seu estado evolutivo.

Eu, Andrea e Zico olhamos ao mesmo tempo para Geron e foi automática nossa pergunta:

– Como?

– Eu sabia que vocês estranhariam, mas não se preocupem, não trazemos seres humanos aqui para dentro para os estudarmos através de incisões e retalhos. Nossa maneira de estudo de sua anatomia, biologia e fisiologia é feita de forma totalmente indolor e mesmo agradável para quem está sendo estudado.

– Então Mino esteve aqui para ser estudado?

– Sim, mas de acordo com sua vontade. Peço-lhes que tenham um pouco mais de paciência. Como lhes disse, necessitaremos entrar neste campo sensível de suas memórias. Porém, o momento não é oportuno, pois ainda gostaria que vocês conhecessem mais sobre nossas atividades e ideologias.

"Levando-se em conta que já é um pouco tarde, quase três horas da tarde em sua marcação de tempo, não é conveniente entrarmos neste assunto sem podermos nos aprofundar adequadamente nele."

Depois de algum tempo de silêncio, como se medisse mentalmente o tempo, falou:

– Venham comigo. Ainda há tempo. Vocês terão a oportunidade de assistir ao resgate de um náufrago.

Capítulo 40

Circundamos o submarino, até chegarmos à parte posterior, onde havia uma porta que se abriu tão logo Geron pronunciou seu nome. O interior da nave era simples, sendo que o fundo também era transparente, apenas um halo lateral era opaco, feito do metal azulado. Existiam seis lugares, poltronas muito confortáveis e, na parte posterior por onde entramos, um espaço vazio, com mais ou menos seis metros quadrados.

Uma pessoa já nos aguardava dentro da nave, sentado à frente de um aparente painel de controle, composto apenas por um monitor de vídeo. Comunicou-se com Geron num idioma que não conhecíamos. Falavam baixo e suave. Após conversarem, Geron nos apresentou:

– Este é Zene, o condutor de nosso submarino, por nós batizado de Ondina, em homenagem a algumas das criaturas que auxiliam na proteção dos mares. Zene ainda não fala seu idioma, mas pediu para que eu os avisasse que se sente feliz em tê-los conosco.

Zene sorriu para nós e, no mesmo momento, senti, e meus companheiros também, segundo me relataram posteriormente, uma onda de paz, ou algo semelhante a isso, o que demonstrava ser bastante real o que Geron nos tinha dito.

Logo em seguida, fomos convidados a sentar, sem que nos indicassem locais especificados. Geron aproximou-se do monitor de vídeo, colocou a mão sobre ele e, imediatamente, ouvimos uma voz vinda do aparelho, igualmente num idioma que não conhecíamos. Geron respondeu à voz e, em seguida, a parte feita de metal azulado começou a mudar de tonalidade, até emitir uma luz intensa e rosada. O submarino deslocou-se levemente para cima e desceu a rampa até a água.

Geron continuava falando com o monitor de vídeo, à medida que este também conversava. A cada som que emitia aparecia uma linha no monitor que vibrava de acordo com a inflexão vocal que era usada. Mergulhamos lentamente na água e pudemos perceber que estávamos passando por um túnel estreito. Geron virou-se para nós e comentou:

– Em nosso planeta, costumamos nos comunicar telepaticamente, o que torna mais rápida e eficiente a comunicação. Chegamos a substituir o comando vocal de nossos aparelhos pelo comando mental, no entanto, descobrimos que o nosso estado emocional podia interferir nas operações das máquinas que usávamos. Nos casos de tensão, ao que ainda somos perfeitamente sujeitos, não conseguíamos a mesma eficiência do comando vocal, menos sujeito às variações emocionais. Por isso retornamos à técnica antiga e resolvemos também usar menos a telepatia, para que não atrofiemos o uso da palavra com o passar do tempo, usando mais a voz no nosso dia a dia. Quando atingirmos estado evolutivo mais avançado, talvez possamos usar a telepatia com mais segurança.

Quando terminou de falar, tínhamos saído do túnel, que terminava em uma caverna submarina que se escondia sob uma imensa pedra achatada. Entramos em mar aberto. Geron nos explicou que estávamos a seis quilômetros da ilha e que a nossa profundidade era de 71 metros, aproximadamente, o que não permitia que mergulhadores se interessassem em explorar a região; desta maneira, a caverna não era descoberta. Explicou também que, apesar de a caverna ser bastante profunda, não se ligava originariamente à ilha, sendo que foram eles que completaram a ligação, há muito tempo atrás.

Fiquei curioso em saber há quanto tempo eles estavam naquela ilha e por que esse local em especial. Mais uma vez não foi preciso que eu formulasse a pergunta:

– Estamos na Terra desde o seu ano 761 d.C. – explicou-me Geron. – No entanto, nossas primeiras expedições à Terra foram anteriores a essa data, no ano 270 d.C. Os pioneiros das expedições espaciais, localizaram na Terra condições adequadas para a montagem de uma estação avançada, o que se tornou, com o tempo, mais uma de nossas salas de aula. Tudo acontece ao seu tempo: quando a população da Terra era pequena e sua tecnologia engatinhava, podíamos nos esconder de vocês com facilidade. Vocês evoluíram, chegando à condição de nos acharem, porém, nós também evoluímos e continuamos a nos manter escondidos. Na Terra, já estivemos em outros locais. No início, nossa sala de aula localizava-se no mar mediterrâneo, próximo à costa da França, porém, seguindo a linha evolutiva natural da sua humanidade, mudamos, no ano de 1857, para a costa brasileira, sempre interessados em estudar e, de alguma forma, ajudar na evolução de seu povo. Curiosamente, a data da inauguração desta sala de aula que vocês conheceram foi o dia 18 de abril de 1857. Vocês lembram o que aconteceu na humanidade nesse dia?

Percebi que Andrea sorriu, enquanto eu e Zico nos olhamos sem ter ideia do que significava a data. Como ela entendeu que não sabíamos a resposta, falou:

– *La première edition du* Livre des esprits, de Allan Kardec...

– *Oui, mademoiselle* – falou Geron, sorrindo – Uma data importante para nossos dois povos. Novos horizontes se abriram com esta obra formidável.

Fiquei constrangido por não lembrar desta data e lamentei mais uma vez ter sido relapso com o estudo dos assuntos espirituais, me acomodando sempre apenas ao que ouvia. Porém, nem tive tempo para maiores ponderações. Tão logo Geron terminou de falar, estávamos apenas a alguns metros da superfície e logo pudemos observar um corpo que afundava, lentamente. De imediato, a luz rosada que saía do submarino aumentou de intensidade e mudou para um tom mais laranja, chegando quase ao vermelho, iluminando todo o mar à sua volta. Aproximamo-nos do corpo e pudemos vê-lo passar lentamente sob nossos pés, através do fundo transparente da nave.

Geron e Zene foram para o espaço vazio da popa do Ondina, onde se abriu uma porta horizontal no fundo transparente, em local que antes era impossível dizer que existia alguma divisão. A água não invadiu o ambiente e logo apareceu ali o corpo que fora trazido, aparentemente por forças magnéticas, pois mudara o rumo que seguia tão logo a nave o alcançou. Ele boiou e, imediatamente, uma espécie de maca também de material transparente, o conduziu para o interior, fechando-se em seguida a comunicação com o mar. A maca transformou-se em um tipo de cápsula, que envolveu o náufrago. Em seguida, um vapor azulado apareceu no interior da cápsula, quase ocultando seu ocupante. Geron virou-se para nós e sorriu:

– Não se preocupem, agora ele está bem e protegido. Vamos retornar. Esta pessoa, que se chama Flávio, tinha marcado em sua ficha de necessidades evolutivas um desencarne por afogamento, aproximadamente aos trinta e oito anos de idade, o que teria ocorrido minutos atrás, se não fosse nossa intervenção.

"Este desencarne era parte de um resgate cármico, como vocês chamam, ou seja, para ser bem simples: Flávio, em outras vidas, acabou se envolvendo em alguns casos de assassinato por afogamento e ele mesmo pediu, para os responsáveis pela sua atual jornada pela matéria, para que retornasse à vida espiritual desta forma e assim gravasse profundamente em sua memória inconsciente a sensação do que fez outras pessoas sofrerem.

Segundo ele mesmo, isto seria quase nada em relação aos crimes que ajudou a cometer no passado, porém, justo para o seu estado evolutivo. Hoje ele saiu para pescar a convite de um amigo, porém, como ambos não eram muito experientes, descuidaram-se e não perceberam a velocidade com que baixava a maré. Pescavam na laje do Badejo, por coincidência, o mesmo ponto onde naufragou Mino. Formou-se uma onda repentina que encheu de água o barco, que afundou rapidamente. O outro pescador, mais precavido por não saber nadar, usava um colete salva-vidas. Flávio, que se considerava um bom nadador, não quis colocar o colete e agora está aqui conosco.

– Então o Berto estava certo: Mino afundou na laje do Badejo – comentei. – Mas, se estava programado para Flávio este desencarne, como vocês podem interferir e não permitir que ele morra?

– Apenas vamos atrasar um pouco o desencarne – explicou Geron. – Se Flávio concordar em colaborar com nossos estudos, terá algumas vantagens na sua volta ao plano espiritual, pois o ajudaremos nos primeiros passos...

–... e caso ele não concorde em colaborar? – perguntou Zico.

–Vai desencarnar da maneira normal. As impressões que guardou do afogamento, até o momento que o recolhemos, já foram suficientes para as suas necessidades evolutivas. Se não quiser colaborar voluntariamente, ainda assim terá um desencarne agradável.

Voltamos ao interior da ilha. Quem comandava o Ondina era Zene, sempre conversando com o monitor de vídeo, que não parava de falar. O submarino parou na exata posição inicial, e as luzes laterais se apagaram, voltando a aparecer o metal azulado contornando o veículo.

Algumas pessoas esperavam do lado de fora. Logo que se abriu a porta, duas delas entraram e levaram a cápsula, que parecia flutuar levemente ao toque de suas mãos. Geron pediu que o seguíssemos e comentou, apontando para os condutores de Flávio:

– Percebam como foi fácil conduzirmos Mino de volta ao seu acampamento, na primeira vez que esteve aqui. Mudamos Mino de lugar para que tivesse ainda mais certeza de que algo de incomum havia acontecido. Na época, ainda não sabíamos como ele reagiria a tudo e queríamos que ele retornasse por vontade própria, para que pudéssemos sedimentar em sua memória, consciente ou não, a necessidade de não alardear o fato. Acreditávamos que havíamos sido descobertos por ele ao acaso, num descuido de vigilância. Estávamos preocupados com a possibilidade de Mino espalhar que nos vira. É claro que poucas pessoas acreditariam, mas atualmente já existem muitas pessoas que poderiam se interessar pela sua história. Porém, Mino retornou por outro caminho, traçado pelo destino, com certeza já conhecido por aqueles que, desde há muito, norteiam nosso desenvolvimento.

A cápsula foi levada para uma sala contígua à que estávamos e colocada sobre uma mesa baixa de pedra. Geron e Zene se aproximaram dela e colocaram um tubo de vidro de mais ou menos dez polegadas numa das extremidades da cápsula. Imediatamente o vapor azul foi sugado para outra cápsula transparente, só que esta bem maior e quadrada, onde uma pessoa poderia ficar em pé com bastante folga e com uma cama estreita no meio, parecida com uma maca de rodas de hospital. O vapor que para ali foi sugado lentamente foi se dissolvendo e, no interior da cápsula, apareceu uma réplica do corpo de Flávio, deitado na cama.

– Este é o corpo espiritual de Flávio – explicou-nos Geron –, separado do corpo material, para que possamos cuidar que este se mantenha em vida latente. É o que vocês chamam de letargia.

Como nada mais me impressionava, diante de tantos fatos realmente extraordinários, não fiz perguntas, apesar de tê-las para fazer. Resolvi esperar a sequência dos fatos.

Dois alunos de Geron aproximaram-se do corpo material de Flávio, abriram a cápsula e retiraram sua roupa encharcada. Eles usavam luvas que pareciam de borracha, relativamente grossas, as quais foram tiradas e jogadas dentro de uma caixa de metal quadrada, que estava a alguns metros afastada da mesa, juntamente com as roupas de Flávio.

Em seguida trouxeram um aparelho quadrado, de mais ou menos um metro de altura por meio de largura e profundidade, feito no mesmo metal azulado que circundava o submarino, que deslizava com facilidade e apresentava um painel com um monitor de vídeo, semelhante ao que existia no comando do Ondina. Porém, sob o visor apareciam sete pequenos quadrados luminosos, que emitiam a mesma luz laranja que tantas vezes tínhamos visto entre nossos E.Ts.

Zico cochichou em meu ouvido que aquela que operava o aparelho era Sidzi, a aloriana que o conduzira a Geron na sua primeira visita. Quando terminou de falar, bem baixinho, ela nos olhou e sorriu, como se tivesse percebido que falávamos dela. Olhei para Zico e falei.

– Acho que por aqui não existem segredos...

– Será que eles leem nossos pensamentos? – perguntou.

– Se quiséssemos, sim, porém, não seria ético – respondeu Geron, entrando na conversa, também com um sorriso. – Lembrem que podemos usar a telepatia para nossas comunicações, sendo que as frequências mentais que emitem podem ser identificadas e decifradas, no entanto, isto seria uma atitude inútil, um desperdício de tempo. Sidzi percebeu que se referiam a ela, devido a nossa natureza altamente sensível, porém, não se preocupem nem se vigiem, falem e pensem à vontade, não estão aqui para serem vigiados. Além do mais, se ficarem preocupados em controlar seus pensamentos, desperdiçarão tempo precioso de aprendizado e tempo existe para ser aproveitado.

Sidzi conversava com o aparelho e este respondia enquanto ela ia ligando ao corpo de Flávio finos filamentos luminosos, também alaranjados. O interessante é que esses filamentos não ficavam presos ao seu corpo por agulhas ou fitas adesivas. Quando ela os aproximava do corpo, estes eram puxados, como acontecem com um imã, e a luz laranja se espalhava sobre a pele, fazendo um halo de mais ou menos cinco centímetros de diâmetro.

Ela ligou sete fios, na seguinte ordem: no meio da cabeça; na testa; na parte anterior do pescoço; na altura do coração; sobre o estômago; na região do baço e sobre os pelos pubianos. Olhei para Andrea, buscando alguma explicação, pois, dentro do que eu já havia estudado, aqueles pontos representavam centros de força do espírito, ou os chacras de energia das tradições orientais, pontos onde circulam as energias que mantêm as atividades espirituais afinadas ao corpo. Foi novamente Geron que veio ao meu socorro. Pude perceber que ele lia com facilidade meus pensamentos, apesar de me responder como se isso não acontecesse:

– Estes são os centros vitais de energia, chacras, como vocês chamam. Através deles poderemos manter a integridade do corpo e do espírito de nosso amigo. Estamos transmitindo a eles a energia necessária para a manutenção da vida. Dentro de mais algumas horas, Flávio estará pronto para acordar.

As luzes alaranjadas que apareciam no painel, logo após o filamento ser ligado ao corpo, mudavam para uma cor verde-clara e esta cor percorria todo o filamento até chegar ao corpo. Não deixava de ser um espetáculo bonito, como num filme cheio de efeitos especiais. No caso, os efeitos eram a pura realidade.

Geron conversou rapidamente com Sidzi, depois se virou para nós e avisou:

– Meus amigos, é hora de partirem; já estamos perto das dezoito horas, seus familiares podem ficar preocupados e, para a segurança do nosso projeto, é melhor que não levantem suspeitas. Sabemos que não podem abandonar as atividades do dia a dia, principalmente dentro da profissão que abraçaram. Venham comigo, vou levá-los até a saída.

Acompanhamos nosso anfitrião pelo longo corredor do salão principal da imensa caverna. Enquanto subíamos a escada, arrisquei um teste e fiz mentalmente uma pergunta ao nosso amigo:

– Geron, em seu mundo, quando ainda existiam doenças, como estas eram tratadas?

Geron continuou subindo em silêncio, como se não tivesse registrado minha pergunta. Quando já estávamos dentro da sala por onde havíamos entrado, ele virou-se para mim e respondeu, novamente com um sorriso:

– Quando nossos corpos adoeciam, costumávamos usar energia extraída de uma infinidade de plantas e minerais, através de repetidas ativações do seu princípio vital...

– Homeopatia? – emendei.

– Muito semelhante, meu amigo – respondeu, com seu habitual sorriso.

Andrea e Zico nos olharam com estranheza. Não tinham entendido muito bem o que ocorria. Geron aproximou-se da parede de pedra e pronunciou seu nome, esta se abriu, depois de alguns segundos.

– Ainda tenho mais uma dúvida, Geron, ainda há tempo para saná-la?

– Se estiver ao meu alcance – respondeu-me com humildade.

– Você comentou que existe um acordo entre os alorianos e os orientadores espirituais de nosso planeta, sendo que vocês não podem invadir o nosso espaço além deste limite. Como então que Mino viu três de vocês lá fora naquela noite?

– E eu era um deles – respondeu Geron. – O que Mino viu foi uma exceção, um fato realmente raro. Na noite anterior àquela, ocorreu uma grande descarga elétrica, um raio, exatamente sobre o cume da colina maior da ilha, onde se localiza nossa central geradora de energia, a qual vocês terão oportunidade de conhecer em outras visitas. Esta descarga causou uma interrupção no recebimento da energia que nos chega de Alor, através do canal energético que mantém constante a comunicação com nosso planeta. Precisávamos fazer um novo rastreamento do espaço, a fim de sintonizar este canal, e não podíamos fazer isto aqui de dentro. Solicitamos autorização com seus governantes espirituais, que permitiram nossa saída. Como estávamos temporariamente com nossos aparelhos desativados, não sabíamos que existia um terráqueo na ilha.

“Julgamos que, com um mar revolto como aquele, ninguém seria louco o suficiente para vir até aqui; no entanto, seu irmão era suficientemente louco para isso. Eu e Iron, o outro aloriano que seu irmão viu, estávamos por demais preocupados para percebermos Mino nos observando. Queríamos resolver logo nosso problema para não transformá-lo em um problema maior. Porém Izel, que chegou posteriormente, o percebeu.

"Tivemos que tomar decisões rápidas e acabamos achando melhor trazer seu irmão aqui para dentro, para que nos conhecesse e levasse gravado em seu subconsciente a importância do nosso trabalho, o que ajudaria a não pensar em alardear o que viu. Coincidências do destino nos trouxeram Mino novamente mais tarde ao nosso encontro, em outra situação. Exatamente a situação que vocês vão conhecer na próxima visita. Agora é melhor partirem. Não é prudente manter esta porta aberta tanto tempo. Esperamos vocês no próximo sábado pela manhã."

Foi difícil retornarmos à realidade. Foi difícil olharmos para as coisas comuns do nosso dia a dia. Sem qualquer absurdo desmerecimento das coisas divinas, pareceram menos interessantes nossos jardins, jornais, casas, sapatos, automóveis... pessoas. Evidentemente esta reação íntima só vinha a evidenciar ainda mais nossa condição moral, nunca tão real como naqueles dias.

A nossa proximidade com Luco devolveu a ele a sua agitação habitual, que permaneceu desta vez por mais tempo, provavelmente por termos ficado mais tempo também em contato com o ambiente aloriano. Nos dias subsequentes pudemos perceber o quanto deixamos de perguntar, quantas dúvidas poderíamos ter tirado, a ponto de Zico reclamar que, da próxima oportunidade, não era para olharmos torto para ele quando fizesse perguntas.

Somando-se o extraordinário da situação com a quantidade enorme de informações a que submetemos nossas mentes, era totalmente desculpável nosso descuido. Esperávamos conseguir mais naturalidade e desenvoltura na próxima visita, que aguardávamos com muita ansiedade. Contamos o tempo delicadamente naquela semana e foi complicado resolvermos situações simples e inerentes à vida, como a falta de gás, abastecer o carro, comprar pão e leite, fazer depósitos no banco...

Na noite de sexta-feira, estávamos na casa de Andrea – iríamos dormir lá para, no outro dia, sairmos bem cedo para a ilha do Padre. Pedíamos a todos os santos, inclusive ao padre da ilha, em tom de brincadeira, para que o tempo não mudasse, não virasse o vento, que soprava manso da terra, mantendo calmo o mar. Pretendíamos dormir cedo, no entanto, perto das 21 horas, bateram na porta de maneira ansiosa e nos olhamos já intuindo o que seria, afinal, éramos médicos.

Zico antecipou-se em abrir e de lá nos avisou:

– É o Juninho... Tá procurando o senhor...

Antes que eu fosse à porta, Juninho, nosso amigo dependente químico, filho da orgulhosa dona Anita, já vinha entrando e era fácil perceber seu estado de nervosismo.

– Doutor Pedro, a Lica tá passando mal, por favor, venha comigo...

Não tivemos dúvidas e em poucos minutos estávamos em meu carro indo na direção da casa de Juninho, inclusive Zico e Andrea. No caminho, ele nos relatou que Lica tinha cheirado, mas que já não vinha passando muito bem há alguns dias, só que, no começo da noite, depois de cheirar, começou a vomitar e agora parecia que tinha desmaiado.

– Dona Anita está cuidando dela? – perguntei.

– Minha mãe não está em casa, parece que foi viajar, foi passar o fim de semana...

Não completou a frase e nem nós permitimos que ele completasse, fazendo a ele outras perguntas, na intenção de desviar o assunto, evidentemente delicado ao nosso amigo. Quando chegamos na sua casa, encontramos a porta aberta, que ele mesmo havia esquecido de fechar na sua pressa. Ela estava na sala de visitas, deitada no tapete e, aparentemente, desmaiada. Usava apenas uma camiseta e calcinha. Examinamos Lica e tranquilizamos Juninho: agora ela dormia, porém, sua roupa e o tapete estavam imundos e cheirando a azedo.

– Há três dias que ela vomita tudo que come – comentou Júnior.

Andrea levantou a camiseta de Lica e fez palpação, depois sentou no sofá atrás de si, olhou antes para mim, em seguida perguntou a Juninho:

– Você sabe se ela tem menstruado?

– Ela nunca me fala nada disso...

Depois de alguns minutos segurando o rosto entre as mãos, Andrea olhou fixamente para Juninho e falou:

– Ela não está doente... Ela está grávida... E de mais ou menos uns quatro meses... Como é que vocês ainda não descobriram isso?

Juninho colocou a cabeça entre os joelhos e as mãos na nuca. Ele tinha dezessete anos e provavelmente era o pai. Delicadamente, Andrea acordou Lica de seu sono profundo. Ela despertou tonta, mas era o suficiente para que a levássemos para o quarto de Júnior. Lá tiramos aquela roupa suja e a colocamos no banheiro. Andrea ajudou-a a tomar um banho, enquanto eu e Juninho fomos à casa de Lica buscar roupas limpas, porém, não encontramos ninguém. Fui até a casa de Andrea e peguei algumas de suas roupas, que deveriam servir para Lica. Depois de vestida e acomodada na cama, Andrea, que agira o tempo todo quieta, perguntou:

– Por que você não contou que estava grávida?

– Eu contei pra minha mãe, pedi ajuda – falou Lica, depois de um reflexivo silêncio. – Ela foi embora quarta-feira pra casa da irmã, disse que eu já era "de maior", saberia me cuidar. Já que fui eu que fiz isso, era pra eu mesma resolver o problema. Contar pro Ju não ia adiantar nada, afinal de contas, eu vou tirar mesmo...

Já passava da meia-noite e eu havia trazido a Arlinda, a única enfermeira profissional da cidade e pessoa da minha inteira confiança, para cuidar de Lica durante o fim de semana. Entendi, de imediato, a agonia que se instalara em Lica. Não era hora de discutir o certo ou o errado. Quais eram os parâmetros de certo e errado para ela? Sua mãe? No momento ela só precisava de atenção, carinho.

Juninho estava parado na porta do quarto, não dizia nada, porém, já estava mais calmo e era fácil perceber que ele concordava com a ideia de aborto. Sentei-me também ao lado da cama, segurei a mão de Lica, que me olhou um pouco confusa, e falei:

– Não se preocupe com nada, nós estamos do teu lado, não vamos deixar que nada de ruim aconteça. Agora não é hora de tomar decisões, porém, se quiser, eu mesmo tiro ele para você...

Quando uma mulher fala em abortar, raramente fala em alguém. Consegue falar vou tirar, mas dificilmente diz "vou tirar ele". Quando usei esta expressão, Lica, que olhava para minhas mãos segurando as dela, olhou-me nos olhos, até me fazendo sentir um assassino com sua expressão. Depois ela mesma se flagrou e voltou a olhar nossas mãos.

Andrea endereçou-me um olhar carregado de dúvidas, porém, sorri para ela discretamente e ela entendeu que não deveria contrariar. Depois expliquei que eu tinha medo que, se ela soubesse que éramos contra o aborto, na nossa ausência, tentasse alguma coisa. Quase com certeza, com atenção e carinho, poderíamos conseguir que ela mudasse de ideia.

Deixamos Lica e Júnior aos cuidados de Arlinda, que, além de ótima profissional, era uma pessoa terna e afetiva. Como ela era meu braço direito no hospital e no Conselho Municipal de Entorpecentes, já conhecia o caso dos dois, o que me deixava bastante tranquilo para nos ausentarmos e irmos ao encontro de nossas dúvidas.

Às seis horas da manhã, Zico já estava de pé e tentava nos acordar. Quando chegamos no rio para pegarmos o barco de meu pai, seu Antônio estava lá, nos esperando:

– Vim cobrar o aluguel do barco – falou com um sorriso, enquanto nos aproximávamos.

– E qual é o preço? – perguntou Andrea, tentando mostrar simpatia, apesar de a presença dele ali não ser esperada.

– O preço é deixarem que eu vá junto com vocês. Semana passada vocês saíram de manhã e só voltaram à noite. Não quero bisbilhotar o que vão fazer lá na ilha, só que a Cândida fica preocupada e, se eu for junto, cuido de vocês por este mar.

Olhamo-nos surpresos, aquilo era inesperado. Eu tinha pedido o barco emprestado para alguns finais de semana, principalmente por que ele não estava mais saindo para pescar. Contei a ele que estávamos fazendo experiências psíquicas e a ilha era um ambiente tranquilo para isso. Como meu pai era espírita há muito tempo e conhecia até melhor do que eu sobre espiritualismo, ou ao menos mediunismo, não achou estranho. Na oportunidade tivemos uma conversa interessante sobre o assunto, que a profusão de fatos fantásticos não me tinham dado tempo para pensar melhor nela:

– Vocês estão procurando uma solução para o Luco?

– Quando a medicina não encontra a solução, temos que ir além dela. – respondi.

– Eu e a Cândida colocamos o nome dele na irradiação do centro. Tua mãe recebeu uma mensagem psicografada na reunião mediúnica, dizendo que muitos irmãos estavam ajudando a solucionar o caso e que iria ficar muito bem...

– E só agora o senhor me diz isso?

– Foi esta semana... além do mais, faz tanto tempo que não falamos sobre o assunto. Tu não parece se interessar muito, o que é um erro... só que já tem idade bastante pra saber o que é melhor. Mas eu e tua mãe gostaríamos que ao menos tu fosse no centro uma vez ou outra. O mundo da droga que andas envolvido é muito pesado, só faria bem ouvir uma boa palestra e receber um passe.

Enquanto lembrava da conversa, analisava a situação de ele ir conosco para a ilha. Logo entendi que não haveria nenhum problema, pelo contrário, estaríamos mais seguros com ele por perto. Entendia também o quanto ele tinha razão no conselho sobre frequentar o centro espírita e me inteirar mais do mundo dos espíritos, principalmente agora que entendia melhor a importância da espiritualidade na condução dos destinos do nosso mundo e de cada um individualmente. De nosso mundo e de outros também...

Para surpresa de todos e até do meu pai, perguntei:

– E o senhor trouxe os caniços e iscas? A gente pode demorar de novo...

– Já tá tudo no barco – falou eufórico seu Antônio, mais alegre pela demonstração de confiança do que pelo fato em si de deixarmos que viesse conosco. – Se vocês quiserem, preparo o almoço pra vocês com os peixes que eu matar[6] – completou.

Ele tinha razão, nos ajudaria estando por perto, afinal, deveríamos ficar o dia inteiro dentro da ilha e o tempo poderia mudar de repente. Seria mais seguro com ele por perto.

As sete horas, estávamos desembarcando na ilha do Padre. Meu pai ficou preparando um acampamento e pedimos que ele não subisse à nossa procura. Não foi necessário darmos explicações. Ainda falamos que talvez não voltássemos para o almoço, ele estranhou um pouco, mas não fez comentários. As sete horas e trinta minutos, Zico parava na frente da pedra e, antes de dizer seu nome, ainda falou:

– Não esqueçam, vou fazer perguntas, não me olhem atravessado. Eu não sou estudado como vocês, não fica feio se a pergunta for tola.

Falou seu nome e repetiu-se, imediatamente, a mesma operação, até que se abriu a imperceptível porta. Entramos e encontramos vazia a sala, a porta fechou atrás de nós. Vinte minutos depois, quando já estávamos acostumados novamente à forte luz laranja, abriu-se a segunda porta e Geron apareceu, com seu sorriso agradável, nos cumprimentando:

– É bom revê-los, aqui! Venham, não vamos perder tempo. Temos muito que ver, muito que conversar, não é mesmo Zico?

[6] Matar: embora o termo 'matar' possa soar pesado, principalmente do ponto de vista ecológico, esta é a forma comum dos pescadores do sul do país se expressarem.

– É isso aí! Acho melhor eu assumir a chefia desta expedição. Vamos lá gente – falou e foi entrando.

Todos rimos. Era evidente que nos sentíamos mais à vontade. Com certeza nossa visita seria proveitosa.

Geron desceu rapidamente a escada que levava ao salão principal e continuou andando à nossa frente pelo corredor maior, entre os computadores. Descemos o elevador até o salão do Ondina e entramos na sala onde tínhamos visto por último o náufrago que recolhêramos. Muitos alunos, com vários aparelhos, se concentravam em torno do seu corpo, no entanto, pudemos perceber que nenhum deles o tocava.

Geron pediu que nos aproximássemos de um dos aparelhos colocado do lado direito de Flávio. Era muito parecido com os outros, apoiava-se no solo por um pedestal fixado em um tripé e apresentava um painel sem botões e uma tela de vídeo. Da parte superior da tela saía um fio, que parecia fibra óptica, de um centímetro de espessura. Na ponta desse fio existia uma pequena lâmpada de luz verde, muito intensa, que derramava sua luz sobre a região do coração de Flávio.

O mais interessante nesta luz era que, ao entrar em contato com a pele, não causava nenhum reflexo, parecia que era absorvida pelo corpo. Na tela podíamos ver imagens impressionantes: no momento víamos as imagens de uma pequena deposição de gordura na parede de uma artéria coronária. Não contive minha curiosidade, diante de tamanha precisão e fidelidade de imagens. Perguntei, de maneira entrecortada, tentando escolher melhor as palavras:

– Como vocês conseguem... sem invadir o corpo, ter tanta definição? Como definem o querem ver? Até onde vocês podem ver, digo, em relação a tamanho, diminuição, microscopia?

O aluno que trabalhava com aparelho olhou para Geron e este consentiu com a cabeça, então respondeu:

– Permita-me que eu responda. Meu nome é Tíran, estou na fase final do meu curso e domino seu idioma. A precisão da imagem depende exclusivamente de minha vontade. No momento, solicitei ao aparelho uma imagem de um corte seccional há seis centímetros da pele, pensando em encontrar esta estrutura que aparece no vídeo. A partir do momento em que ela é encontrada, pedimos mais definição, aumento, diminuição. Na mesma secção podemos estudar outras infindáveis estruturas, assim, por exemplo: "Aumento"...

No mesmo instante, na tela, começou a mudar a imagem da placa de gordura, que aparecia grudada à parede da artéria. A imagem foi ficando amarelada até começar a definir-se, aparecendo inúmeros filamentos interligados, num emaranhado. Era uma imagem tridimensional lindíssima.

– Agora estamos dentro da placa de gordura... "Aumento"... Vejam, longas cadeias de ácidos graxos...

– Como pude ver, o comando é vocal novamente, mas você falou com o aparelho no meu idioma e ele respondeu. Como pode ser? Quanto de aumento vocês conseguem?

– O limite do nosso aumento é a matéria, ou seja, enquanto houver matéria, podemos enxergar; quando esta passa a ser energia, necessitamos de outros aparelhos de análise – respondeu Tíran. – Em relação ao comando vocal, o aparelho responde à modulação de minha voz, fazendo nela a leitura da minha intenção, independente do idioma que eu fale. Lembre-se apenas que cada aparelho tem o seu programa de trabalho estabelecido; se eu pedir uma função que não seja do seu programa, obviamente ele não me dará nenhuma resposta. Vamos explorar um pouco mais.

Continuou falando com o aparelho e as imagens foram se modificando de forma maravilhosa aos nossos olhos. Encontramos uma célula nervosa e suas respectivas sinapses; pediu aumento e fomos até o movimento do impulso nervoso percorrendo a célula, o que pôde ser visto à medida que Tíran pedia que se diminuísse a velocidade da imagem.

Posteriormente ele me informou que, para este procedimento, o aparelho gravava um instante de atividade, depois reproduzia em videoteipe, na velocidade por ele comandada. Desta forma, pude ver o mecanismo da bomba de sódio e potássio que conduz o impulso nervoso pelo corpo da célula, tanto estudado nas aulas de fisiologia. Se nossos alunos de medicina tivessem acesso a um aparelho como este, era certo que daríamos passos enormes na qualificação da saúde.

Ainda vimos, em outras secções do corpo, a contração das miofibrilas, a ação das enzimas digestivas, naquele momento praticamente sem atuação, devido ao estado cataléptico do corpo de Flávio. Pudemos observar o transporte de oxigênio pelas hemácias, desde sua captação nos alvéolos pulmonares, até sua distribuição pelas células. Entramos no interior de um osteoblasto para vermos sua atividade de formação óssea, através da produção de fibrilas proteicas que, posteriormente, eram ordenadamente revestidas de sais minerais, no processo de remodelação óssea.

Ficamos realmente maravilhados a ponto de perdermos a noção da hora. Geron havia saído sem que percebêssemos, deixando a encargo de Tíran as explicações. Com certeza estava no seu programa essa nossa atividade. Quando voltou, tivemos uma nova surpresa: junto com ele vinha Flávio, perfeitamente desdobrado e aparentemente materializado, tamanha era a consistência de seu corpo espiritual. Sorriu e estendeu a mão para nos cumprimentar:

– Então são vocês os privilegiados que conheceram os alorianos enquanto vivos?

– E o amigo, por acaso, está morto? – perguntou Andrea.

– Só que não posso mais voltar para contar tudo isso pra minha turma, ao menos por enquanto. É claro que me chamariam de louco, mas valeria a pena tentar.

– Você ainda me parece triste com a situação – falei, percebendo em suas palavras e seu olhar uma fagulha de melancolia.

– Eu já sei que também sou um privilegiado, por ter sido escolhido para colaborar com estas pessoas. Sei que não enfrentarei turbulências na minha volta à vida espiritual e que minha colaboração será bem vista no abono de algumas de minha faltas, no entanto, é impossível não sentir saudades daqueles que ficaram: amigos, família, é necessário um tempo para me acostumar...

Neste momento, Geron entrou na conversa, como sempre antecipando nossas perguntas:

– Não é qualquer pessoa que recolhemos para a atividade que se submete nosso amigo Flávio. Obviamente, nem todos os que desencarnam na região, por afogamento, apresentam as condições necessárias para serem recolhidos. No caso de Flávio, por exemplo, já sabíamos previamente do seu estado evolutivo, da sua compreensão dos assuntos do espírito, apesar de ele nunca se rotular com o título de nenhuma religião. Sabíamos que teria condições de entender nossas finalidades.

– Nunca ninguém se rebelou? – atalhou Zico.

– Tivemos alguns casos de melancolia mais duradoura. Especialmente tivemos um caso que nos causou algumas complicações, mas que não foi uma revolta – falou Geron, olhando para mim.

– Mino...?

– Exato. Seu irmão fez com que revisássemos alguns de nossos critérios. A permanência normal de um terráqueo em estudo aqui é de uma a três semanas do seu tempo. No entanto, Mino ficou aqui seis meses. Chegou até a conseguir uma viagem a Alor. Foi um caso realmente excepcional – comentou Geron, com um largo sorriso, manifestando grande simpatia por Mino.

Geron levou Flávio até um compartimento que se abria do lado oposto da sala de estudos em que estávamos, que parecia uma sala de descanso. O piso, que nas outras salas eram de pedras polidas e justapostas, ali era substituído por um tipo de tapete de espuma, ou borracha macia, de cor amarela, e muitas almofadas de mais ou menos um metro quadrado, do mesmo material e cor. Flávio precisava descansar, segundo Geron, pois seu estado de semilibertação e semimaterialização, não permitia períodos muito longos de atividade, para o próprio bem de seu corpo espiritual.

– E Mino, como conseguiu manter esse estado por seis meses? – perguntei.

– O caso dele foi todo diferente. A começar pelo fato de que ele já nos conhecia. Seu corpo permaneceu em estudos por três semanas, como é de costume, porém, depois disso, Mino, que já havia nos cativado sobremaneira e que, neste curto espaço de tempo, já tinha conseguido uma audiência com Yano, o responsável geral por nossas atividades aqui, obteve dele o direito de permanecer conosco mais algum tempo. No total foram sete meses. Reativamos as atividades naturais do seu corpo e ele voltou a habitá-lo, não da maneira habitual, evidentemente, foi necessário alguma desmaterialização, como acontece com vocês, uma diminuição do potencial magnético da matéria que lhe servia de corpo.

– Não é você o chefão? – interrompeu Zico, como sempre.

– Quem me dera ter a evolução de Yano; sou apenas um de seus servidores. Como eu dizia, Mino conversou com Yano e o convenceu de ficar um pouco mais. Nenhum de nós se incomodou com a ideia.

– E você soube quais argumentos ele usou? – perguntei

– Na verdade não foram bem seus argumentos, mas sim seu estado de espírito. Ele argumentou que sua permanência aqui poderia ser proveitosa para o progresso das pessoas que com ele se relacionam em repetidas encarnações, sendo que o aprendizado que poderia ter conosco ficaria arquivado em sua memória, no subconsciente, vindo a despertar no futuro, no momento adequado. Sua ideia não deixava de ser pretensiosa: ele se dispunha a ser o veículo de introdução de algumas de nossas descobertas na Terra. Submetia-se até a uma vida totalmente desprendida de satisfações materiais, tamanho foi o deslumbramento com o que viu aqui. No entanto, o que mais pesou na decisão de Yano em mantê-lo mais tempo conosco, como eu disse, foi a alegria incomum que Mino trazia, mesmo na situação em que se encontrava – um elemento de nossas emoções que se fazia necessário estudar com mais carinho e que se manifestava de forma muito diferente nos diversos estágios evolutivos.

"O estudo da alegria de Mino nos levou a entendermos que nós, alorianos, havíamos, de certa forma, atropelado esta emoção, tão envolvidos que estávamos com a procura do conhecimento. Hoje, o estado de alegria que vocês podem perceber em todos nossos alunos, em grande parte é mérito de Mino. Ele é lembrado com carinho por aqueles que o conheceram, e admirado por todos os que sabem de sua passagem por aqui. Virou parte de nossa história. Posteriormente, descobrimos que Mino passava por aqui com objetivos ainda maiores do que podíamos supor, como vocês ainda virão a saber."

Enquanto Geron falava, caminhávamos lentamente até o elevador que havia nos trazido. Apenas o seguíamos. Subimos com o elevador, que passou direto pelo salão principal e continuou subindo até chegarmos em uma nova sala, ampla e decorada sobriamente. Suas paredes eram brancas e lisas, diferentes das demais, que eram de pedra bruta. Nelas viam-se várias pinturas espetaculares. Segundo Geron, eram paisagens de Alor, que obviamente nos tomou algum tempo, devido a nossa curiosidade em conhecer o planeta. Era bastante parecido fisicamente com as paisagens terráqueas: rios, vales, mares, montanhas. No entanto, o céu era avermelhado, o que nos levava a deduzir o motivo de todas as salas serem banhadas com a mesma luz avermelhada.

– A música, a poesia, a pintura, a arte, enfim, são manifestações da grandeza divina, em qualquer povo, qualquer planeta – comentou Geron. – Em Alor, a arte é elemento de equilíbrio, desenvolvida em todas as pessoas, que nelas encontram o descanso e recobram o ânimo para continuar a luta por novas conquistas. Não é nossa forma de diversão, é nossa maneira de recuperarmos o equilíbrio. Estas obras que podem ver aqui são pinturas dos filhos de Yano. São lembranças que ele guarda. Estamos no interior da colina maior da ilha; aqui fica a nossa central geradora de energia, logo abaixo de nós, e nosso canal de comunicação com Alor, logo acima.

Quando Geron terminou de falar, de uma parede inteira branca abriu-se uma porta e por ela apareceu uma pessoa. Geron adiantou-se, parou em frente ao recém-chegado, colocou a mão direita sobre o peito e a mão esquerda atrás do corpo e baixou levemente a cabeça. No mesmo momento, o estranho respondeu ao seu gesto, abrindo os braços e abraçando-o:

– Geron, sem reverências. A saudade que sinto não permite que tenhamos formalidades.

Foi um abraço demorado e emotivo; podíamos ver nos olhos de ambos o brilho de lágrimas discretas, o que, em pessoas tão evidentemente racionais, demonstrava um forte envolvimento afetivo. Quando se separaram, Geron virou-se para nós e falou:

– Este é Yano. Hoje ele é o responsável geral pelas atividades de nosso povo em outros planetas. Na época de Mino, ele ocupava o posto que agora eu ocupo, no entanto, naquela época o seu cargo não permitia que saísse aqui desta sala como eu faço hoje. Porém, graças à constante evolução, inclusive de nossa forma de governar, hoje eu tenho muito mais liberdade, como vocês puderam observar.

"Ele já se encontra aqui faz oito dias do seu calendário, no entanto, por ter vindo de planetas onde o estado evolutivo é ainda mais adiantado que o nosso, precisou de um tempo para ajustar sua frequência vibratória e assim poder estar aqui conosco neste momento. Como vocês veem, não atropelamos nunca a ciência, tudo é feito como é necessário."

Foi fácil de perceber que o tempo maior de preparação de Yano era vinculado mais à nossa presença ali, porém Geron, delicadamente, contornou o assunto.

Yano aparentava ser um senhor de meia idade, próximo dos cinquenta anos, se fosse um terráqueo. Quando pensei nisso, me dei conta de que nunca tinha perguntado quantos anos tinha Geron, qual o tempo médio de vida de um aloriano. Ele tinha os cabelos totalmente brancos, como Geron, a pele era levemente morena, aproximadamente um metro e oitenta de altura, olhos profundamente verdes, magro e vestia uma roupa branca leve e solta no corpo, amarrada na cintura por um cordão vermelho, bem diferente dos outros com seus uniformes colados ao corpo. Era, sem dúvida, uma pessoa muito bonita. Todos os alorianos que conhecíamos eram muito bonitos, no entanto, Yano superava esta beleza com alguma coisa a mais que eu ainda não conseguia identificar, havia algo ainda mais etéreo em sua figura. Após a apresentação, comentou:

– Vocês não sabem a alegria que sinto em conhecê-los. Já há alguns anos não venho a este planeta, pois a condução segura de Geron não tem me dado a chance de voltar a este lugar, onde guardo tantas boas lembranças. Chegar aqui e encontrar a família de Mino é um presente aos meus dias dedicados ao trabalho.

Estendeu a mão inicialmente a Andrea, depois Zico e, finalmente, para mim. O toque de sua mão inicialmente me surpreendeu: havia consistência, porém, pouco peso, com se eu estivesse cumprimentando alguém que tinha só a superfície. A temperatura de sua mão era mais quente que a minha e, enquanto a segurava, comentou:

– O irmão de Mino. Você cresceu. Seu irmão foi a primeira pessoa de outro planeta que visitou o nosso, excetuando-se os espíritos mais adiantados que já têm condições para isso. Também foi o primeiro que ficou conosco por sete meses. Muitas de nossas atividades atuais foram direcionadas graças a ele...

– E onde ele está agora? – perguntei, sem conseguir disfarçar minha ansiedade. Os comentários de Yano soavam como se Mino estivesse próximo, na sala ao lado, ouvindo nossa conversa e rindo de nossas apreensões.

– Ele está bem, mas não está conosco agora, não está na sala ao lado. Sua dúvida principal é se ele ainda está vivo, habitando o mesmo corpo que você conheceu. Obviamente, ele continua vivo, mas não possui mais aquele corpo, do contrário estaríamos fugindo ao nosso acordo com os dirigentes espirituais da Terra. Ele deixou aquele corpo após sete meses de convívio conosco e hoje ele habita uma das cidades espirituais de sua órbita, especificamente uma colônia destinada às pessoas já razoavelmente desenvolvidas e que apresentam condições de conciliar suas necessidades evolutivas com atividades que levem novas doses de progresso para a humanidade. O nome desta colônia é Antares e fica em posição intermediária, no raio de atuação magnética da Terra.

Após alguns segundos de silêncio, olhou-me novamente e completou:

– Mino, hoje, faz parte de uma ação em conjunto dos orientadores espirituais da Terra com os nossos dirigentes de pesquisa científica e, especificamente por isso, vocês poderão encontrá-lo.

Aquela notícia agiu como uma onda magnética que invadiu meu corpo, alterando totalmente o ritmo normal da minha atividade orgânica. Sentia-me como uma criança ganhando um brinquedo pelo qual sonhou por muito tempo e, apesar da alegria, meus olhos turvaram-se de lágrimas. Andrea, percebendo e compreendendo minha emoção, abraçou-me com carinho. Depois, ainda abraçada a mim, perguntou a Yano:

– E Luíza?

– Evidentemente, seria injusto separá-los, no entanto, no momento não será possível reencontrá-la. Luísa também faz parte do mesmo programa conjunto, porém, seu estágio de preparo difere do de Mino. Ela está bem, com certeza. Logo vocês terão notícias mais concretas do que as que posso dar agora, peço-lhes paciência.

Já havíamos nos acostumado a entender que todas as informações que nos passavam seguiam uma rígida sequência racional, sendo que sempre nossas dúvidas acabavam se dissipando no momento exato para que ela deixasse de existir. Desta forma, não havia perda de tempo, como se a atividade mental necessitasse ser resguardada de pensamentos e palavras desnecessárias.

Yano caminhava pela sala enquanto falava, até que parou no meio de uma parede inteiramente branca, sem telas, no lado oposto de onde tinha entrado; no mesmo instante em que parou, abriu-se uma porta. Foi fácil perceber que ele tinha usado comando mental para fazer isso.

– Não estou sendo cortês, conversando com vocês aqui, sem convidá-los ao meu escritório. Venham.

Capítulo 44

O escritório de Yano era quase indescritível pela nossa linguagem. O chão parecia um vidro transparente e, através dele, podíamos ver uma imensa caverna que se projetava para baixo, iluminada por uma tênue luz esverdeada, onde, no fundo, podíamos ver uma lagoa, com certeza uma comunicação com o mar, de água cristalina e também esverdeada, como se fosse um néon.

As paredes e o teto, em forma de abóbada, pareciam não existir, como se estivéssemos ao ar livre e em uma noite de lua cheia, mergulhada em um céu límpido e estrelado, em terceira dimensão, onde se podia até perceber quais estrelas estavam mais próximas, quais as mais distantes. Aproximei-me da imagem e pude perceber que era uma imensa tela, uma pintura perfeita, que chegava a confundir nossas percepções naturais. A luz que dela irradiava era tênue e prateada, dando ao ambiente uma sensação telúrica. Yano também examinava a tela, tocando-a levemente com a ponta dos dedos. Depois do seu exame, virou-se para nós e fez um comentário que nos tomou de surpresa:

– Ficou magnífico! Meu filho mais velho está cada vez mais próximo da perfeição... – Olhando para Geron, completou, com grande ternura: – Obrigado por ter feito esta pintura para mim...

Geron, para nossa surpresa, era filho de Yano. Ele apenas sorriu, não fez nenhum comentário, porém, pudemos notar que não o tinha feito verbalmente, mas, até para nós, no momento pobres mortais, era possível perceber não só a comunicação telepática que mantinham, como também a imensa troca afetiva que sustentavam. Novamente apareceram discretas lágrimas em seus olhos.

No meio da sala existia uma grande mesa redonda e baixa, não mais que quarenta centímetros de altura e o material de que era feito lembrava muito a pedra de Luco; parecia uma imensa esmeralda. Ao redor da mesma, almofadas quadradas e não muito espessas, recobertas por um tecido liso e prateado. Tudo no ambiente era coerente, as cores, a luz, o que o tornava extremamente confortável e relaxante.

Yano sentou-se em uma das almofadas, da maneira que os orientais costumam sentar, na posição de lótus, e pediu que também sentássemos. Depois de acomodados, abriu-nos novamente um largo sorriso, olhou para cada um de nós e falou:

– Acredito que grande parte de suas dúvidas estão desfeitas: vocês já sabem quem somos, de onde viemos e o que fazemos aqui. As dúvidas que ainda persistem, pretendo saná-las a partir de agora. Quem gostaria de me fazer a primeira pergunta?

– Quantos anos vocês vivem? Quantos anos você tem? E Geron? O que vocês comem? Como vocês nascem e morrem? Onde está a espaçonave que os traz até aqui?

Era Zico, totalmente à vontade, disparando sua rajada de perguntas na primeira oportunidade que teve. Yano sorriu no começo, depois chegou quase a gargalhar, mas não de maneira ofensiva a Zico, que, depois de todas as perguntas e também rindo, nos falou:

– Desculpem, compreendo que vocês tenham outras dúvidas, só que não sei como vocês se aguentaram sem fazer até agora estas perguntas que eu fiz.

– Você tem razão, meu filho – falou Yano, carinhosamente –, mas, vamos por partes: os alorianos vivem em seus corpos, que, como vocês sabem, são muito mais rarefeitos do que os de vocês, em média 180 anos, se tomarmos por medida a sua contagem de tempo. Nascemos como vocês nascem, somos humanos como vocês, apenas mais evoluídos, e não há nenhuma pretensão nesta afirmação. A diferença primordial é que somos concebidos apenas em relacionamentos onde o amor é soberano, o que permite que a formação do corpo por aquele que está reencarnando seja facilitada para que ele, na vida material, possa ter uma estrutura física bastante semelhante da que possui seu espírito quando liberto dos liames da matéria.

"Conseguimos evoluir o suficiente para controlarmos naturalmente a natalidade. As relações sexuais afetivas, onde existe amor, porém ainda iniciante ou mesmo aquele limitado pelas diferenças de tendências e aptidões, não conseguem, pela sua estrutura magnética natural, preparar o corpo da mulher para a sublime tarefa de nos trazer de retorno à matéria.

Isto já pode responder uma futura pergunta sua: sim, fazemos sexo, não só para a procriação, mas também para nossa satisfação pessoal.

"Chegará um dia em que sua humanidade perceberá que a energia sexual é a formiga operária da Criação e que, sem ela, nas suas mais variadas formas de manifestação, desde uma ameba até os seres angélicos, não haveria progresso. Verdadeiramente, não existiria a vida. Porém, não entendam sexo apenas como uma atividade física entre corpos de polaridade masculina e feminina. Isto seria uma compreensão simplista da realidade sexual. Sexo é energia criadora e, depois de superadas as fases iniciais da evolução, é trocada entre pessoas, indiferentes de suas polaridades, desde que exista a intenção de se construir alguma coisa positiva ao bem-estar de todos. Se duas pessoas se reúnem para desenvolver uma tarefa que levará benefícios a outras, de alguma maneira estão trocando energias sexuais, pois estão construindo e construção pode ser sinônimo de sexo, olhando-se desta maneira.

"Diferenças maiores residem no momento de nossa morte na matéria, pois, evidentemente não necessitamos mais das emoções dolorosas que a acompanham, como acontece ainda aqui na Terra. Nosso desencarne acontece de forma mais natural, quando se extingue a carga energética do corpo material que nos guarda. Vocês já viram a libertação parcial do espírito de um náufrago aqui recolhido; nosso desencarne é semelhante."

Yano fez uma pausa, pois, sem nenhuma dúvida, precisávamos apreender com cuidado todos estes ensinamentos que, apesar da simplicidade com que ele falava, eram significativamente profundos. Depois de um tempo, talvez uns três minutos, continuou sua explicação:

– Se eu fosse um terráqueo, na sua contagem de tempo, teria 138 anos; em Alor, eu tenho 47 anos. Geron, meu filho mais velho, aqui teria 79 anos; em Alor, 27. Nossa alimentação baseia-se no aproveitamento das reservas nutritivas do ar e da água, de onde retiramos oitenta por cento de nossas necessidades orgânicas. Os vinte por cento restantes retiramos de vegetais inferiores. Aqui na terra, o principal elemento vegetal de nossa alimentação são as algas, tanto as microscópicas como as macroscópicas. Temos aparelhos que, à semelhança de suas baleias, filtram da água do mar as algas microscópicas e, em algumas de nossas cavernas que se comunicam com o mar, temos plantações de algas macroscópicas. Em breve pedirei para que nos seja servida uma refeição e vocês entenderão melhor o que eu digo.

"Em relação à nossa espaçonave, não vou lhes dar maiores explicações agora, deixarei que vocês mesmo a conheçam, em breve, quando terão a oportunidade de visitar Alor, se quiserem é claro."

– Nós vamos viajar pelo espaço? Nós vamos pro teu planeta? – interrompeu Zico, meio gaguejando.

– Estão convidados. Se quiserem ir, eu os levo, afinal de contas, é uma viagem já programada dentro do projeto LUCO.

– É claro que queremos... ou melhor... eu quero... – falou Zico, olhando para mim e Andrea.

Abracei Andrea, que estava sentada ao meu lado, e respondi:

– Queremos sim, Zico; não se preocupe, entramos nisso juntos, ficaremos juntos.

– Se Zico não tem mais dúvidas, ao menos por enquanto, gostaria de saber das suas – falou-nos Yano.

– Sobre Luco – falou Andrea –, o principal motivo que nos trouxe até aqui, no momento, é o seu estado de saúde. O que podemos fazer?

Pude perceber que a resposta não era tão simples, pois mesmo Yano parecia que estava escolhendo as palavras antes de responder:

– Na verdade, o motivo principal de estarem aqui não é propriamente o estado de saúde de Luco. Estão aqui para darmos continuidade ao trabalho começado por nós no tempo de Mino e motivado por ele. A perda da pedra de Luco já era prevista, sendo que o seu posterior estado de saúde desequilibrado serviu apenas para que vocês viessem parar entre nós. Desta maneira, como vieram até aqui por livre vontade, fica muito mais fácil entenderem quais são as nossas intenções.

– E Luco, como ficará sua saúde? – perguntou Andrea.

– A princípio, ele não conseguirá voltar ao seu equilíbrio normal sem utilizar uma nova pedra de *zídion*, reconfigurada ao seu novo estado. Por muito tempo seus centros de força captores de energia habituaram-se a retomar o equilíbrio através do poder magnético do *zídion*. Devido isso, agora ele não está conseguindo captar essas energias como as demais pessoas, do ambiente espiritual que o cerca e mesmo do ambiente material. Nós já temos preparada uma nova pedra para ele, que não possui o mesmo potencial corretivo da antiga e que, mesmo assim, custou grande esforço de nossos cientistas na sua criação. Como Geron já lhes disse, não fabricamos pedras de *zídion* que manifestem um campo magnético defeituoso. No entanto, para Luco tivemos que fazer isso. Obviamente esta pedra será usada por um tempo limitado e a atividade principal dela é reeducar os centros de força, fazendo-os voltar a absorver as energias do ambiente que o cerca.

– E qual a finalidade de tudo isso? – perguntou Andrea. – Desculpe-me a pergunta, pois, conhecendo-os um pouco, é evidente que não teriam todo este trabalho apenas para satisfazer uma vontade de Mino.

– Este é um assunto delicado. Inicialmente vocês precisam compreender que, apesar da evolução que conseguimos, somos sempre convidados pela vida a crescer mais, sendo que as decisões que precisamos tomar são sempre por nossa conta e risco, no exercício de nosso livre-arbítrio. O fato de termos atingindo um grau evolutivo mais elevado, não quer dizer que as nossas decisões são fáceis, muito pelo contrário. Quando decidimos ir adiante na ideia de Mino de introduzir no ambiente de sua humanidade um elemento adquirido pelas nossas conquistas evolutivas, sabíamos que estávamos assumindo uma grande responsabilidade. No entanto, todas as nossas análises e avaliações nos fizeram perceber que, dentro da permissão de seu Governador Espiritual para que estagiássemos em seu planeta e estudássemos sua humanidade, não havia apenas uma intenção bondosa. Na verdade, ele queria mais de nós, e nos pareceu evidente que não poderíamos ficar tanto tempo em seu planeta sem colaborarmos de alguma maneira para sua maior evolução. Ficou claro que era o tempo adequado para que fizéssemos alguma coisa. A evolução da Terra já permitia uma atitude como essa. Mino nos pareceu o instrumento comandado pelos emissários de seu Grande Orientador para que pudéssemos ajudar a humanidade terrena.

– Mas, se vocês conseguem entrar em contato com os dirigentes de nosso planeta, por que eles mesmos não pediram a ajuda de vocês? – perguntei.

Yano me olhou com um sorriso meigo e não respondeu de imediato, fazendo com que eu refletisse a minha própria pergunta. Quando ele começou a responder, eu já sabia a resposta, não sei se por mim mesmo ou pela influência da presença dos dois.

– O primeiro motivo de não terem pedido nossa ajuda – respondeu Yano, mais para Andrea e Zico do que para mim – é que eles não precisam de nossa ajuda. O outro e mais importante é a demonstração de que não é por acaso, evidentemente, que Jesus é o Governador deste sistema estelar. Nós também estamos sendo ajudados.

– Como assim? – atalhou Zico.

– Jesus nos permitiu que tomássemos esta decisão, pois, desta maneira, estamos colocando em prova a capacidade de nosso livre-arbítrio. Com isso crescemos e nos tornamos ainda mais responsáveis pelos nossos atos. Evidentemente que, se nossa decisão fosse fora do tempo adequado, de alguma maneira delicada não seria possível a execução do projeto. Vocês não conseguem avaliar a importância, para nós alorianos, do projeto Luco. Na verdade, a sapiência de seu Governador marcou uma nova fase evolutiva de nosso povo, pois nos mostrou que já estamos em condições de trabalhar a favor dos povos que estudamos. Se não tivéssemos evoluído, não nos seria dada esta oportunidade. Hoje nossas atividades científicas estão todas remodeladas, depois do início deste projeto, e já em outros planetas acontecem atividades semelhantes. Acabou para nós o tempo de observação e formação de "auxiliares dos grandes orientadores", o que já era para nós um grande avanço. Hoje não formamos mais apenas auxiliares, começamos a nos preparar para formarmos "orientadores da vida".

– E foi Mino que começou tudo isso? – perguntei.

– Sim, ele foi a gota d'água, e mais uma lição da vida para que sejamos sempre humildes. O fato nos ensinou que, mesmo em uma humanidade menos evoluída, há irmãos que podem ter alguma coisa a nos ensinar. Evidentemente, se não fosse Mino, seria outra pessoa, pois outros deveriam estar preparados, como Mino, para desempenhar essa tarefa. Porém, foi uma grande alegria ter sido o Mino. Não há quem o tenha conhecido que não guarde dele agradáveis lembranças.

Capítulo 45

Tão logo parou de falar, Yano uniu as palmas de suas mãos sob o queixo e ficou em silêncio, de olhos fechados, como quem estivesse rezando. Todos nós ficamos, igualmente, em silêncio. Geron imitou a atitude de seu pai. Após alguns minutos, Yano colocou a mão direita sobre a mesa e, de imediato, o meio da mesa começou a se iluminar. Mecanicamente eu, Andrea e Zico nos desencostamos da mesa e pudemos ver que, do meio daquela luminosidade, começaram a se formar figuras, imagens que rapidamente se transformaram e assumiram ritmo, atividade. Yano e Geron abriram os olhos e sorriram.

– O que vocês poderão ver agora são imagens do passado. Imagens que, com certeza, mexerão com suas emoções. Observem.

O que podíamos ver eram paisagens desconhecidas, porém, de repente, uma paisagem nos chamou a atenção: era a barra do rio Iriri, por onde todos os pequenos barcos de pesca de Santa Fé saíam. Nele podíamos ver um barco saindo. Meu coração comprimiu-se, era o Vera Lúcia e o condutor era Mino. O mar estava revolto e de imediato percebi o que Yano nos mostraria: o naufrágio do meu irmão. Mino ia quase deitado no barco e em torno dele podíamos ver imagens que apareciam e desapareciam.

– São as imagens geradas pelo pensamento de Mino. Observem quem mais aparece – comentou Geron.

– Luísa – falou Andrea. – Veja, Pedro, é Luísa...

Realmente, até parecia que Luísa estava ali, com ele. Era impressionante como alguém podia ficar quase dormindo dentro de um barco com um mar como aquele que nos aparecia, agitado e traiçoeiro. Porém, aquela tranquilidade não demorou muito. Ele se direcionava para a laje do Badejo, como já sabíamos, e logo vimos o Vera Lúcia sumindo no interior da vaga de uma onda enorme e indo de encontro a uma pedra.

O barco perdeu-se em seu roteiro e Mino tentou remover a água que entrava, sem sequer esboçar a ideia de apanhar o colete salva vidas. Logo outra vaga levou o barco ao encontro de mais uma ponta de pedra, que o despedaçou e arremessou Mino totalmente despreparado ao mar. Ainda resistiu por algumas horas, porém, o mar estava muito agitado e as correntes não eram uniformes, o que dificultava ao extremo ao meu irmão manter-se boiando. Depois de algum tempo, ele chegou à exaustão.

As imagens que o rodeavam deixaram de ser só de Luísa e, para minha maior emoção, além das imagens de seu Antônio e dona Cândida, Berto e até Vera Lúcia, a que mais aparecia era a minha. Por fim, acabou desistindo, não tinha mais forças. Afundou lentamente e, a alguns metros da superfície, pudemos ver o Ondina se aproximando e recolhendo meu irmão.

As imagens eram fantásticas, parecia que estávamos dentro da cena. Mino foi recolhido e pudemos observar o mesmo processo a que Flávio fora submetido. Geron e Yano conduziam a operação. As cenas se sucederam rapidamente a partir de então, até estabilizar a velocidade novamente, no momento em que Luísa era recolhida na sala de entrada do ambiente aloriano.

Começamos a perceber, então, que a intenção maior de Yano, não era propriamente nos mostrar o encadeamento dos fatos que ainda não conhecíamos, e sim mostrar as emoções que estavam ligadas a eles. O reencontro entre Luísa e Mino, observado daquela maneira, era um espetáculo inesquecível. A luminosidade que deles irradiava tornava-os quase invisíveis, sendo que a luz sofria constantes variações de cores, à medida que conversavam.

O momento da despedida ficou marcado em todos pela incrível troca de energias perceptíveis, sendo que, depois da despedida, aquelas vibrações foram lentamente sendo absorvidas pela região do coração, onde fica situado o centro energético coronário do espírito.

Vimos algumas cenas dos dias subsequentes de Mino, sua conversa com Yano e, depois de uma longa aceleração de cenas, as imagens nos mostraram uma cena que ainda não conhecíamos: o desligamento definitivo de Mino do seu corpo material. Muitas dúvidas floresciam em meu pensamento, mas percebi que não era hora de perguntas.

Mino fora conduzido à mesa, onde, inicialmente, fora recolhido, e a cápsula novamente se fechou em torno dele. Um vapor amarelo o envolveu e, segundos depois, ele aparecia na saleta de vidro que se comunicava com a cápsula. O corpo de Mino foi removido para uma grande caixa de metal, transportada posteriormente para fora da sala. A imagem de Mino mudara consideravelmente: agora ele estava diáfano, quase transparente. Foi Yano que abriu a porta da saleta de vidro e recebeu Mino com um abraço, assim como Geron, que o abraçou demoradamente. Depois Izel e alguns outros alorianos que não conhecíamos. Todos eles também se encontravam mais diáfanos que o habitual.

Posteriormente, Yano conduziu Mino consigo até o escritório onde nos encontrávamos. Pudemos identificá-lo pela mesa, pois o ambiente era bastante diferente, com as paredes todas brancas. De uma das paredes abriu-se uma porta e uma luz azul invadiu o ambiente, sendo que, do meio da luminosidade, surgiram três pessoas, todas vestindo roupas brancas e leves, semelhantes à que Yano usava no momento presente. Eram duas mulheres e um homem.

Minha surpresa foi imensa quando percebi que uma das mulheres e o homem eram meus avós paternos, os quais eu tinha conhecido mais por fotografias, pois faleceram quando eu ainda era criança. Estavam mais jovens e bonitos, no entanto, era fácil identificá-los. Mino, que os conhecera bem melhor, também demonstrou surpresa e as mesmas radiações luminosas os acompanhavam, mudando constantemente de tonalidade.

A segunda mulher convidou-os a partir e, neste momento, o mais interessante de se observar eram as ondas de energia que envolvia nossos amigos Yano e Geron. Podíamos ver as lágrimas que corriam, abundantes, de todos. Mino e meus avós, mais a mulher que eu não conhecia, sumiram pela porta por onde haviam entrado e, enquanto esta se fechava atrás deles, fechava-se também a imagem do filme a que assistíamos.

Ficamos longos minutos em silêncio. Todos estávamos emocionados até as lágrimas, novamente, inclusive Geron e Yano, que comentou:

– A amizade, o amor verdadeiro, são conquistas irreversíveis do espírito e a maneira como exteriorizamos estes sentimentos, felizmente, não muda muito com a nossa evolução.

– Para onde eles foram? Quem eram aqueles que vieram buscar Mino? – perguntou Zico, que, evidentemente, não conhecia meus avós.

– Vô Jonas e vó Naná – respondi. – Eram pessoas admiráveis, pelo que contam meu pai e minha mãe. Apesar da surpresa em vê-los, não me admirou a aparente grandeza espiritual que demonstraram. Para onde eles foram? – também perguntei – E quem era a outra mulher?

– Seu irmão foi levado para a colônia espiritual Antares – falou Yano. – A mulher que os acompanhava era Diamina, a diretora da colônia e pessoa de grande evolução. Com ela e seus auxiliares temos desenvolvido o projeto LUCO. Será ela que também os conduzirá a Antares.

Todos nós convergimos nossos olhares a Yano.

– Desdobrados, evidentemente, assim como também desdobrados poderão visitar Alor.

– E quando faremos isso? – perguntou Andrea.

Neste momento, abriu-se uma porta lateral e uma pessoa pediu permissão para entrar. Trazia um carrinho que não tinha rodas, apenas uma plataforma metálica que deslizava suavemente a alguns milímetros do solo. Sobre o carrinho, uma bandeja com cinco pratos quase totalmente planos e transparentes, e talheres, ou melhor, garfos, apenas, cinco deles, também quase retos.

Havia também uma travessa tampada e uma grande jarra com um líquido azulado, mais cinco copos, também transparentes como o vidro. A pessoa que conduzia o carrinho colocou os pratos, os garfos e o copo à nossa frente, depois abriu a bandeja e serviu inicialmente a Andrea com alguma coisa semelhante a um arroz, porém, verde-claro e não muito soltinho. Depois serviu Zico, a mim, Geron e, finalmente, Yano. Voltou e serviu-nos daquele líquido azulado, na mesma sequência. Logo após se retirou, em silêncio.

– Nós iremos para Antares e Alor logo após a refeição – comentou Yano, respondendo a pergunta de Andrea, com enorme tranquilidade, como se aquilo fosse um fato corriqueiro, como comprar um jornal ou tomar um cafezinho. Para nós não era assim.

– Refeição? Vocês têm certeza de que dá pra comer isso? – perguntou Zico, em tom de brincadeira.

Foi Geron, também sorrindo, quem respondeu:

– Como lhes dissemos anteriormente, retiramos quase todo nosso sustento da água e do ar, absorvendo deles as energias telúricas que lhes são peculiares. O que nos falta, e que falta exatamente devido ao que ainda resta de materialidade de nossos corpos, retiramos de alguns vegetais e algas microscópicas e macroscópicas. Em Alor, a quantidade deste alimento que ingerimos por dia é ainda menor que esta que agora recebemos, devido ao fato de aqui termos um corpo mais denso. Mas, sintam-se à vontade, comam.

Os pratos de Geron e Yano tinham bem menos alimento que os nossos.

– Vamos lá então. Minha mãe diz que eu como de tudo mesmo – brincou Zico. – Huummm! Até que isto não é mal não! Vocês me dão a receita? Eu poderia ganhar a vida com isto...

Realmente, era saborosa, porém de um gosto sem similares na nossa alimentação comum e, à medida que comíamos, podíamos sentir interessantes ondas de energia nos invadindo.

– E este vinho azul aí, dá pra encarar? – perguntou, novamente, Zico.

– Prove-o – pediu Yano –, só que não é vinho, é apenas água, devidamente magnetizada de energias indispensáveis ao nosso organismo.

Era água, com gosto de água, porém, muito mais leve, parecia até vaporosa. Na medida em que a bebíamos, parecia que se espalhava pelo nosso corpo, rapidamente, uma sensação de leveza. Não chegamos a comer todo o conteúdo do prato, nenhum dos três; depois de termos bebido a água, nossa fome passou totalmente, no entanto, Yano e Geron comeram todo seu alimento. Não houve nenhuma sensação de peso ou qualquer tipo de preguiça depois da alimentação, muito pelo contrário, sentíamos energizados e muito mais integrados ao ambiente aloriano.

– Nós costumamos usar o termo 'pensamento aloriano', pois é ele que completa nosso ambiente – comentou Yano, demonstrando a mesma facilidade de Geron em ler nossos pensamentos.

– Então estamos mergulhados nos seus pensamentos? – perguntei.

– Assim como eu estaria mergulhado nos seus se estivesse em qualquer outro lugar da Terra – respondeu-me Yano. – O ambiente que nos cerca sempre será o reflexo de nossas mentes, que é potente máquina de manter a vida. Quando o humano da Terra voltar-se mais para dentro de si, avaliando seu estado evolutivo constantemente e sem disfarces, perceberá que todo desequilíbrio à nossa volta depende de nossas intenções, de nosso desprendimento.

"Falta pouco tempo para grandes mudanças na Terra, que se aproxima do final de um ciclo evolutivo, assim como ocorreu um dia em outros planetas, que têm compromissos semelhantes aos seus, como Alor, do sistema da estrela Sírius. Como Capela, do sistema de mesmo nome.

"No presente momento, a Terra está numa encruzilhada evolutiva, onde encontramos milhões de habitantes em condições de seguirem adiante e para cima, na imensa escalada da vida. No entanto, encontramos outros milhões ainda com seus pensamentos fixados em atitudes egoístas e maldosas, e que acabam por atravancar as rodas do carro evolutivo.

"Alguma atitude deverá ser tomada pelos seus dirigentes espirituais e é lógico que Jesus já está trabalhando, há um longo tempo por sinal, para isso. Como um dia aconteceu em Alor, estas hordas de humanos ainda revoltados e fixados no mal serão remanejados para outras paisagens evolutivas, outros mundos, onde terão condições de aliar suas necessidades de correção com o auxílio, embora não espontâneo, aos habitantes de outros planetas. Isto acontecerá em breve aqui na Terra e vocês terão a oportunidade de trabalhar diretamente com os colaboradores de Jesus na construção de um novo mundo."

– E o projeto LUCO faz parte de uma integração entre o seu mundo e o nosso, visando ao crescimento real de seus habitantes? – perguntou Andrea.

– Foi o que percebemos e o que nos levou a aceitar a inicialmente ingênua proposta de Mino. Na verdade, viemos para a Terra para o estudo da situação evolutiva do seu planeta e o que tínhamos a observar era a transição por que passam. Porém, não podíamos esquecer que nós, alorianos, também estamos sujeitos aos mesmos processos de transição, e acabamos por perceber que se apresentava a oportunidade de deixarmos de ser apenas estudantes, observadores, para passarmos a ser trabalhadores na obra evolutiva.

"Todos evoluímos, é a lei. Assim como os humanos renitentes no mal irão auxiliar habitantes de outros planetas, que estão numa fase evolutiva primária, nós também vamos auxiliar, porém, devido a já termos um domínio maior do nosso livre-arbítrio, esta ajuda será espontânea e não imposta. É o irmão mais velho ajudando o irmão mais novo a aprender."

O assunto não era novidade para mim e Andrea. Fazia parte de conhecimentos milenares no mundo oriental e as doutrinas espiritualistas do Ocidente já vinham anunciando esta transição há muito tempo. Muitas outras religiões também a esperam, embora normalmente de forma um pouco mística ou alegórica. Mesmo assim, aquelas informações passadas de forma tão clara e tranquila calavam fundo em nossas almas, nos alertando para a grandeza da vida e a obra incessante de Deus, do Criador, a Suprema Inteligência que teimamos em deixar de lado em nosso dia a dia, preocupados sempre com situações comezinhas.

O momento era de meditação, por isso houve o silêncio. Mesmo Zico, o mais extrovertido, mantinha-se calado. Embora a sua juventude, todos sabíamos do seu imenso potencial de aprendizagem e, no momento, avaliando todo o processo em que estávamos envolvidos, era fácil de perceber que não era por acaso que ele estava ali conosco, em contato com aquele povo maravilhoso.

Capítulo 47

Depois do necessário silêncio, Yano levantou-se e pediu, gentilmente, que o acompanhássemos. Segundo ele, era hora de continuarmos o trabalho, afirmativa que, definitivamente, nos situou dentro de todo aquele quadro. Não estávamos ali a passeio. Não éramos meros visitantes satisfazendo nossa curiosidade, mas fazíamos parte de um programa e estávamos ali para trabalhar. Foi imediata nossa reação íntima de responsabilidade. Olhamo-nos, os três, com o mesmo pensamento e, enquanto descíamos o elevador, Zico, demonstrando ter compreendido plenamente no que estávamos envolvidos, exclamou baixinho, quase que para ele mesmo:

– Caramba!

Geron e Yano sorriram, discretamente, e Zico nos olhou um pouco atrapalhado, depois acabou sorrindo. Descemos até o nível do mar e fomos à sala onde o corpo de Flávio estava sendo estudado. Para nossa surpresa, ele não estava mais ali. Olhamos para Geron e ele nos explicou:

Ele já foi. Ficou uma semana conosco e daqui foi levado para uma colônia semelhante à que Mino se encontra, chamada Esperança, onde continuará seu programa evolutivo. Seremos sempre gratos a ele, como a tantos outros, pela colaboração. Agora temos material para um longo tempo de estudos. A avaliação direta dos seus envoltórios materiais mais grosseiros é a etapa mais importante para nossos alunos. No entanto, não é só isso que eles estudam, até pelo fato de não termos constantemente pessoas em condições para isso. Nossos alunos estudam tudo sobre a humanidade terrena, desde sua adaptação ao meio até o progresso científico efetivo que têm conseguido.

A mesa e a câmara a ela ligada estavam vazias e não havia ali outros alorianos no momento. Yano, percebendo nossas dúvidas, veio ao nosso socorro.

– Nossos alunos não estão presentes no momento, mas estão nos observando em seus monitores. A presença deles aqui poderia dificultar a concentração de vocês, pois ainda não são suficientemente experientes no fenômeno de despolarização, que é o desdobramento do corpo espiritual do corpo material. Lembrem-se que em nossas visitas a Antares e Alor, não poderão viajar com seus corpos densos.

– Pra mim isso é moleza – falou Zico. – Quero ver este 'casca grossa' aí sair do corpo – brincou, ironizando minha incipiente capacidade anímica.

– Então venha – falou Geron –, deite-se na mesa. Você vai ser o primeiro a sair.

Zico deitou-se, Yano e Geron fecharam a cápsula de vidro em torno dele e logo um vapor esverdeado o envolveu, assim como também a câmara interligada à cápsula. Alguns segundos depois, aparecia Zico na câmara, sorrindo para nós e nos chamando com as mãos. A cápsula onde estava o corpo de Zico foi levada por Yano até uma mesa lateral, sendo que ele apenas colocou uma das mãos sobre a cápsula para que ela flutuasse. Era interessante, porém, não era hora de perguntas.

– Sua vez – falou Yano para Andrea. – O processo foi igualmente rápido.

Por fim, Yano e Geron olharam para mim, sorrindo. Não falaram nada e nem foi preciso. Deitei na mesa sem saber o que ia acontecer comigo, apesar de já estar habituado com as experiências de Andrea com Zico. No fundo, eu pensava que Yano e Geron deveriam ter me preparado melhor para o fato, no entanto, também sabia que ambos eram precisos em suas atitudes, o que me deixava mais tranquilo. Também não havia mais nada a fazer, eu já estava deitado, com a certeza de que eles agiam certo. Acima de tudo, eu sabia que ia visitar Mino, o que eu evitava pensar muito, pois o excesso de emoção poderia dificultar minha desenvoltura no plano etéreo.

Logo depois que deitei percebi que o mesmo vapor esverdeado me envolvia e senti um aroma sutil de flores. Foi instantâneo o sono que me invadiu, um sono leve. No entanto, o que eu esperava que acontecesse era diferente: não me vi saindo na câmara onde Zico e Andrea me esperavam. Quando dei por mim, estava num longo corredor de paredes e teto brancos, onde eu não podia ver o fim. Eu estava caminhando no corredor, um pouco aflito por não saber aonde ia, quando percebi Zico correndo à minha frente. Entendi ainda menos o que estava acontecendo, porém, Andrea, que apareceu do meu lado, segurou minha mão e disse-me:

– Não se preocupe, é assim mesmo. Depois você vai entender melhor.

Resolvi não fazer perguntas. Eu não via nem Geron, nem Yano e, logo em seguida, não vi mais Zico e Andrea. Também não estava mais no corredor. Não sabia como, mas eu estava num jardim onde flores brancas e vermelhas se amontoavam em enormes caramanchões, que protegiam do sol alguns bancos de pedras brancas. Um lugar maravilhoso, mas era estranho, era um sonho onde eu não podia reter as impressões que me cercavam.

Sentei num dos bancos de pedra e vi que uma pessoa se aproximava de mim, saída não sei de onde. Meu coração quis sair do peito. Era Mino. Usava uma bermuda *jeans* velha, estava sem camisa e descalço, como gostava de andar nos tempos da minha infância. Tinha o mesmo sorriso encantador no rosto. Aparentava seus vinte anos e, mesmo assim, corri para ele e o abracei, como irmão mais novo.

Um novo susto, uma nova surpresa: olhei para mim e me vi nos meus quinze anos. Naquele momento eu era o mesmo moleque, irmão mais novo de Mino. Não consegui controlar a emoção represada em meu peito por tantos anos e chorei como criança. Mino esperou com paciência que eu me acalmasse, depois me levou de volta ao banco e conversou comigo, porém, suas palavras, apesar de eu ouvi-las, não ficavam retidas na minha memória, eu as perdia logo que ele falava.

Apesar disso, não me preocupei, esqueci que tudo o que acontecia era estranho e inesperado. Estar ali com Mino já era fantástico e não sei precisar quanto tempo fiquei com ele. Lembro que em um momento ele me abraçou novamente e eu perdi os sentidos, como se dormisse novamente dentro do meu próprio sono. Quando acordei deste segundo sono, eu já estava novamente andando ao lado de Andrea e Zico. À nossa frente caminhavam Yano e Geron, no mesmo corredor do início. Andrea sorriu e disse-me, novamente:

– É assim mesmo, querido. Não se preocupe...

Paramos em frente a uma porta azul-clara e brilhante, que se abriu ao comando vocal de Yano. Quando esta se abriu, a mesma luz laranja nos invadiu e permaneceu à minha frente, não deixando que eu percebesse o que estava acontecendo. Não sei quanto tempo permaneceu essa impressão. Num dado momento, quando percebi que aquela sensação não passava e ninguém vinha ao meu socorro, comecei a chamar por Andrea, sem saber se devia ou não.

Depois de algumas tentativas sem sucesso e quando um pouco de desespero começava a se apoderar dos meus sentidos, percebi que alguém me chamava e que eu estava deitado. Era Andrea. Abri os olhos, uma nova surpresa: eu estava deitado na mesa onde, teoricamente, tinha deixado meu corpo para uma aventura no plano astral. Todos me olhavam como se contivessem o riso. Por fim, foi Yano que, educadamente, me falou:

– Hora de acordar, meu amigo.

Capítulo 48

Sentei-me na mesa e os olhei cheio de dúvidas. Será que eu não havia conseguido? Na minha memória havia apenas as lembranças fragmentadas do sonho que eu acabava de ter. Foi Geron quem veio em meu socorro:

– Acalme-se, Pedro, está tudo correto. As lembranças que Zico e Andrea trouxeram dos fatos que vivenciaram fora do corpo material não diferem muito das suas, porém eles, por um maior desenvolvimento das potencialidades anímicas, guardaram-nas na memória de forma um pouco mais ordenada.

"Você não deve esquecer que estava fora do corpo, como acontece no sono comum, com a diferença apenas de que o sono foi induzido com a ajuda de nossa tecnologia, no entanto, nossa tecnologia não pode fazer com que sua mente corporal consiga ter o mesmo dinamismo da espiritual. As impressões que você guarda é de um sonho estranho, entrecortado; é assim o registro do seu cérebro, como se um computador de pouca potência tentasse ler um programa muito complexo. Porém, a realidade não foi assim estranha, muito pelo contrário, como todos vocês poderão ver. Venham, vamos novamente para o escritório de Yano."

Enquanto subíamos com o elevador, perguntei discretamente à Andrea, que horas eram:

– 16 horas...

Foram mais de três horas de sono e a impressão é que foram apenas alguns minutos. Como sempre, nossos amigos não desperdiçavam tempo nem palavras, embora tenha sido uma surpresa para mim e, aparentemente, para Zico e Andrea também. Era evidente que não havia necessidade de explicações prévias. Os fatos aconteceram, nós é que não pudemos registrá-los com precisão em nossos arquivos de memória. No entanto, pelo que eu podia antecipadamente deduzir, estávamos indo ao escritório de Yano para assistirmos à nossa aventura no plano astral, através das imagens projetadas na sua mesa.

Entramos em sua sala e sentamo-nos, como há poucas horas. Yano, com seu simpático sorriso, começou a explicação:

– Anteriormente não lhes expliquei, mas as imagens que vocês veem aqui são projeções das memórias que eu guardo em minha mente, ou de Geron, se for ele que estiver comandando a transmissão de imagens. Por isso, o que vocês vão ver é o que eu vi, de forma resumida, nestas horas que passamos juntos viajando pelo cosmos.

Tão logo terminou de falar, colocou a mão direita espalmada sobre a mesa e abriu-se novamente a imagem à nossa frente. Era impressionante a fidelidade dessas imagens; parecia que estávamos mergulhados nas cenas a que assistíamos. As primeiras imagens foram de um imenso jardim, do qual eu tinha lembranças fragmentadas, porém, agora era possível vê-lo com clareza e admirar-se com sua perfeição.

Imensos canteiros de flores, gramados verdes-claros, ruelas de pedras brancas, árvores floridas protegendo bancos, também de pedras, com suas sombras. Pequenas lagoas e um céu azul pintado com pequenas nuvens brancas. Em um dos bancos estava eu e Mino. Ele, exatamente igual ao que eu recordava, no entanto, eu me apresentava com a minha idade atual e não com os quinze anos que eu tinha me visto. A imagem aproximou-se no momento em que ele começava a falar:

– A bondade de nossos orientadores espirituais não é possível de ser avaliada por nossos parâmetros. A oportunidade de estarmos aqui conversando foge aos padrões normais de visitas entre encarnados e desencarnados, pois você poderá lembrar de tudo com sua memória consciente, ajudado por nossos amigos alorianos. Os projetos de evolução que estão sendo desenvolvidos entre Alor e a Terra seguem roteiros precisos e elaborados por mentes de superioridade inegável, e nós, ainda humanos falíveis, precisamos solidificar em nossos corações a responsabilidade por termos sido chamados a participar desta obra gigantesca...

O sorriso, o olhar, a força que emanava do seu interior era a mesma do Mino que eu lembrava da infância, mas ele estava diferente. Era evidente: tinha crescido e estava consciente de suas responsabilidades. Aquele jeito desleixado de “empurrar a vida com a barriga” tinha, definitivamente, ficado para os tempos da matéria. Enquanto o ouvia, tive a impressão de que fui me enchendo de forças que não conhecia. Uma energia nova invadia salas desconhecidas nos porões do meu espírito. Mino continuou falando:

– Eu sei que Yano e Geron vão situá-los com precisão dentro deste projeto de que participamos. Por isso, não vou perder tempo, embora a saudade me peça para que fiquemos aqui conversando por horas. O motivo de você ter vindo até aqui não é apenas para matarmos a saudade, nossos compromissos são outros. A Terra está passando por uma fase de transição profunda que nos colocará numa etapa diferente de desenvolvimento, e os amigos de Alor estão nos ajudando nesta transição.

"É evidente que a obra é bem maior do que pode captar nossa percepção, ainda muito limitada. O que sabemos do trabalho é uma gota deste imenso mar que é a criação divina. Porém, a nossa responsabilidade é grande e temos que desenvolver com dignidade o que nos é confiado. Todo este trabalho, é bom lembrarmos, não nos está sendo imposto. Tudo o que temos a fazer é moldado pela nossa vontade e disposição. No momento, dentro do Projeto LUCO, como foi batizado, a minha tarefa é voltar ao plano material e para isso estou me preparando já há algum tempo, assim como Luísa. Ela já está numa fase bem mais adiantada que a minha, pois já se encontra em processo de reencarnação. Eu ainda preciso encontrar pessoas que me recebam..."

Mino falou e sorriu. Era evidente o que ele insinuava: estava pedindo a mim para que eu o recebesse como filho, o que chegou a me deixar até um pouco constrangido, apesar de alegre. Por que pedir? Era evidente que eu aceitaria...

– Eu sei que você aceita, e que Andrea também aceita. No entanto, é necessário neste caso e de forma totalmente incomum que vocês não tenham dúvidas de quem está vindo. Serei eu, sim, o Mino, voltando à nossa velha Santa Fé. Agora como teu filho, neto dos meus pais... e isto será logo...

Quando Andrea ouviu a referência à sua maternidade, aproximou-se mais de mim, me abraçou e beijou meu rosto, que estava todo molhado de lágrimas. Ela também chorava, discretamente, e falou a Yano:

– Ele falou sobre Luísa, que ela já está em processo de reencarnação...

Yano levantou a mão da mesa e as imagens sumiram. Olhou-nos com um sorriso enigmático e não fez nenhum comentário. Esperou que nós mesmos chegássemos à conclusão, o que não tardou a acontecer. Olhamo-nos, eu Zico e Andrea, e parece que chegamos à resposta ao mesmo tempo, provavelmente induzidos pelo poder mental daquela pessoa maravilhosa...

– Lica!? Ela está grávida. É Luísa que está voltando...

– Sim, minha amiga, mas não pense que é ao acaso que ela volta através de uma gravidez de risco. Nada acontece ao acaso. Tanto Lica como Luísa têm necessidades cármicas a serem equilibradas. As sensações e emoções naturais a uma gravidez como essa ajudarão neste reequilíbrio.

– Mas uma atitude inconsciente de Lica não colocaria a perder esta etapa do projeto? – perguntou Andrea.

– O livre-arbítrio jamais será atropelado pelas determinações divinas, e isto é uma possibilidade. Porém, tanto Lica como Luísa estão protegidas por 'anjos da guarda' bastante preparados para enfrentar esses problemas. Seria realmente uma pena que Lica tomasse uma atitude errada neste momento, pois teríamos que optar por novos rumos, novos caminhos.

– Enquanto eu estava lá com Mino, eu me via com quinze anos, agora me vejo nestas imagens com a idade normal. Por que isso?

– As lembranças que tem de Mino são do passado, então a emoção lhe devolveu as sensações do passado e você se viu como se sentia. É um fenômeno natural – respondeu Yano.

– E por que nós? – perguntou Zico, que se mantinha calado há muito tempo. – Por que nós? Se há tanta gente importante, tantos cientistas... bem, vocês dois são médicos, mas eu não sou nada... Luco é uma criança. Mino e Luísa eu não conheci... Santo Deus! Por que nós?

– Não se precipite, meu filho – falou Yano, realmente com ares de pai. – Einstein era quase nada, se pensarmos assim, antes de elaborar a teoria da relatividade. Não acorrente seu pensamento apenas ao momento presente. Todos vocês, envolvidos neste projeto, vieram de longas e turbulentas jornadas no campo do conhecimento. Em outras vidas, muitas vezes foram personalidades famosas na área da ciência, porém, teimaram sempre em manter essa ciência distante de Deus. Muitas vezes chegaram perto de verdades fantásticas, no entanto, ao invés de abrirem a porta para verem de frente estas verdades, preferiram ficar olhando pelo buraco da fechadura. Pensavam que, dessa maneira, garantiam a soberania dos seus conhecimentos, orgulhosos que eram deles, sem precisar dividir seus trunfos com quem é o verdadeiro Senhor de todos os conhecimentos.

"Todos vocês jornadearam em outras experiências na carne, na tentativa de adquirirem valores humanos, como a humildade, o perdão, a simplicidade, o desprendimento, o altruísmo, e já fizeram grandes avanços. Agora é hora de recuperarem tudo aquilo que deixaram de fazer com o potencial intelectual que tinham nas mãos e dispersaram de maneira irresponsável. Por isso são vocês. São os primeiros a serem chamados para esta missão. Se acaso não concordarem, ou de alguma maneira falharem, não se preocupem com a obra, pois há muitos outros para substituí-los, evidentemente em outros caminhos da Criação, os quais não conhecemos. Temos uma grande esperança que vocês consigam, não apenas por todo o trabalho que já tivemos, mas também pela afetividade que desenvolvemos com todos, desde os tempos de Mino."

– Eu já fui importante, é? – perguntou Zico. – E qual é, de verdade, nossa missão? Qual é a nossa parte nesta obra?

– Você é importante e importante também é o trabalho que têm pela frente. O potencial intelectual que trazem guardados nos arquivos de seus espíritos e as recentes conquistas morais não tardarão a eclodir. Luco, o menino travesso que irradia alegria em suas vidas, é uma mente poderosa, definitivamente preparada para trazer à Terra novas luzes no campo da engenharia genética. Mino, alicerçado nos conhecimentos adquiridos com nosso povo, está pronto para promover novas revoluções no campo da física e da astronomia. Luíza, seguindo um caminho já tantas vezes começado e interrompido, avançará nas conquistas da bioquímica, levando à medicina descobertas fabulosas no combate às doenças, e dando passos firmes no caminho da espiritualização da ciência.

"E vocês, finalmente, serão os tutores desses gênios, agora convencidos da grandeza de Deus e preparados para o trabalho. Estarão ao lado deles, não apenas para direcioná-los nos caminhos que devem seguir, mas também para vigiarem suas tendências e não permitirem que seus conhecimentos se distanciem das verdades espirituais, sem as quais todo este conhecimento será em vão, tendendo a cair na mesmice de tantas descobertas inócuas, por permanecerem atreladas à matéria.

"Juntos formarão uma família e, baseados no amor e no respeito, participarão deste grande trabalho de levar ao ser humano terreno o roteiro de um novo tempo. Muitos estão trabalhando para este objetivo, em vários setores. O projeto LUCO faz parte de um bem maior. Contudo, não se deixem levar pela sensação de importância descabida. Não esqueçam que o trabalho de vocês, apesar de maravilhoso, não deixa de ser apenas mais um degrau nesta imensa escada evolutiva e que é um número quase incalculável de obreiros os construtores dos outros degraus que já existem, assim como muitos outros continuarão construindo sempre..."

Estávamos petrificados pela firmeza e precisão de Yano. Não eram apenas suas palavras, mas a emoção que as envolvia, nos nutrindo de um senso de responsabilidade incomum.

– A pedra de *zídion* que vocês vão levar daqui, hoje, não será apenas para recuperar a saúde de Luco – continuou –, será também a matriz de onde ele conseguirá suas maiores conquistas científicas. Lembrem que esta pedra é sintetizada em nossos laboratórios através de algas microscópicas, graças à engenharia genética. No momento, esta pedra é o maior presente que o povo aloriano oferece à Terra.

O silêncio era necessário, a reflexão era necessária, não apenas a reflexão daqueles minutos de silêncio, mas era preciso uma reflexão lenta, que se expandisse no dia a dia, avaliando todos os detalhes de nossos atos e pensamentos. A vida se tornava, a partir daquele momento, bem maior do que a conhecíamos.

Yano apanhou debaixo da mesa uma pequena caixa, de onde retirou uma plaqueta de metal com a pedra verde nela incrustada, exatamente igual à de Luco.

– Tomem os mesmos cuidados com ela: não permitam que outra pessoa a use ou venha a conhecê-la. Esta, em hipótese alguma, poderá cair em mãos estranhas.

Entregou a caixa a Andrea e nos orientou que era hora de partirmos, devido ao adiantado da hora.

Zico, sempre irrequieto e aparentando não alcançar a profundidade dos ensinamentos, o que não era verdade, pois, no fundo, absorvia estas verdades bem mais rápido do que eu e Andrea, como se fosse uma coisa natural, quase como tomar um café da manhã ou ir para a escola, perguntou para Yano:

– E a viagem para Alor, não vamos ver?

– Claro que sim, mas não hoje. Já é tarde e seu Antônio já está bastante preocupado. Na verdade, esta viagem a Alor seria um prêmio, um presente. A princípio pensávamos que não fazia parte do programa de trabalho a vocês destinado. No entanto, logo descobrimos que esse passeio seria vinculado a conhecimentos necessários à missão que vocês virão a desempenhar. Nunca podemos alcançar a linha de raciocínio dos nossos dirigentes espirituais. No fim, tudo acaba sendo aproveitado para gerar trabalho, desenvolvimento. Na próxima visita lembraremos a viagem a Alor. Não esqueçam que vocês já estiveram lá, só não lembram, porém, a alegria da visita já está instalada em suas memórias, mesmo que inconscientes.

"Vocês terão uma semana muito importante – continuou Yano – no que se refere aos cuidados com Lica e Luísa. Saibam que existem irmãos desencarnados os ajudando, por isso, para que se facilite o trabalho deles, mantenham um padrão vibratório elevado, através de um pensamento limpo e atitudes sóbrias."

Não era necessário mais comentários, até Zico pareceu encolher-se um pouco diante da observação de Yano. Geron nos levou até a saída, nos abraçou a cada um e depois falou:

– Que a paz os acompanhe.

Capítulo 49

Descemos a colina e encontramos seu Antônio sentado sobre uma pedra alta, na beira do mar, com um caniço na mão e uma sacola cheia de peixes ao lado. No acampamento que tinha improvisado, encontramos os restos de um belo pampo amarelo assado na brasa, além uma penca de bananas quase maduras. Quando nos viu, veio ao nosso encontro, preocupado com nossa alimentação:

– Vocês não comeram nada o dia inteiro, assim vão precisar de um médico, só que não dá mais tempo de assar mais um peixe aqui, logo vai escurecer e este vento que tá caindo vai agitar o mar. Temos que ir logo. Comida, pra vocês, só em terra, a não ser estas bananas que eu colhi.

Não tínhamos nenhum apetite, pelo contrário, a última coisa em que pensaríamos naquele momento era em comida, apesar de toda a preocupação de meu pai.

Quando estávamos a meio caminho da terra, seu Antônio se aproximou de mim, na proa do barco, onde eu ia com o olhar e os pensamentos voltados para a ilha do Padre que se distanciava, e perguntou:

– E então, tiveram sucesso? Quando vou poder ver aquele moleque como era?

Olhei para o meu pai e não pude deixar de sentir um pouco de pena. Direcionava um amor imenso ao Luco, no entanto, ele, assim como dona Cândida, o avô de Luco, a tia, todos estavam à deriva, sem poderem conhecer a verdade. Podiam conhecer a verdade? Seria necessário que conhecessem a verdade? Já haviam vivido seus dramas e conflitos com intensidades que lhes marcaram, com sulcos profundos, a face da alma e, devido a isso, ainda não tínhamos revelado a verdadeira origem de Luco aos meus pais, pois não queríamos vê-los sofrer ainda mais.

Acreditariam se contássemos tudo o que sabíamos? Não, no momento era totalmente desnecessário saberem a verdade. A não ser a verdade sobre a origem de Luco, que eu esperava poder contar tão logo ele voltasse ao normal. Como eu me demorava a responder, meu pai levantou-se, talvez pensando que eu estava triste por não termos conseguido nenhum resultado positivo, com nossas 'experiências'. Mas, antes que voltasse ao seu lugar, segurei-o pelo braço e respondi:

– Não posso lhe dar total garantia, mas acredito que amanhã já cedo teremos o nosso verdadeiro Luco de volta. Fique preparado, pois acho que ele vai querer descontar o atrasado.

Foi fácil perceber a alegria estampada no rosto de seu Antônio. Chegamos em terra quando já escurecia e, sob os protestos de meu pai, que não admitia que não quiséssemos comida, fomos buscar Luco na casa do avô Jamil. Encontramo-lo sentado num sofá, assistindo à televisão. Olhou-nos e sorriu, apenas. Andrea ajoelhou-se à sua frente e abriu a caixinha de madeira. De imediato, Luco pulou do sofá e agarrou a pedra:

– Vocês a encontraram? Por isso que têm passado fora tanto tempo?

Não deu tempo de respondermos, colocou no pescoço o cordão, que era apenas amarrado com um nó simples, pois Luco o usava apenas para dormir. Logo em seguida, abraçou Andrea, demoradamente, e, para nossa surpresa, adormeceu de forma profunda. Esperávamos outra reação, mas nem tudo o que esperávamos era o mais correto, já havíamos aprendido isso.

Levamos Luco e Andrea para casa, depois eu e Zico fomos à casa de Júnior para vermos Lica... e Luíza. Quando chegamos, eles estavam sentados na mesa da cozinha, juntamente com Arlinda, e devoravam uma enorme pizza. Ao nos verem entrando, levantaram seus copos e gritaram:

– Saúde!!!

Arlinda ficou um pouco constrangida, porque estava a trabalho, mas fiz questão de deixá-la à vontade. Aquele estado de espírito era motivado por ela, com certeza. Sabia como ninguém conduzir as pessoas a um estado positivo de pensamento. Era ótimo encontrar Lica e Júnior felizes, embora todo o problema que tinham para ser enfrentado.

Deixei Zico conversando com os dois e chamei Arlinda para a sala. Queria saber como estava o consumo de droga, pois, obviamente eles não conseguiriam se livrar da dependência com facilidade. Soube que eles consumiram, porém não exageradamente e chegaram a conversar da necessidade de parar. Segundo ela, não foi o tipo de conversa comum dos dependentes, era vontade real, o que me deixou ainda mais satisfeito. Com certeza, os bons "anjos da guarda" estavam trabalhando e era necessário aproveitar estas boas influências.

Sentei-me com eles à mesa e tomei um copo do refresco, ainda não tinha fome. Eles conversavam sobre o futuro da seleção brasileira no Mundial dos Estados Unidos, quem comporia o ataque, quem era o adversário mais perigoso. Não era assunto comum a ambos, que gostavam de falar sobre situações que não proporcionassem conversas muito longas. Esperei que o assunto esgotasse sem incentivá-lo, depois perguntei a Lica à queima roupa:

– E o teu filho? Quando vamos dar um jeito nele?

Eu mesmo me admirei com minha frieza, ainda mais que eu me referia a Luísa; tratá-la como um objeto descartável causou-me um mal-estar. Foi fácil perceber que o mal-estar ainda foi maior em Lica, que empalideceu e parou de comer. Júnior não teve nenhuma reação perceptível.

– Eu e o Ju ainda temos que conversar mais sobre o assunto – respondeu Lica. – Você poderia falar de outra maneira? Mesmo que eu estivesse pensando em abortar, me deixa irritada esta maneira de falar, como se ele fosse uma coisa que se pode jogar fora.

– Se você reconhece que não é uma coisa que carrega aí dentro, e sim um ser vivo, deve sentir fisicamente isso, não acredito que vai querer realmente matar este ser – comentei, deixando bem claro que eu estava exagerando na frieza.

Ela não me respondeu. Juninho levantou e foi para o quarto. Achei melhor deixá-los sozinhos. Recomendei que Arlinda mantivesse o clima positivo e ficasse atenta ao consumo de drogas. Fiquei um pouco preocupado com minha atitude, quebrando o clima alegre que havia encontrado, porém, tive a sensação de que fui induzido a fazer aquela pergunta.

No domingo pela manhã, me assustei com o furacão que invadiu meu quarto e sacudiu minhas cobertas, jogando-as ao chão:

– Domingo é dia de pescaria... Teu pai já foi para o barco... Vai dormir o dia inteiro?

Era Luco, obviamente, o mesmo Luco que eu havia conhecido. Era difícil imaginar que naquele destino se instalara a responsabilidade de mudar o mundo, dentro dos limites de sua atuação, dentro do seu alcance. Era difícil olhar Luco como uma criança, que precisava, no momento, ser tratada como criança. Porém, a volta de sua peculiar alegria já bastava no momento. O futuro que se encarregasse desse destino, nós apenas o vigiaríamos.

Assim como ele entrou, saiu novamente. Alguns minutos depois, Andrea entrou no meu quarto. Eu ainda estava deitado, pensando na precisão dos nossos amigos alorianos e ela pulou sobre mim como uma criança, porém me beijou como uma mulher apaixonada, desnorteando meu senso. Todas aquelas emoções tinham sobrepujado, de alguma maneira, o que sentíamos um pelo outro. No entanto, o domínio do que antes era dúvida,relaxava nossas tensões e a paixão voltava a abrigar-se em nós, vindo, como sempre, pelos caminhos intocáveis da loucura.

– Ele voltou – disse-me. – É ele de novo. Meu Luiz, nosso Luco. Venha, vamos com ele, todos estão com ele: teus pais, meu pai, o Zico, e ele nem se dá conta.

Capítulo 50

tenho uma saudade
uma saudade de alguma coisa que não conheço
uma dor veio roçar seus dedos em meu peito
e levar meu pensamento a um cais
que foi devorado por vendavais no passado
uma saudade queimou em mim
algumas impressões antigas
de coisas que ainda poderiam ser
vejo outra realidade agora
fazendo de conta que existe
e acordo todo dia sem pensar no dia
coloco uma flor em homenagem
sobre a lápide dos sonhos perdidos
e espero o tempo passar
sem saber se amanhã será futuro ou passado
sei apenas que será amanhã
que as ruas serão ruas
e que terei obrigatoriamente que caminhar por elas
ver as pessoas
e abrigá-las da verdade
enquanto em meu peito ainda couber verdades...

Encontrei esta poesia na mesa da cozinha de Andrea, na segunda-feira pela manhã, quando fui tomar café com ela. O domingo tinha sido intenso e precisávamos combinar detalhes para a semana. Na verdade, não sabíamos o que fazer, pois parecia que tudo estava feito. Uma certa impressão de término parecia querer amarrar nossos passos, por isso eu entendia a poesia de Andrea. Luco estava bem, estava de volta, nossas dúvidas sanadas, nossa curiosidade satisfeita quase que totalmente.

Não fosse a carga de responsabilidade que assumimos, facilmente poderíamos nos deixar levar pelas mesmices do dia a dia. No entanto, tínhamos pela frente um novo mundo amanhecendo às nossas vistas atônitas e era preciso estarmos atentos. Embora soubéssemos que a evolução era independente de nossas vontades, podermos participar tão vivamente desta evolução era motivo de sobra para não nos acomodarmos.

– Não sabia que você também escrevia – comentei com Andrea quando ela entrou na cozinha...

– Nem eu – falou-me sorrindo e pegando a folha de minha mão. – Seu metido, como vai lendo coisas sem autorização?

– Você escreve parecido com Luísa, o mesmo estilo – falei, sem me incomodar com a recriminação. – Está com muita saudade dela?

– Assim como você está com saudade de Mino. Ela está aqui, novamente, logo vou poder pegá-la em meus braços. Embora pequenina, será a mesma Luísa, minha amiga e mãe de Luiz. Como alguém ainda pode duvidar de Deus? Observe a impressionante coesão dos fatos, as causas e os efeitos gerando vida, evolução. Temos que cuidar de Lica, precisamos ficar atentos, pois ela não sabe quem está vindo. A poesia não é minha, é de Luísa – falou, depois de alguns segundos. – Eu copiei da minha memória. Não lembro onde guardei a original; devo ter modificado alguns versos, mas a ideia é a mesma. Ela escreveu alguns dias antes de morrer. Veja que a realidade que ela vivia era muito parecida com a nossa. Deus! Luísa está voltando e Lica não tem nem ideia de quem é ela...

– Porém, já nasceu dentro dela a sensação de maternidade – completei. – Ontem pude perceber em seus olhos que ela já é mãe e não vai se afastar do filho, no caso, filha, como sabemos. O Júnior ainda está relutante, mas o que vale mais, no momento, é a vontade de Lica.

– E Mino, ele também precisa voltar? Temos que pensar nisso, meu anjo – falou-me Andrea, carinhosamente. – Penso que deveríamos nos estruturar para recebê-lo, pois não deverá demorar muito.

– O que você quer dizer com "nos estruturar"? – perguntei.

– Quer casar comigo? – perguntou-me, com um gracejo.

– Você está falando sério?

– Depende do que você entende por casamento...

– Antes me diga o que você entende.

Andrea ficou em silêncio. No seu velho costume de ordenar seus pensamentos, quando uma ideia precisava ser transmitida com precisão, para não gerar dúvidas. Depois de feita a organização, continuou:

– Se você pensar em um casamento tradicional, será impossível para mim. Não sei se sou a favor ou contra essa forma de união; ainda não formei meu conceito sobre o assunto, porém, acredito que podemos ter resultados evolutivos bem mais proveitosos se conseguirmos uniões não repressivas como é o casamento habitual, onde os pares se escravizam tantas vezes e o amor é quase sempre substituído pelo hábito, quando não pela dependência. Bem sabemos que tanto o hábito, quanto a dependência, são pedrinhas no sapato dos relacionamentos e da evolução.

– E qual seria teu conceito de casamento?

– Vivermos juntos, sem estarmos constantemente juntos, baseados no amor que sentimos um pelo outro, e tentarmos fazer dessa união um aprendizado constante. Ficarmos juntos enquanto ela for verdadeiramente construtiva, ou seja, enquanto conseguirmos fazer do amor a argamassa da construção da vida, seja qual for o setor de nossas atividades, desde a criação de um filho até a aquisição de bens materiais, com a consequente geração de empregos e distribuição de renda que isto acarreta. Não é necessário morarmos juntos, isso chega a ser facultativo, pois não vejo necessidade de sufocarmos nossa individualidade.

Como sempre, precisa. Parecia que ela já tinha essa resposta pronta, mesmo que tivesse dito que não tinha uma opinião formada sobre o assunto. Tinha, e muito bem formada. Na verdade, eu pensava da mesma maneira, no entanto, não saberia me expressar com essa precisão. Talvez eu demorasse muito tempo falando para dizer o mesmo.

– E Mino? Você não acha que sabermos que vamos recebê-lo diminui nosso livre-arbítrio? Você gostaria de ser mãe... quer dizer, engravidar?

– A sapiência divina sempre está acima de nossas ideias imperfeitas – comentou Andrea, com um sorriso enigmático. – Parece que novamente serei mãe por outros caminhos. Eu não posso ser mãe... eu não posso gerar filhos...

Não pude conter uma expressão de espanto e sentir alguma confusão dos meus pensamentos. Andrea percebeu minha confusão, chegou mais perto de mim e abraçou-me com carinho. Ficou em silêncio novamente, ordenando os pensamentos. Estava sentada em meu colo e encostava sua testa na minha.

– Quando terminei meu curso, eu estava preocupada com o fato de Luco ser filho único. Eu não tinha ideia de me casar, porém, gostaria de ter um filho para que Luco tivesse um irmão. Como eu namorava um colega de turma, fizemos várias tentativas, até descobrirmos que eu sou estéril. Foi difícil aceitar esta ideia, no começo. Quando ouvi tua conversa com Mino a respeito de sua volta, lembrei-me, de imediato, deste fato. Obviamente serão outros os caminhos dele para chegar até nós. Infelizmente, não poderei recebê-lo através do meu corpo.

Uma nódoa de tristeza invadira a expressão de Andrea. Aquela mulher fantástica e aparentemente inatingível às aflições, naturalmente humanas, mostrava, naquele momento, que sua impossível maternidade era uma dor ainda não extinguida. Abracei-a com força e a beijei ternamente. Mais do que nunca, eu a amava.

– Vamos viver o que cada dia nos oferece. Temos muito por fazer, tanto juntos, como individualmente. O amor deverá ser a fonte de recursos para isso, e não o entrave.

Parei de falar percebendo que me expressava igual à Andrea. Ela sorria, percebendo a mesma coisa.

– Temos tudo para casarmos – comentou. – Vou ter que usar aliança?

Sorrimos do seu comentário e ficamos ali, navegando no mar etéreo do sentimento, até que tocaram a campainha e alguém gritou lá de fora:

– Ô moleque... isso é hora de tá namorando?

Era o Berto, abrimos a porta e, para nossa surpresa, ele trazia consigo Vera Lúcia. Surpresa mesmo! A mesma Vera Lúcia dos tempos de Mino e ainda muito bonita.

– Que cara de espanto é essa, menino, só vim aqui te apresentar minha noiva e convidar vocês pro casamento. Casamos mês que vem e vocês serão nossos padrinhos, se aceitarem. Se não aceitarem, serão do mesmo jeito – brincou Berto.

Maior ainda foi minha surpresa com a notícia. Eu sabia que Berto sempre gostou de Vera Lúcia, pela maneira que a defendia e não concordava com as atitudes de Mino em relação a ela, mas não imaginava que, depois de tanto tempo, eles ainda casariam. Curioso que eu e Andrea falávamos em casamento, quando eles vieram com a mesma notícia, embora os modelos de união fossem totalmente diferentes.

Como eu não tinha marcado nenhuma atividade para aquela manhã, pudemos conversar longamente. Vim a saber que eles já namoravam há mais de dois anos, o que explicava as desaparições de Berto, e notei profundas alterações em Vera. Percebia-se que o tempo agira com firmeza em seus conceitos, e hoje ela tinha deixado de lado muito do seu conhecido orgulho.

Seu pai havia falecido e vivia com a mãe uma vida modesta, tendo que trabalhar como professora para ajudar em casa. A impressão que eu tinha era que Berto, embora apaixonado por ela, conhecia muito bem seu temperamento, então resolveu esperar que o tempo aparasse as arestas incômodas de seu caráter, para depois trazê-la até nós e mostrá-la como futura esposa. Mais tarde vim a saber que a ideia de trair Mino, mesmo com tudo o que tinha ocorrido, o incomodava, e só o tempo conseguiu desvanecer essa impressão.

Antes de virem a nós, já tinham passado na casa de meus pais para fazer o mesmo convite e deixar bem claro que não aceitavam desculpas evasivas de seu Antônio para não ir à festa. Depois que foram embora, Andrea comentou:

– Acho que estamos começando a nos estruturar para receber Mino... talvez não sejamos nós os pais...

Capítulo 51

A notória recuperação de Luco fez com que a semana fosse tranquila. Conturbada apenas a volta de dona Anita, mãe de Júnior, e o escândalo que produziu ao saber da notícia que ele ia ser pai, muito mais pelo fato de ela vir a ser avó, o que ficou evidente. A princípio não admitiu a ideia, chegando a acusar Lica de leviandade por ter conduzido o seu menino a esta situação. No entanto, para nossa surpresa, pudemos perceber o efeito dos fatos agindo no amadurecimento rápido de Juninho: tomou uma postura firme em defesa de Lica e finalmente se manifestou quanto ao comportamento evasivo da mãe em relação a ele próprio, cobrando dela que, ao menos desta vez, fosse mãe de verdade.

A indisposição com dona Anita acabou por solidificar nele a ideia de ter o filho, pois passara a ser uma questão moral mostrar que não era mais uma criança irresponsável. Sabiam que haviam errado, segundo ele mesmo, mas não podiam cobrir um erro com outro e era hora de mudar. Chegou a ameaçar a mãe de sair de casa, usando o argumento de que seu pai, com certeza o apoiaria, principalmente se soubesse do romance obscuro da mãe.

Seria difícil precisar qual o argumento que influenciou mais no comportamento de dona Anita, pois acabou cedendo de maneira mais fácil do que imaginávamos, chegando a aceitar a presença de Lica em sua casa para que pudesse cuidar melhor da menina. Ela sabia que sua única fonte de renda era o marido e era necessário manter o casamento para poder continuar tendo o mesmo padrão de vida. Isto, com certeza, influenciou muito em suas decisões, porém, o tempo acabou induzindo mudanças. Com o andamento da gravidez de Lica, dona Anita passou a tratá-la com carinho sincero e realmente se preocupar com o envolvimento dos dois com a droga. Procurou-me várias vezes para que eu a orientasse em como proceder, o que acabou sendo uma ajuda decisiva no controle do consumo de ambos, que realmente estavam dispostos a serem ajudados.

Pouco vi Andrea durante a semana, pois, depois de resolvida sua preocupação maior com Luco, era necessário colocar em dia suas atividades na faculdade, o que tomou todo o seu tempo. No entanto, no sábado pela manhã, lá estávamos nós, novamente subindo a colina menor da ilha do Padre. No trajeto, seu Antônio mostrou-se curioso, embora comedidamente, em relação à melhora repentina de Luco. Apenas sorri às suas insinuações e ele logo percebeu que eu não queria falar sobre o assunto.

Entramos na sala de recepção e, depois de alguns minutos, Geron nos recebeu com um sorriso e evidentes demonstrações de carinho, nos abraçando a todos com ternura.

– Venham, meus amigos, aproveitemos nosso tempo. Hoje vocês estão aqui não mais apenas para sanarem suas dúvidas, mas, principalmente para aumentarem sua bagagem de conhecimentos para os desafios que os esperam.

Embora não fosse mais novidade para nós aquele ambiente, ele continuava sendo fantástico. A melodia agradável produzida pelos aparelhos, a luz que vinha das paredes, a maneira dos alorianos se movimentarem, como se não tocassem o solo ao andar, os equipamentos, as roupas, a simpatia, a alegria inerente a todos. Muitos detalhes dali poderiam ser motivo para horas de explicações de nossos tutores, mas já havíamos percebido que tudo o que era realmente importante não passava em branco. Desta maneira, deixávamos para eles as explicações necessárias.

Subimos ao escritório de Yano, que nos recebeu com igual afetividade.

– Sejam bem-vindos, meus amigos. Meu coração se repleta de alegria em recebê-los. Que a paz dos espíritos crísticos esteja conosco.

– Crísticos? Cristo não é só um – interrompeu Zico, como sempre, de maneira um pouco abrupta.

– O seu Cristo Jesus é um só e pertence a uma alta hierarquia espiritual, de irmãos responsáveis pela criação e governo de sistemas de mundos. Jesus governa o sistema solar. O nosso Cristo chamamos de Siohe e, no atual estado evolutivo em que nos encontramos, o contato que temos com ele é bem mais intenso do que o de vocês com Jesus. Porém, mesmo a nós, não é fácil a aproximação com nosso Cristo, devido à sua fulgurante energia em seu estado natural.

"Para que vocês entendam melhor a que me refiro, poderíamos dizer que a distância evolutiva que os separa dos primitivos antropoides é menor do que a que os separa de Jesus, sendo que, se um de nós nos aproximássemos dele, não suportaríamos sua energia radiante. Para que estes seres magníficos possam ter contatos diretos com seus governados, faz-se necessário uma atitude de total aniquilamento de seu potencial energético, através do adensamento de seus envoltórios espirituais. De certa maneira, embora em dimensão bem menor, é o que temos que fazer para nos apresentarmos a vocês."

– Mas, se eles são tão poderosos, isto não deve ser tão difícil – atalhou novamente Zico.

– Imagine conter a explosão de uma de suas bombas atômicas dentro de um de seus corpos – falou Yano e sorriu. – Você acredita que é fácil mesmo? A comparação pode ser grosseira, mas, em termos de potencial energético, é bastante realista. Maior é o sacrifício destes irmãos mais velhos, conforme o estado evolutivo da humanidade que comandam. A última vinda de Jesus ao meio material foi uma atitude de extremo desprendimento. Mais do que ninguém, sabia quais seriam seus passos e a reação do seu povo, mesmo assim cumpriu a missão que somente Ele teria a grandeza espiritual de levar até o fim.

"O seu sacrifício de aniquilamento energético para poder estar na Terra como um ser humano normal foi uma esplêndida demonstração de bondade. Ele aproveitou de todos os seus minutos para ser exemplo. Desde os preparativos para sua vinda até a sua volta gradativa ao centro do sistema solar..."

– Centro do sistema solar? – surpreendeu-se Zico, novamente. – O Sol?

– Ele é o criador e governador do teu sistema estelar, sendo que o sol é o centro deste sistema. Onde você quer que ele more, em Alor? – respondeu Yano, com um novo sorriso.

– Os espíritos luminosos vêm da luz, meu caro amigo, e bloquear essa luz para que nossos olhos possam vê-los, sempre é uma atitude de grande desprendimento. Entendam que as lições de Jesus ainda estão longe de serem interpretadas por completo. Se contarmos uma história a uma criança, ela terá uma interpretação bem mais simples do que a de um adulto. Quanto mais os humanos da Terra crescerem, mais se aprofundarão nas suas lições.

Nos calamos. Mais uma vez era necessário o silêncio. Não eram apenas curiosidades sobre Jesus que nos revelava Yano, era sim uma maneira de melhor entendermos a respeito da vida e evolução. Jesus era um exemplo, como todos os seus atos e palavras foram exemplos, para nos basearmos. O simples fato de entendermos o quanto ainda Ele nos é desconhecido, era uma maneira de percebermos o quanto temos ainda por aprender. Depois de alguns minutos de silêncio, Zico comentou, pensando alto:

– Esse cara é muito... bom! – olhou-nos um pouco deslocado, percebendo que entendemos seu freio nas palavras. Rimos com sua expressão inocente.

Yano colocou suas duas mãos sobre a mesa, ainda sorrindo, e comentou:

– O simples fato de conversarmos sobre Jesus, já dispensa a preparação para transmitir as imagens de minha memória para o receptor fluídico da mesa. "Onde duas ou mais pessoas estiverem reunidas em meu nome, eu estarei presente".

A simplicidade de Yano contrastava com a profundidade de seus ensinamentos. Jesus acabava de se revelar em mim. Finalmente começava a compreendê-lo, a compreender seus exemplos e palavras, tantas vezes enigmáticas. Quando o homem imaginava que o mundo acabava no horizonte, era condenado à morte quem dizia o contrário. Terem crucificado Jesus, que nos ampliou imensamente os horizontes, foi uma atitude realmente previsível, para um povo que ainda engatinhava em compreensão. Ficava muito claro que, à medida que evoluímos, mais ficamos parecidos com Ele, que se designou, e agora eu compreendia isso também, o Filho de Deus, não para se engrandecer, mas para nos mostrar o caminho da perfeição.

Enquanto eu alongava meu raciocínio a respeito de Jesus, Yano começava a nos mostrar nossa viagem ao seu planeta. Vi desenhar-se à minha frente uma longa plataforma, que nos levava a uma espaçonave enorme, grande a ponto de ser difícil expressá-la em nossas medidas, olhando-a assim de perto.

– 2.841 metros de comprimento, 185 metros de largura e 110 metros de altura – falou Geron – como sempre, lendo meus pensamentos.

Sorri para ele em agradecimento. Quando chegamos ao final da rampa, uma porta abriu-se e Yano, já lá dentro, nos recebeu. Quando Andrea entrou, perguntou a Yano:

– Se vocês movimentam-se pelo espaço com a velocidade do pensamento, para que uma espaçonave tão grande?

– Tudo é baseado na lei, minha amiga, e a lei é rigorosa. Não produzimos milagres aleatórios. Para que possamos nos mover à velocidade do pensamento em ambientes diferentes do nosso, como é o caso do cosmo, necessitamos de um gerador de energia que anule os campos magnéticos à nossa volta, no caso, à volta de nossa espaçonave, como vocês a chamam.

"As forças gravitacionais devem ser anuladas para que o nosso pensamento consiga movimentar esta nave por um caminho já devidamente conhecido, além do que, a movimentação de nossos corpos, mesmo que muito mais rarefeitos do que os seus, anulando o parâmetro tempo e viajando por campos vibratórios de diferentes teores, causaria danos terríveis, chegando mesmo à sua desintegração. Precisamos de proteção, por isso, oitenta por cento desta nave são geradores de energia, trabalhando para a anulação dos campos gravitacionais; escutem o 'barulho' destas máquinas..."

Uma melodia tão bela e calmante como a que se ouvia no interior da ilha se ouvia ali também. Andamos até uma grande sala, muito semelhante ao escritório de Yano, com a diferença que a abóbada transparente que a cobria não era uma pintura, e sim o céu, de verdade, naquele momento esplendidamente azul. No meio de uma mesa menor que a de Yano, havia duas meias esferas luminosas.

Capítulo 52

Yano nos convidou a sentarmos ao redor da mesa, depois colocou as duas mãos sobre as esferas, que emanavam uma tênue luz vermelha. Ao contato com as mãos de Yano, a luz aumentou sobremaneira. Yano fechou os olhos e percebemos que o céu sobre nossas cabeças começava a se movimentar, no início lentamente, depois mais rápido. Em alguns segundos, percebemos que Yano sorria e a nave fazia uma manobra, embora nos mantivéssemos equilibrados e sem balanços.

Pudemos ver, no firmamento, aparecer nosso planeta Terra, banhado pela luz do sol. A nave continuou a se movimentar até que a Terra desapareceu; a velocidade foi aumentando novamente, o céu foi escurecendo até podermos perceber estrelas. Num dado momento, aquelas estrelas desapareceram também, permanecendo apenas uma imagem embaçada que não demorou mais do que cinco segundos a normalizar-se. Voltamos a ver estrelas e perceber que a luz ia aumentando. Finalmente surgiu à nossa frente um novo planeta, pintado em matizes rosadas:

– Alor – falou Yano, notadamente emocionado. – Estamos em casa.

– Já!? Ainda nem deu tempo pra me acostumar com a ideia e já estamos aqui – falou Zico, sempre espontâneo.

O planeta cresceu rapidamente e logo estávamos nos aproximando de um enorme círculo vermelho fosforescente, aparentemente pintado no que parecia uma pista de pouso. A porta abriu-se à nossa frente e saímos da nave por uma rampa totalmente transparente, como se fosse de vidro. Diante de nós, víamos uma construção bastante exótica, toda no mesmo material transparente e com altas torres, poder-se-ia dizer que com cem metros de altura cada uma e grandes esferas luminosas no pico. Geron, percebendo nossa curiosidade, explicou:

– Este é o Palácio de Cristal, de onde partem todas as espaçonaves movidas através da força antigravitacional de nossa região. As esferas das torres são sinalizadores que rastreiam à longa distância a movimentação de nossas naves. Esta que nos trouxe é a Kiwinc, uma das pioneiras nesta forma de transporte, porém, ainda bastante eficiente, sendo a preferida de Yano, que ajudou a construí-la.

Entramos no Palácio de Cristal, uma construção gigantesca e belíssima. Explicou-nos Geron que ele era todo de cristal realmente, devido à peculiaridade da estrutura molecular corretamente ordenada deste elemento, que não causava interferência nas correntes energéticas que alimentavam e direcionavam as naves nas suas aproximações de pouso.

O palácio se levantava de um solo todo rochoso, de pedras escuras, como a ardósia polida. Além dos limites deste solo, separado por amontoados de pedras da mesma natureza, podíamos visualizar extensos campos, com variações de verde, do mais escuro ao mais claro, com estradas também da mesma pedra escura.

Chegamos a uma imensa sacada, onde todos estes detalhes da paisagem aloriana se mostravam com mais riqueza. Era um espetáculo incomum: lagos azulados e árvores imensas, pássaros brancos e coloridos, de todas as cores e tamanhos, animais semelhantes aos nossos cavalos, brancos e negros, porém, com longos pelos recobrindo todo o corpo, tudo isso banhado por um céu entre o rosa e o laranja no horizonte, chegando ao azul no centro, como se estivéssemos diante de um entardecer de outono.

– De uma maneira geral, Alor é bastante semelhante à Terra, fisicamente, no que se refere à temperatura, atmosfera e gravidade, sendo que as diferenças visuais que percebem estão relacionadas ao nosso padrão mental mais evoluído. Lembrem que nosso planeta está mais adiantado e nele não existem mais inteligências perturbadoras, egoístas, orgulhosas e possessivas, gerando correntes mentais negativas e destruidoras do meio ambiente. A paz aqui começa no interior de cada um de seus habitantes e o ambiente acaba sendo a continuação de nós mesmos.

– E essas estradas? – perguntou Zico, como sempre aparentando não entender a profundidade de alguns ensinamentos. – Que tipo de veículos passam por elas? Por que não têm movimento?

– Estamos no amanhecer desta parte do planeta e, neste horário, aqueles que não estão descansando, estão trabalhando na renovação das energias captadas de regiões mais elevadas de nossa órbita. É como se fosse o nosso horário de oração. Logo haverá movimento nestas estradas e vocês poderão ver que nossos veículos utilizam energia semelhante à da nave que nos trouxe, utilizando fusão nuclear fria de átomos de hidrogênio para gerar campos antigravitacionais à sua volta. Não utilizam, porém, a velocidade do pensamento no trânsito comum, pelas dificuldades de operação de tráfego que isto geraria.

"As estradas são feitas de cristal de rocha, que, também pela ordenação molecular, facilita o equilíbrio de nossos geradores de energia. Na terra, embora de maneira ainda incipiente, já se percebeu o efeito dos cristais no reequilíbrio de campos vibratórios. Em alguns ambientes fechados ou em nossos lares, costumamos usar a levitação..."

As estradas a que Zico se referia eram largas, cerca de quarenta metros cada uma, no entanto não percebíamos nenhum tipo de sinalização, mesmo nos cruzamentos. Geron novamente veio ao meu socorro.

– Todo o subsolo destas estradas é formado por sensores que ordenam o tráfego, regulando a velocidade dos veículos. Além do mais, não esqueçam que a força antigravitacional que envolve nossos veículos atua repelindo a matéria, o que dificulta eventuais colisões.

Descemos uma escadaria lateral à sacada e entramos em um imenso salão, onde centenas de pessoas se movimentavam em todas as direções, sempre sorridentes à nossa passagem. Yano continuou suas explicações.

– O tempo que temos para esta visita é limitadíssimo, por isso não organizamos nenhum tipo de recepção. Como o interesse primordial da vinda de vocês é conhecer para estabelecer parâmetros entre nosso mundo e a Terra, pedimos para que todos não interrompessem suas atividades. Evidentemente conhecerão apenas uma pequena parte de nosso mundo, o que é possível conhecer em duas horas na sua marcação de tempo.

"Embora não tenhamos mais países, no que se refere a demarcações de fronteiras, evidentemente, cada região de Alor é marcada por peculiaridades diferentes, como acontece na Terra. A monotonia, em qualquer situação, é um entrave evolutivo e obviamente não fugimos a esta regra. Vocês terão oportunidade de conhecer um pouco de nossas paisagens, uma de nossas cidades, a que eu moro, especificamente, e que é chamada de Talarink. Lá poderão conhecer qual o outro objetivo desta visita" – falou-nos, com um sorriso enigmático.

Chegamos à parte de fora do Palácio de Cristal, onde um veículo muito semelhante ao Ondina nos esperava, porém, este era aberto, sem cobertura e também com espaço para seis pessoas sentadas. Não possuía portas, apenas aberturas laterais de acesso aos bancos, nem rodas, e sim o mesmo halo de metal que conhecíamos do Ondina. Um aparente condutor nos recebeu com um sorriso. Depois de todos sentados, ele começou a conversar com seu pequeno visor de comandos. O metal ao redor do veículo ficou imediatamente azulado e nos deslocamos, a princípio lentamente, a alguns centímetros do solo. Depois que saímos das proximidades do Palácio de Cristal, o veículo aumentou rapidamente a velocidade, não sendo possível precisar qual era esta velocidade.

– Na sua marcação, cerca de 700 km/h – falou-nos Geron.

– O quê? E a gente não sente nem um ventinho, nem um friozinho na barriga?

– Não esqueça, Zico – continuou Geron –, que estamos protegidos por um potente campo magnético que evita essas sensações.

No caminho cruzamos com muitos veículos, sendo possível identificá-los apenas em alguns cruzamentos. Eram semelhantes ao nosso, somente maiores ou menores. Aproximamo-nos de um aglomerado de montanhas, um novo espetáculo incomum: eram altas e belas, todas rochosas e de uma tonalidade esverdeada, sendo que os cumes apareciam envolvidos em nuvens muito brancas.

Depois de passarmos por um caminho que cortava duas montanhas altíssimas, tivemos uma nova visão: estávamos diante do mar. Um mar incrivelmente verde e, espalhando-se às margens de uma praia de areias brancas, uma cidade, que adivinhamos ser Talarink. Grandes avenidas esquadrejavam o território urbano, todas elas ricamente ornadas por árvores enormes e aparentemente centenárias. As casas eram baixas, não havendo edifícios, exceto um edifício central, bastante semelhante ao Palácio de Cristal, e todas elas eram de cores claras, circundadas por largos, jardins ricamente floridos. Não se via cercas ou delimitações de território.

Entramos em uma rua mais estreita, no que parecia um bairro residencial, e paramos diante de uma casa branca de um só pavimento. A casa era muito bela, com a maioria das paredes recobertas por uma relva rala e verde, que ali crescia, aparentemente sem podas. Tanto as paredes como o telhado eram do mesmo material, semelhante a uma resina fosca, observando-a bem de perto. Se tivéssemos que comparar, a casa seria num estilo semelhante ao mediterrâneo.

– Nossa cidade tem cerca de cinquenta mil habitantes. Alor tem em torno de dois bilhões de habitantes, sendo que, no plano espiritual à nossa volta, há aproximadamente nove bilhões de pessoas, ou espíritos, como queiram. Esta é minha casa. E esta é Liaeh, minha companheira.

Capítulo 53

Uma mulher belíssima apareceu no jardim para nos receber. Vestia um vestido verde-claro, de um tecido acetinado e estava descalça, tinha cabelos longos e negros, e os olhos de um verde profundo Era quase da altura de Yano e, se fosse uma terráquea, poderíamos dizer que teria cerca de trinta anos. Veio em nossa direção sorridente, porém, dirigiu-se antes a Geron, a quem abraçou demoradamente:

– Meu filho Geron! Como o pai, esquece que as mães possuem sentimentos que precisam ser regados de carinho, como uma plantinha indefesa. O trabalho está sempre à sua frente?

Abrindo um largo sorriso, Geron respondeu:

– Como se esta mulher maravilhosa conseguisse ficar em casa nutrindo saudades dos filhos distantes! Que acaso lhe coloca em casa hoje, sem estar no seu centro de pesquisas?

A mãe de Geron sorriu, demonstrando que a reclamação quanto à saudade do filho era mais uma prova do seu bom humor do que uma censura.

– O acaso bem orientado de saber que teríamos visitas e que estas visitas fazem parte do intercâmbio evolutivo, que é de responsabilidade também do meu centro de pesquisas – respondeu Liaeh. Depois disso abraçou e beijou ternamente Yano. Vindo ao nosso encontro, abraçou Zico, Andrea e a mim e disse:

– Uma parte da família de Mino. Que alegria conhecê-los pessoalmente! Venham, vamos entrar.

A casa de Yano era ampla e confortável, com poucos móveis, que não diferiam em muito dos nossos. Passamos direto pela casa e fomos a outro jardim no fundo da casa, que tinha saída para o mar, onde uma praia de areia muito branca e pequenas ondas cristalinas se abria à nossa frente.

– Vocês moram bem, hein?! Isto aqui deve ter custado uma grana – comentou Zico.

– O dinheiro, como vocês o conhecem, foi abandonado de nossos costumes há muito tempo – respondeu Yano. – Com isso conseguimos erradicar males sociais terríveis, como a ganância, a corrupção e os desequilíbrios de divisão de rendas. Hoje recebemos de acordo com a quantidade e qualidade de nosso trabalho, isto quer dizer, se trabalhamos, recebemos, se nos aprimoramos para efetuarmos trabalhos mais difíceis, ganhamos mais.

– Então tudo isso custou muitas horas de serviço – completou Zico, um pouco acabrunhado.

– Sem dúvida. No entanto, a maioria das pessoas da cidade têm um padrão de vida semelhante. No nosso caso, especificamente, Liaeh é uma das diretoras de um centro de pesquisas científicas, onde se estudam novas fontes de energia. Lienan, nossa filha mais nova, trabalha com a mãe e Direon, o do meio, trabalha independente: administra uma fábrica onde se produz alimentos através de algas marinhas. Como vocês podem ver, nosso mar é riquíssimo em algas verdes. Todos trabalhamos. Se tivéssemos mais tempo, poderíamos lhes mostrar como é nossa estrutura política e administrativa. Aquele edifício central que viram é a sede da administração da cidade, juntamente com as escolas de todos os níveis. No entanto, nosso tempo é curto e nossa missão é grande. Como já lhes falou Liaeh, entre as atividades do seu centro de pesquisas está o intercâmbio evolutivo entre alguns planetas e o nosso, e é por isso que ela está aqui – falou Yano, olhando para Liaeh.

– Espero que um dia vocês ainda possam nos visitar sem outros compromissos – falou-nos Liaeh, com sua voz calma. – Hoje, no entanto, é necessário que vocês levem daqui algum conhecimento que ajudará neste programa de intercâmbio. Tanto você, Pedro, como você, Andrea, já trabalham na área da saúde e têm uma longa estrada pela frente, não apenas em suas profissões, como também na orientação destes jovens que estão sob suas responsabilidades. No entanto, Zico ainda está estudando e não definiu sua área de atuação. Sabemos, através da pesquisa do seu passado, Zico, e é por isso que está aqui e envolvido nisto tudo, que já acumulou largos conhecimentos na área da bioquímica. Em uma encarnação passada e distante em seu tempo, foi um entusiasta alquimista que, na busca desesperada de transformar os metais, acabou por fazer descobertas que iam além da compreensão de sua época. Porém, não soube conduzir estas descobertas para o bem de todos, enraizando o pensamento apenas em atividades lucrativas, onde a ganância acabou por fazê-lo naufragar.

– Eu...? – balbuciou Zico.

– Você, meu amigo. Hoje a sapiência divina o escolhe novamente para integrar uma nova fase de descobertas em seu mundo e lhe dá a chance de dar os primeiros passos em novas áreas de conhecimento, passos estes que serão seguidos por muitos outros que já se preparam com a mesma finalidade. O que lhes queremos mostrar é algo bem simples e que, a princípio aos olhos humanos, não será de grande importância, porém, devem lembrar que é de fatos aparentemente banais que se chegam a grandes descobertas.

Parecia que Zico ouvia tudo sem entender; foi a própria Liaeh quem interferiu por ele:

– Esse jeito distraído de ser esconde uma inteligência invulgar – falou com um sorriso. – Não se preocupem, tudo o que acontece ele está captando, e muito bem.

Zico apenas sorriu e continuou aparentemente distraído; depois perguntou para ela, sempre fazendo grandes inversões nos assuntos tratados:

– Como você aprendeu tão bem a falar nosso idioma?

– Quando eu ainda era estudante, estive na Terra e por lá aprendi alguns de seus idiomas.

Liaeh caminhou até uma pequena árvore, de pouco mais de dois metros de altura, onde floresciam pequenas flores azuis.

– Deste vegetal – continuou –, há muito, muito tempo atrás, quando estávamos num período muito semelhante ao que atravessam agora, colhemos uma descoberta científica espetacular: a droga antidroga. Na época, vivíamos ainda o tormento da dependência química e, através desta descoberta, sintetizamos uma medicação que não apenas inibia completamente esta dependência a drogas nocivas, como também estimulava o usuário ao trabalho, a uma atitude mental positiva, fazendo que se libertasse, com alguma facilidade, da dependência.

– Uau! Isto é bárbaro! – reagiu Zico. – E como se fazia, fumava... cheirava?

Todos rimos de sua reação, depois Liaeh continuou:

– Inicialmente produzimos a medicação em laboratório, na forma de comprimidos. Posteriormente, passamos a usar o seu princípio ativo de forma semelhante às suas homeopatias. Evidentemente, com a progressão moral do nosso povo, a droga foi totalmente banida, por princípios evolutivos, porém, para a Terra, esta descoberta será tão importante como foi para nós no passado...

– E eu é que vou descobrir isso? – perguntou Zico.

– No momento oportuno, estaremos lhe ajudando, juntamente com os orientadores espirituais do seu planeta, evidentemente – completou Liaeh. – A partir desta descoberta, muitas outras virão no seu encalço, pois ela abrirá um novo campo de pesquisa, onde se inspirarão Luco, Mino e Luísa.

Olhando para mim e Andrea, concluiu:

– Perceberam a responsabilidade que os acompanha, não é mesmo?

– E que planta é essa? Como ela funciona? Tem dessas lá na Terra? – perguntou Zico.

– Existe uma espécie muito semelhante em seu planeta, vocês descobrirão. Da flor desta árvore é retirado um princípio ativo que age como um estimulante do sistema nervoso central, no que se refere à sua atuação orgânica. No entanto, sua atuação no corpo espiritual é muito mais complexa, onde consegue romper as ligações magnéticas das densas condensações fluídicas deixadas pelas drogas, que geram a dependência.

– Como assim? – perguntei, curioso, aproveitando um breve silêncio de nossa orientadora, aparentemente intencional.

– O principal fator que leva uma pessoa a ser dependente não é somente a atuação orgânica de uma substância química, mas sim sua atuação no nível do corpo espiritual, onde provoca desarranjos que simulam uma situação de equilíbrio, que só é mantido através do uso contínuo dessa substância. Esses pontos de desordem magnética no corpo espiritual são locais de fácil imantação de entidades ainda avessas ao progresso, ou que no plano espiritual continuam dependentes e necessitam dessa ligação. Através desses pontos, em simbiose com o encarnado, desfrutam dos efeitos de uma droga. A nossa droga antidroga, batizada de *balzin* no meio farmacêutico da época, atuava diretamente sobre esses pontos de desequilíbrio, desintegrando-os. Em pouco tempo de uso, o dependente se livrava da necessidade compulsiva de consumir a droga e, se quisesse continuar usando-a, não era mais por dependência.

– Fantástico! – exclamei. – Em quanto tempo poderemos usar essa medicação na Terra?

– Não deverá demorar muito, mas não esqueçam que vocês ainda estão atrelados a poderosos grupos econômicos, que fazem do consumo de droga um filão inesgotável de riquezas, por isso sofrerão interferências fortíssimas se não souberem trabalhar em silêncio.

– Não podemos levar umas sementes pra facilitar nossa vida? – perguntou Zico.

– Não é propriamente este vegetal o mais importante, mas sim a maneira de extrair dele o princípio ativo do *balzin*, o que você poderá vir a descobrir no momento oportuno. Há em seu planeta um velho ditado que diz que não devemos dar o peixe...

– Meus amigos – interferiu Yano –, poderíamos conversar dias sobre este assunto, sem esgotá-lo, no entanto, o tempo é hoje um limite intransponível. Lamento, é hora de voltarmos. Acredito que nossa missão está cumprida aqui em Alor.

Liaeh despediu-se emocionada de Geron e Yano, e fez um comentário que poderia gerar muitas horas de conversa e que evidenciou que aqueles seres fantásticos ainda tinham os seus percalços emotivos:

– Nossos encontros no astral não têm sido o suficiente para estancar este rio de saudade que corre em mim. Precisamos nos encontrar mais vezes aqui em casa.

Despediu-se de nós, também com bastante carinho, e nos pediu:

– Mantenham firmes seus propósitos para que ideias superiores possam sempre encontrá-los com facilidade e contem conosco sempre. No que for possível estaremos ajudando.

Refizemos o caminho de volta sem surpresas. Era pena não podermos conhecer mais aquele planeta encantador e inusitado. Voltamos ao Palácio de Cristal e depois à Kiwinc.

Eram tão reais as cenas que vivenciamos que esquecemos totalmente que estávamos no escritório de Yano, assistindo em sua mesa nossa aventura quando desdobrados de nosso corpo físico. No momento em que voltamos à nave, a imagem nublou-se e depois desapareceu, nos trazendo um pouco atordoados à realidade do momento.

– Nem em nossos sonhos mais perfeitos conseguiríamos imaginar um lugar como Alor – comentou Andrea, nos surpreendendo um pouco com seu comentário não muito habitual. – Sei que vai demorar para termos uma condição semelhante, porém este parâmetro que acabamos de conhecer é um estímulo para atingirmos esse mundo melhor, esse paraíso, tão falado, mas tão pouco conhecido.

– Era essa a principal sensação que queríamos que trouxessem de nosso mundo – falou Yano. – Essa sensação será o guia dos seus atos, esperamos, assim como esperamos que nosso amigo Zico firme seu propósito nascente de fazer um curso de farmácia e bioquímica...

Zico sorriu e falou, como sempre brincalhão:

– É melhor não pensar besteira por aqui; só pensar coisa boa. Confesso que o curso de farmácia me atrai. Confesso também que a primeira ideia que tive era fazer esse curso pensando em produzir uma droga nova, que me desse muito dinheiro... Não me olhem assim, vocês dois – falou, olhando para mim e Andrea. – Adianta tentar esconder alguma coisa aqui?

Sabíamos da grande facilidade dos alorianos lerem nossas ondas mentais, mas também sabíamos que, dado ao elevado nível evolutivo que possuíam, compreendiam nossa dificuldade em mantermos um padrão de pensamento elevado. Era como se escolhessem uma sintonia, lendo apenas os pensamentos mais elevados, e os outros, o nosso lixo mental habitual, não eram registrados em seus sensores. Enquanto eu pensava nisso, Yano olhou-me sorridente e comentou:

– Fico feliz em saber que as pessoas em quem confiamos estão aprendendo tão rápido. Todo este projeto está no caminho certo e o crescimento de vocês está ajudando muito. Com o tempo, poderão ter contato direto com os mensageiros de seu Cristo, principais responsáveis por esta obra. Por enquanto, nós somos os intermediários entre eles e vocês, em todos os sentidos, em evolução, em densidade corporal, em conhecimento.

"O tempo prossegue, meus amigos – continuou –, na sua marcha incansável de nos levar para cima. Com Mino, encontramos uma encruzilhada e percebemos que era hora de caminharmos em novas trilhas. Agora que os primeiros passos foram dados e mostramos nossa presença neste caminho, já começam a surgir os efeitos. Não nos cabe o direito de regredirmos, dado o alto grau de confiança em todos nós depositada. Aos poucos, vamos nos reunindo, todos que estão ligados neste trabalho, no momento certo, e a cada nova pessoa que a ele se integra, novos horizontes se abrem aos nossos propósitos.

"Nós vamos continuar aqui, na retaguarda de suas atividades. Não é muito criterioso que tenhamos contatos muito seguidos, no entanto, sempre que acharem necessário, podem nos procurar livremente. Se estiver ao nosso alcance o auxílio, assim o faremos. Eu, particularmente, devo continuar minha atividade de coordenar nossos alunos em outros planetas. A Terra, porém, é o mundo onde mais dedicarei meu tempo, devido à fase de transição em que se encontra e também devido à enorme importância para nós deste intercâmbio evolutivo. Como já lhes dissemos, também estamos mudando de estágio.

"Agora é hora de partir. Não posso deixar que o trabalho em outros setores se acumule, exatamente para poder dar prioridade ao que se desenvolve aqui. Sempre que necessário, estarei presente, apesar de saber que Geron poderá dirimir todas as suas dúvidas e suplantar suas necessidades. Foi uma alegria muito grande conhecê-los, meus irmãos mais novos. Levá-los-ei em meu coração, onde quer que eu esteja."

Yano nos abraçou um a um, antes de se retirar por uma porta que não víamos e que, com certeza, seria o caminho à sua Kiwinc. Ficamos ali com o coração apertado, pois havíamos aprendido não só a respeitar nosso instrutor, mas também a amá-lo, apesar do pouco tempo de contato que tivéramos. O mesmo acontecia com Geron e era evidente ser desnecessário ficarmos tentando expressar isso; eles sentiam, liam nossas emoções.

– A não necessidade de expressão verbal, ou por atitudes, de nossos sentimentos é que nos levou a uma espécie de monotonia emotiva – falou Geron, aproveitando minha linha de pensamentos para mais um ensinamento. – A alegria emotiva e espontânea de Mino nos acordou para esse fato, sendo que hoje entendemos que um sorriso, uma lágrima ou um abraço são atitudes que equilibram nossas emoções e nos tornam mais sensíveis ao meio e às pessoas com quem convivemos.

Depois de ter secado uma lágrima que corria em seu rosto, nos chamou:

– Venham, meus amigos, o trabalho os espera – e foi nos conduzindo para fora do escritório de Yano.

Enquanto voltávamos ao ponto de entrada, aproveitei o momento para fazer uma pergunta que me havia intrigado:

– Geron, a proximidade do renascimento de Mino e Luísa traz à tona uma curiosidade: como acontece a ligação de um espírito com o novo corpo que se forma?

– A literatura espírita em seu mundo é rica sobre esse assunto, mas posso lhe passar algumas informações. A possibilidade de formação de um corpo perfeito, seguindo-se apenas as combinações genéticas, não é confiável, sendo que a sua ciência nunca conseguiu decifrar, com perfeição, a força energética que estimula a proliferação celular ordenada no novo corpo que se forma. Quando um espírito se prepara para reencarnar, antes de sua ligação com o futuro embrião no momento da fecundação, ele passa por um processo de miniaturização de seu corpo espiritual, seguindo-se um programa elaborado por espíritos especialistas neste campo e que, de certa forma, são responsáveis pela sua reencarnação. Quando miniaturizado, o reencarnante apresenta a forma da futura criança no momento de seu nascimento. Este corpo espiritual será o modelo que orientará a formação do novo corpo material, como um molde, onde a Criação divina consegue se realizar em todos nós. Há pesquisadores entre vocês chamam esse corpo espiritual miniaturizado de MOB, ou seja, Modelo Organizador Biológico, pela sua ação na organização do corpo material em formação.

– E as crianças que nascem defeituosas? – perguntou Zico, as que nascem doentes ou dementes?

– Não é uma explicação simples, considerando-se a profundidade do assunto. Estamos conversando sobre uma das partes mais delicadas da vida, que são os mecanismos reencarnatórios. Todos nós somos, essencialmente, espíritos, e dependendo do estado evolutivo, nos apresentamos com diferentes tipos de envoltórios. No entanto, nossa essência divina é sempre a mesma e, se é divina, é feita para o bem e para o progresso, mergulhada que está em seu próprio Criador. Em determinado momento de sua escalada evolutiva, numa fase de transição entre o animal irracional e o homem, esta essência adquire o livre-arbítrio de suas atitudes. Sempre que de uso deste livre-arbítrio o espírito causa algum desequilíbrio na ordem da Criação, acaba por lesar também a estrutura íntima de sua essência, que é a responsável pelos tipos de envoltórios de que necessita para apresentar-se ao meio onde estagia. Desta forma, toda doença é reflexo de nossos próprios erros, de nossas próprias atitudes incorretas, danificando nossa essência divina e, desta maneira, não permitindo que ela consiga formar com perfeição seus envoltórios materiais.

"Esplêndido!", pensei. Era um assunto totalmente novo para mim e, se não fosse a extrema confiabilidade de Geron, eu estaria, certamente, em dúvida sobre a sua veracidade. Ele conseguiu sintetizar um assunto vastíssimo de forma precisa, até para um quase leigo, embora eu soubesse que, naquele ambiente, nossa capacidade de compreensão estava em muito aumentada. Andrea, que por certo já conhecia sobre o assunto através da literatura espírita a qual Geron mencionara, também sorria, com certeza por admiração.

Chegamos caminhando lento até a sala de saída. Geron sorriu para Andrea e pediu:

– Pergunte, ainda temos algum tempo.

– Se você sabe que eu quero perguntar, deve saber também a pergunta – respondeu Andrea, também sorrindo.

– Nós já lhes informamos que o *zídion* não é um mineral natural, apesar da aparência. Ele é sintetizado em laboratório e conseguimos isso através da engenharia genética, utilizando bactérias que se alimentavam de um tipo especial de plâncton, abundante em nossos mares. No seu processo de proliferação, estas bactérias produzem uma rede gelatinosa em torno de sua colônia, uma matriz, sendo que esta matriz é facilmente mineralizável. De há muito, em Alor, temos contato com nossos orientadores espirituais, sendo que, lá, o intercâmbio entre encarnados e desencarnados, como vocês falam, é uma situação corriqueira. Através deles conseguimos 'amostras' do padrão vibratório do futuro reencarnante, antes mesmo de sua ligação com o embrião em formação. Uma espécie de código vibratório, uma frequência de onda, para que entendam melhor. Esta frequência de onda era armazenada em aparelhos semelhantes aos seus computadores. Utilizando esta frequência de onda emitida por esses aparelhos, induzíamos a mineralização por *zídion*, um mineral comum do nosso mundo, da porção gelatinosa da colônia bacteriana, que acabava por apresentar uma estrutura mineral muito semelhante ao cristal, perfeitamente distribuída e contendo, em sua estrutura íntima, uma memória do estado equilibrado do espírito que viria a reencarnar.

"Lembram da explicação que eu dei a respeito da formação de um novo corpo através do espírito miniaturizado que lhe serve de molde? Pois bem, o que fazíamos com essa colônia bacteriana, não era muito diferente disso. Usávamos uma amostra do padrão vibratório equilibrado do espírito para que esta fosse o molde da mineralização, como se estivesse formando um pequeno corpo artificial. Esse pequeno corpo artificial, com a aparência de suas esmeraldas, por sua estrutura íntima, tinha condições de restaurar o equilíbrio daquele para quem foi produzida."

Todos nos olhamos um pouco confusos e foi Zico que comentou:

– Meio complicadinho... né?

No entanto, foi Andrea quem respondeu a Zico:

– Imagine você ter que explicar a uma criança de cinco anos o que são ligações químicas covalentes e iônicas; o que é movimento retilíneo uniforme; o que é um enfarto do miocárdio...

– Cruzes! – interrompeu Zico, estudei algumas dessas coisas ainda este ano e já não me lembro mais de nada. É isso aí, Geron, tua explicação foi sensacional, nós é que temos cinco anos...

– Vocês já perceberam – continuou Geron – que temos assunto para uma vida inteira, ou mais, porém não devemos nos esquecer que estamos aqui, antes de tudo, a trabalho. Estas dúvidas que têm são importantes, pois estão dentro do programa LUCO e esperamos poder estar sempre à disposição de vocês para saná-las. No entanto, o tempo não nos dá intervalos, ele é ininterrupto e precisamos nos adequar a ele. Vocês também não devem esquecer que a maioria dos assuntos que conversamos já são estudados em seu mundo, porém, quase invariavelmente, não aceitos por sua ciência oficial. Por isso mesmo não serão vocês que provocarão o milagre de que tudo isso seja aceito repentinamente. Todo progresso é gradual.

"Antes de partirem, ainda quero lhes fazer um pedido: sabemos que se faz necessário revelarem a todos a verdade sobre a origem de Luco, no entanto, gostaríamos que retardassem ainda um pouco mais essa notícia. A carga emotiva que está vinculada a ela poderia afetar o bom funcionamento do cristal de *zídion* que ele esta usando, pois mesmo toda nossa tecnologia não é suficiente para prognosticar sobre seu funcionamento nas situações em que foi confeccionada, respeitando-se as limitações cármicas de Luco. Por isso, achamos conveniente darmos um pouco mais de tempo para que ele a use e, desta forma, sabermos se realmente é eficiente."

– E quanto tempo será necessário para isso? – perguntou Andrea, que, assim como eu, demonstrava alguma tristeza com a notícia.

– Nós avisaremos no tempo certo, não se preocupem. Agora é hora de partirem para continuarem o trabalho iniciado. Estaremos sempre aqui lhes secundando. Venham sempre que necessário.

– E como saberemos quando será necessário? – perguntou Zico.

– Os fatos, Zico. Os fatos dirão o momento. Eles são precisos, não deixam dúvidas.

Estava evidente, pela praticidade de nossos amigos, que só deveríamos procurá-los em situações onde todas nossas fontes de recursos intelectuais ou emotivas estivessem esgotadas.

Geron despediu-se normalmente, sem ares de adeus, como se realmente nos esperasse mais vezes. Sabíamos que os principais objetivos de nossos contatos estavam cumpridos, porém, os alorianos e suas peculiaridades ainda atiçavam por demais nossa curiosidade. Ainda conhecíamos pouco sobre eles e cada grão de areia daquele planeta era uma história a ser descoberta.

Saímos do interior da ilha e encontramos novamente a nossa Terra. A impressão é que não a víamos há muito tempo e não apenas por algumas horas. Quem sabe por ter sido somente agora que sentimos realmente nossa viagem a Alor, como se tivéssemos voltado de lá há poucos minutos? Porém, era hora de voltarmos e amarmos novamente nosso mundo. Mais do que nunca, precisávamos amá-lo e trabalhar por ele, apesar deste pensamento gerar em mim algum desconforto, não propriamente pela responsabilidade implícita nele, mas sim pelo aspecto, mesmo que não real, de prepotência.

Era uma realidade difícil de ser aceita por alguém que se acreditava apenas uma pessoa normal, embora não fosse difícil de perceber que a nossa parte no trabalho, minha e de Andrea, não era propriamente para ser desenvolvido por gênios, e sim por pessoas normais. Os gênios que viessem depois, quando tudo estivesse começado, uma trilha já formada na selva de nossas incompreensões. Nós, os batedores, é que deveríamos ir à frente.

Capítulo 55

O tempo passou sem sustos por nossos dias. As orientações sobre nossa tarefa aos poucos fincaram raízes em nosso discernimento das coisas. Talvez quem tenha sentido mais em si a responsabilidade fora Zico, que agora estudava, incansavelmente. Estava na segunda série do segundo grau e, no ano seguinte, queria se preparar para o seu curso de farmácia e bioquímica, principalmente quando eu garanti que lhe custearia a faculdade, absurdamente cara e que, por isso, acabava elitizando economicamente nossos universitários.

Nos dias que se seguiram ao nosso regresso da ilha, fizemos de tudo para retomar nossas atividades normais, o que era incrivelmente difícil. Andrea dedicava-se quase que totalmente ao seu magistério e à construção de sua clínica, que seguia em ritmo acelerado agora, depois da melhora de Luco, sendo que para mim e para ele não sobrava muito tempo. Apesar disso, o que sentíamos um pelo outro crescia vertiginosamente, nos fazendo até pensar em besteiras como o casamento, como dizia a própria Andrea. Eu ocupava todo o meu tempo no trabalho, sendo que as atividades com os dependentes químicos era a que mais me sobrecarregava.

Apesar do pouco tempo disponível, Andrea nos fez frequentar com disciplinada assiduidade o centro espírita de Itaporã, onde meus pais frequentavam, para a felicidade deles. Além de Luco e Zico, ainda levávamos Lica e Júnior. Toda terça-feira, lá comparecíamos para o trabalho da noite: uma palestra e passes magnéticos, no final, além da fluidificação de água, que cada um levava para depois beber, durante a semana. Diante de tantos pedidos dos nossos amigos alorianos para que mantivéssemos elevado nosso padrão vibratório, a frequência no centro espírita nos ajudava sobremaneira. O contato com o espiritismo organizado e com os espíritas era como uma extensão do nosso convívio com o pensamento aloriano, guardadas as devidas proporções evolutivas. No centro entrei ainda mais em contato com uma vasta literatura, da qual rapidamente me tornei fã. O mais interessante foi descobrir que grande parte do que ouvira de Yano e Geron estava escrito em diversos livros, com estudos profundos sobre muitos assuntos.

Estávamos no mês de setembro. O inverno havia sido rigoroso e a pescaria fraca, o que era um peso na economia de Santa Fé. O casamento de Berto e de Vera Lúcia havia sido simples e emocionante. Moravam agora novamente em Santa Fé, sendo que trouxeram junto com eles a mãe de Vera, dona Mafalda, profundamente mudada pelos anos e pelos desgostos, aos quais ao menos soube não transformar em azedume.

Berto casou um dia antes da final da Copa do Mundo, no dia 17 de julho de 1994, mas só viajou depois do jogo, ou melhor, um dia depois do jogo, tamanha fora a comemoração dele e de meu pai. Isto foi mais um sinal da profunda mudança de Vera Lúcia: além de não reclamar, participou da festa espontaneamente.

Ainda não tínhamos recebido de nossos amigos alorianos o aviso de que podíamos contar sobre a origem de Luco. Não tínhamos a mínima ideia de como seria esse aviso. No dia 13 de setembro, às 22 horas, Juninho entrou estabanado em minha casa, gritando assustado por mim. Lica estava entrando em trabalho de parto, uma semana antes do previsto, o que a deixava angustiada, pois queria muito que Andrea estivesse presente ao nascimento de sua filha. Ela já sabia ser uma filha, através dos ultrassons realizados para acompanhar o desenvolvimento do bebê. Nós já sabíamos por outra maneira.

Coube a mim receber novamente Luísa, o que me deixou profundamente emocionado. Em minhas mãos a vida se manifestava em sua maior complexidade. Aquela pessoa que um dia me abraçou e chorou no meu ombro, na pedra da cobra, por amor a Mino, agora gania pequenina em minhas mãos, um choro cheio de vida. Luísa estava ali, Luísa estava de volta. Andrea chegou na mesma noite, apenas algumas horas depois do parto, e chorou, discretamente, ao lado de sua melhor amiga, agora em novo corpo. Era fácil de perceber que todas as emoções do passado retornavam ao seu coração, profundamente sulcado pela dor e a saudade.

Dona Anita exultava de alegria em saber que nascia sua neta com saúde e perfeita, e Júnior apenas andava de um lado para o outro, sem saber se dava atenção à filha ou à mãe. Lica recebeu sua filha no colo e, emocionada, falou para mim e Andrea:

– Vocês também são pai e mãe dela, serão os padrinhos. Por favor, fiquem comigo e com ela; minha família é vocês...

Andrea abraçou as duas carinhosamente e depois falou:

– Meu anjo, esta criança que está aqui já faz parte de nossas vidas assim como você, como Luco, como Júnior, como Zico. Somos uma família, independente dos laços de sangue. O que nos prende uns aos outros é o sentimento, e o sentimento é sempre mais confiável que a obrigação; por isso não tema, amamos você e tua filha. Estaremos sempre juntos.

O fato de aquelas palavras serem uma verdade incontestável, por tudo o que sabíamos, reagiu em Lica lhe dando uma grande serenidade, que se estendeu indefinidamente em seus dias.

No outro dia pela manhã, muitas pessoas vieram visitar nossa afilhada, ainda no hospital. Entre eles, Berto e Vera, a qual fez questão de segurar a criança no colo.

– Qual é o nome – perguntou a Lica. – Já escolhestes, com certeza?

– O nome dela é Janaína... nome de sereia, como ela vai ser, a encantar a todos – respondeu Lica.

Não pude deixar de me emocionar, lembrando o começo do namoro de Mino e Luíza, quando ele a comparava com uma sereia. Eu sabia que Lica admirava os cultos afro-brasileiros e que sempre pedia proteção a Iemanjá, nos seus momentos difíceis, por isso o nome Janaína, que era outro nome de Iemanjá. Caía bem. Luíza, com certeza, gostaria.

Berto, sempre um pouco desajeitado com situações delicadas, chegando perto de Vera, deixou escapar um comentário:

– Vais treinando com este...

– Não é pra contar, seu metido – reclamou Vera. – Eu ainda nem tenho certeza...

– O quê!? – interrompi. – Chegou a vez de Berto ser pai... e ainda não tinham contado pros padrinhos? Que feio!

– Não é isso, Pedro. Vocês seriam os primeiros a saber, mas eu ainda não tenho certeza. Estou com a menstruação atrasada, mas ainda nem fiz um exame...

Alguma coisa palpitou em mim. Uma onda de emoção descontrolada veio quebrar nas pedras do meu peito. Olhei para Andrea que sorria, percebendo que, enfim, eu descobria o que ela quis dizer quando falou que estávamos começando a nos estruturar para receber Mino. Quem mais indicado para recebê-lo do que a pessoa com quem, sem dúvidas, contraíra algumas dívidas, no mínimo pelas mágoas que havia causado, e seu melhor amigo? Deus e sua grandiosidade, adequando a ação às nossas necessidades evolutivas. Daquele minuto em diante não tive mais dúvida que era Mino, e entendia que o pedido que me fez para que o recebesse como filho não estava ligado a laços de sangue.

Coloquei minha mão sobre a barriga de Vera e comentei:

– Você acha que realmente precisa de exame pra saber que está grávida? Pode começar a fazer o enxoval...

Mesmo sabendo que não era um diagnóstico médico, e sim um palpite de amigo, Berto exultou de alegria. Ele já se achava velho e não queria esperar mais. Vera também esperava que fosse verdade; sempre carregou a maternidade em seu íntimo e ainda não fora mãe apenas por circunstâncias.

Era verdade. Os exames confirmaram, para a alegria dos pais, e eu sabia que era Mino que voltava. Luísa, ou Janaína, em seu novo nome, estava cada dia mais linda. Obviamente, por condições genéticas, não lembrava nada os traços de seu antigo corpo, mas era interessante sabermos quem estava ali e como seria o seu temperamento. Em apenas dez anos, ela retornava, o que não era coisa muito comum, segundo Andrea, que não se desligava de sua amiga pequenina. Luco também a adorava e, com certeza, dentro do programa que levava seu nome, no futuro saberia de tudo.

Numa manhã em que eu e Andrea estávamos indo ver Janaína, Zico veio ao nosso encontro aflito e cansado por estar correndo:

– Eu tive lá está noite... Me levaram até lá. Falei com Geron... Ele mandou um recado... Vocês já podem contar tudo sobre o Luco... Não tem mais perigo...

– E como você esteve lá? – perguntei.

– Sonhei... Bem, tu sabe como é...

Sonhos! Na verdade, tudo parecia um sonho. Era uma notícia ótima. Não víamos a hora de contar tudo. Combinamos de realizar uma festa no aniversário de seu Antônio, que sempre fora muito arredio a festas, mas, com certeza, desta gostaria, quando soubesse da novidade. Faltava somente dois dias para o aniversário. Tomamos o cuidado de visitar Berto e Vera, principalmente por ela, e contarmos antes para eles. Vera, em mais um sinal de sua transformação, chorou emocionada e comentou:

– Eu não conseguia olhar para ele sem lembrar de Mino, só que achava impossível ser verdade. Não pensem que estou magoada. Quando tudo aconteceu, eu sofri muito, porém, muito mais pelo meu orgulho do que pela perda de Mino. Acho que só aprendi a amá-lo e entendê-lo depois que ele nos deixou.

Ela nem imaginava o quanto ainda teria oportunidade de demonstrar esse amor. Berto também ficou emocionado.

Naquele dia 1º de novembro de 1994, nos reunimos todos na casa dos meus pais. Seu Antônio preparou sua famosa costela no latão, conhecida em toda a cidade. Coube a mim, ao final do jantar, transmitir a notícia, e juro que não sabia nem por onde começar. Depois de pedir a atenção de todos, não encontrei outra solução senão começar a falar:

– Meus amigos, não é apenas para comemorarmos o aniversário deste velho marinheiro que estamos aqui reunidos. Na verdade, eu tenho uma missão a realizar esta noite, e é a missão mais feliz da minha vida. Antes de cumpri-la, eu gostaria de pedir desculpas pelo atraso na execução desta missão. A correria dos dias, algumas aflições e muitos problemas, que são comuns a todos nós, retardaram esta notícia, porém, não há mais por que atrasá-la.

O silêncio era profundo, como se todos antevissem a emoção que se adensava em minhas palavras. Continuei, percebendo que não tinha o direito de provocar mais a curiosidade de todos.

– Um pouco antes de nos deixar e logo depois de Mino ter se separado de Vera – falei, olhando para ela e adequando a verdade para preservá-la, sendo que ela me agradeceu a sensibilidade com um sorriso – meu irmão apaixonou-se por Luíza, se vocês lembram, a filha do gerente do Banco do Estado naquela época. Foi um romance curto e intenso, interrompido pela sua partida. No entanto, Mino foi embora, mas deixou uma parte de si habitando em Luíza e que não era apenas a saudade. Luísa estava grávida.

Naquele momento, percebi que dona Cândida já descobrira tudo e chorava discretamente, enquanto sorria para Luco, que ouvia tudo com a maior atenção, sem saber que era o personagem principal da história. Sabia ele que Andrea não era sua mãe de verdade, que sua mãe havia morrido no parto e que seu pai morrera antes disso, sendo que esta verdade sempre bastou para ele.

– Andrea – continuei – era a melhor amiga de Luíza, que depois de uma gravidez bastante complicada, principalmente pela ausência prematura de Mino, teve um parto também bastante complicado, não resistindo ao mesmo, vindo a falecer ao ter seu filho... seu filho e de Mino... e que, daquele dia em diante, passou a ser filho de Andrea, sua melhor amiga – falei, olhando para Luco, deixando que cada um chegasse à evidente conclusão da verdade.

Todos o olharam e este abriu um sorriso enorme, alguns segundos depois de uma expressão de espanto.

– Tu... então... então tu é meu tio? – falou – E vai ser meu pai também... E vocês são meus avós e vão continuar sendo... Vão ser meus avós duas vezes... Que legal!!

Abracei-me a Andrea e deixei que meus pais filtrassem um pouco mais de uma dor perdida no passado e que somente agora vinha encontrar algum lenitivo real. Seu Jamil, que já sabia de tudo, veio juntar-se a nós e comentou, com seu conhecido sotaque gaúcho:

– Apesar de aparentemente tarde, creio que a notícia foi em boa hora. Hoje todos já estão preparados para se sentirem realmente pertencendo à mesma família, inclusive Vera, que era a que poderia se sentir magoada. Não seria justo com Mino e Luíza que o resultado do que sentiam um pelo outro gerasse qualquer tipo de constrangimento.

Seu Jamil era homem de poucas palavras, mas, quando as usava, fazia-o bem, estava provado. Era significativamente profundo e sensível seu comentário.

Capítulo 56

O tempo veio nos comprimir a todos num mesmo caminho, num mesmo dia a dia, e tudo corria bem: Luco e seus novos avós; Lica, Júnior e Janaína; Berto, Vera e Mino, que já estava combinado que seu filho, se fosse menino, se chamaria Joaquim, em homenagem a Mino, que os dois haviam amado. O destino tinha vindo brincar de alegria na manhã de nossos dias e cantava uma canção de paz a todos. Porém, não havia como adequá-lo à nossa vontade. O destino era vivo e independente, e se adequava exclusivamente às nossas necessidades, indiferente se estas necessidades nos trariam risos ou lágrimas.

Estávamos no mês de março de 1995, no oitavo mês de gravidez de Vera. Tudo corria bem, sua saúde era inabalável, porém, mais uma vez os dedos deste destino vieram modificar a música que até aquele dia tocava: Berto havia saído pescar com alguns turistas, sendo que um deles já era seu freguês habitual e outros dois eram novatos. O tempo estava calmo, porém, uma rede colocada sem boias de sinalização, enrolou-se na hélice do barco, vindo a quebrar o pino de retenção da mesma.

Um dos pescadores que era habituado ao mergulho foi ao mar para substituir o pino, porém, sem uma explicação lógica, sentiu-se mal na água e afundou rapidamente. Berto, que se julgava responsável pelos seus fregueses, atirou-se ao mar para socorrê-lo. No entanto, quando o alcançou, já a alguns metros sob a água, não o encontrou desacordado, sendo que, por isso, ele agarrou-se desesperadamente a Berto, não permitindo que este nadasse para socorrê-lo. Ambos afundaram, para desespero dos outros dois, que ficaram no barco e à deriva. Os dois que afundaram é que entendiam de mar, eles nunca haviam navegado.

Ficaram à deriva por algumas horas, por não saberem como operar o rádio. Somente no final da tarde foram resgatados por um barco pesqueiro que retornava à terra. O pescador que o conduzia, seu Mário, um senhor de seus sessenta anos, era amigo de Berto e ficou desesperado com a notícia, não conseguindo contê-la quando chegou em terra. Vera a recebeu sem nenhum preparo, como se fosse possível algum preparo para uma notícia como esta. Entrou em pânico, perfeitamente desculpável, e, quando eu soube da notícia, embora profundamente perturbado e com a dor apertando severamente em meu peito, fui encontrá-la já no hospital, precipitando involuntariamente o parto. Mino retornou prematuramente à vida. Vera não resistiu ao choque emocional profundo, nos deixou logo após o parto, devido a uma parada cardíaca. Ela e Berto partiram juntos e eu descobri que seria bem mais pai de Mino do que havia imaginado quando soube da gravidez de Vera.

Aquele dia, que começara nos banhando de inesgotável alegria, terminava nos envolvendo com um abraço de amargura descabida, descontrolada, que nos silenciava doridamente. Mino retornava em meio à tristeza, assim como havia partido, há dez anos. Na cidade, comoção igual à que se seguira à sua morte percorreu rapidamente às ruas. Ainda havia alguma dúvida se Berto estava ou não vivo, porém, os dois pescadores foram categóricos ao afirmar que eles afundaram e não voltaram mais à superfície.

A família de Berto se constituía de alguns primos distantes. Vera Lúcia tinha ainda duas tias viúvas, que moravam também distantes. Dona Mafalda petrificara o silêncio em seu peito, chorava apenas. O recém-nascido, que não pôde ser comemorado, foi direto para a incubadora e Andrea chegou naquela noite mesmo, de madrugada. Meus pais tiveram que, mais uma vez, fazer aflorar a fortaleza que se criara em suas almas e foram fortes, até além do esperado.

Os familiares de Otávio, que afundou junto com Berto, naquela mesma noite também chegaram à cidade, sem se poder medir a aflição que os movia.

Estava difícil para todos conciliar as emoções. Ter Mino de volta naquelas condições não era algo previsível. Zico, que já sabia quem era o reencarnante, chegou a contestar a omissão da verdade por parte dos amigos de Alor, mas, com toda a certeza, eles sabiam o que faziam e evitar processos de regeneração cármica não era competência deles.

As buscas foram intensas e, no entardecer do primeiro dia, já encontraram o corpo de Otávio, mas não encontraram Berto. Fizeram várias vezes o caminho das correntes com uma larga margem de segurança, e nada.

Despedimo-nos comovidos de Vera Lúcia na tarde do dia seguinte ao seu falecimento, não era possível esperar que se encontrasse Berto. A criança passava bem, apesar de prematuro. Andrea dele cuidava com desvelo, todos nós estávamos por demais chocados para dispensar essa atenção. Apenas dona Cândida, talvez até por um mecanismo intuitivo, se preocupava muito com ela, assumindo, com Andrea a tarefa antecipada de mãe.

As buscas continuaram no segundo e terceiro dia, mas sem esperanças. Eu estava sentado na pedra da Cobra, que sempre abrigava minhas dores mais pungentes, quando Zico veio ao meu encontro, sentou ao meu lado e perguntou, à queima-roupa:

– Nós não temos muitos dias pra ir ver o Berto, o que tás esperando?

A princípio não entendi o que ele queria dizer, mas, logo em seguida, consegui perceber o significado. Não falei nada, levantei-me e saí rápido; apenas quando descia da pedra, gritei:

– Vamos, vou chamar Andrea. Nos encontre lá no rio e veja se o barco do seu Antônio está preparado.

– Passei no hospital e chamei Andrea. Em dez minutos estávamos no rio. Zico tinha chamado seu Antônio, para garantir e não perder tempo. Apesar de toda a tristeza, meu pai não fez perguntas sobre nossa motivação estranha. Às 16 horas estávamos dentro da sala de recepção. Não tínhamos mais voltado, apesar de toda a vontade; sabíamos que não existiam fatos para justificar nossa volta. Fatos que Geron tinha nos alertado sobre a precisão e evidência dos mesmos. Os fatos haviam acontecido, precisos e evidentes.

Demorou bem mais tempo desta vez, talvez trinta minutos, com certeza devido ao nosso estado emocional desequilibrado, porém, do meio da mesma luz laranja e intensa, surgiu Geron, com uma expressão séria, mesmo que simpática, evidentemente respeitando nossa dor. Abraçou-nos com evidentes demonstrações de carinho e saudade.

– Vieram em tempo certo, meus amigos. Embora a presença de vocês aqui não altere a ordem equilibrada do destino, poderão angariar novas forças para suas jornadas, nem sempre felizes, como veem. Venham, o caminho ainda é o mesmo.

Pudemos perceber que existiam novas caras lá dentro, novos alunos, sempre simpáticos e sorridentes. Passamos rapidamente pelo salão dos computadores e fomos ao elevador, que nos levou à lagoa do Ondina e à sala de estudos. Sabíamos que encontraríamos Berto, porém, ver seu corpo ali na mesa, sendo estudado com extremo cuidado pelos alorianos, nos causou um arrepio.

Geron não permitiu que ficássemos olhando e nos levou até a sala contígua, aquela toda acolchoada. Quando entramos, Berto levantou e me abraçou, demoradamente, depois me olhou e falou em meio às lágrimas, com seu inconfundível sotaque praiano:

– Já sei de tudo, ô menino. Tô sabendo já como tudo funciona. Sei que tu já esteve aqui e eles também, e conhecem essa gente. É de deixar maluco como nossa compreensão aqui aumenta. Tô sabendo também sobre Vera. A minha ajuda aqui será medida para que eu a encontre logo. E Mino, como é que tá ele? – perguntou com um sorriso tentando despistar a dor.

– Embora prematuro, está bem. Ele sempre foi um touro, lembra?

– E touros nadam muito mal, como eu. Sei de muita coisa já, mas não tenho preparo para entender tudo, sou um pescador xucro. Só entendo que aqui dentro tem uma força que faz a gente pensar mais fácil, vamos mais fundo nas coisas; só assim para encararmos estas separações.

Abraçou Andrea e Zico e agradeceu nossa presença. Geron tinha saído, nos deixando ainda mais à vontade. Conversamos bastante tempo com Berto e entendemos que realmente nossa vinda, desta vez, era somente para mitigar a dor pungente de todos, pois em nós ainda era necessária a constatação da continuidade da vida, apesar das irrefutáveis provas que havíamos tido.

Quando Geron voltou, soubemos que Vera tinha sido recolhida por bons amigos do plano espiritual e encontrava-se bem, embora ainda desacordada, sendo que só acordaria quando diminuísse a carga ainda intensa de emotividade que a cercava, oriunda dos que ficaram. Logo eles estariam juntos.

– Os membros do projeto LUCO estão reunidos – falou Geron. – Embora a aparente separação de Berto e Vera, eles continuam integrados no trabalho, agora no plano etéreo. Pela afinidade sentimental que os interliga, tão logo estejam reequilibrados na nova vida, trabalharão na assistência às necessidades de todos, na medida de suas possibilidades. Não propriamente como anjos da guarda, que são espíritos mais preparados, mas como espíritos familiares, que os conhecem bem e estarão sempre dispostos a ajudá-los. Tudo funciona dentro das determinações dos Grandes Orientadores, por isso o trabalho continua, vamos em frente meus amigos.

Despedimo-nos de Berto e Geron nos levou novamente à saída.

– Os elementos estão devidamente colocados em suas posições, as mãos do destino conseguiram novamente aliar a evolução geral com a necessidade de progresso de cada um. A vida continua e o trabalho de vocês está apenas começando. Veremo-nos sempre que necessário.

Voltamos a Santa Fé quando escurecia. Seu Antônio, quando já estávamos em casa, quis saber o motivo de irmos até a ilha. Era uma explicação complicada, mas eu precisava falar alguma coisa.

– Meu pai – respondi –, você sabe que, depois que conheci Andrea, passei a ver a vida que nos cerca de maneira diferente. Aprendi com ela muita coisa sobre a vida fora da matéria, o que para você não é nenhuma novidade, eu sei. Andrea não apenas acredita na existência de um mundo além da morte, como o estuda e o compreende em profundidade. Lá na ilha existe um lugar onde o contato com o mundo espiritual é mais fácil. Lá conhecemos pessoas fantásticas, que não pertencem ao nosso mundo e que nos orientam nas nossas dúvidas e dificuldades. Com eles soubemos notícias de Mino, que hoje se encontra muito bem; sobre Luísa, que também está ótima e vivendo perto de Mino; sobre a doença de Luco, sendo que eles é que nos ensinaram como curá-lo e, finalmente, agora sobre Berto, onde ele e Vera estão, como se encontram...

Seu Antônio me olhou com ar de interrogação.

– Eles estão bem, muito bem, apesar de tudo. Logo estarão juntos. Não se preocupe, eles estão bem...

Meu pai era por demais esperto para não entender que não deveria me perguntar muito e que eu estava contando a verdade que era possível. Logo chegou Luco, que, apesar de triste também, por Berto e Vera, não conseguia deixar de lado sua alegria natural, o que veio desviar a atenção de meu pai e alegrar minha mãe.

O tempo, quase incompreensível tempo, nos conduzindo em seus caminhos, lapidando nossa arestas, nos moldando lentamente, muito lentamente, à perfeição. No entanto, não poderíamos apenas esperar que ele passasse, precisávamos caminhar com ele.

Capítulo 57

Cinco anos. Cinco rapidíssimos anos rolaram à frente de nossas vistas e nossos atos. Estivemos quatro vezes na ilha neste tempo, por motivos variados, porém, apenas confirmamos lá a exatidão da tarefa que estávamos executando.

Tudo corria bem. Zico já terminara seu curso de farmácia e bioquímica e continuava estudando. Ficara na escola como estagiário, devido a sua competência e esforço, e se preparava para entrar no mestrado o mais breve possível. Tinha se engajado numa pesquisa sobre neurotransmissores. Dentro deste trabalho, encontrou um caminho que parecia interessante, a respeito da influência das drogas no sistema de transmissão de mensagens nervosas. Uma de suas professoras já de algum tempo trabalhava sobre uma descoberta fantástica: o bloqueio que alguns novos medicamentos, destinados a pessoas depressivas, causava nos efeitos de algumas drogas potentes, como a heroína, a cocaína e o *crack*, seu subproduto. Aparentemente ele estava no caminho.

Luco continuava sendo o alento de todas as nossas dificuldades, sempre ativo e alegre. Sob orientação de Geron nas nossas últimas visitas, ele passara a usar cada vez menos a pedra de *zídion*, sendo que, no momento, ele a usava muito esporadicamente. Era um estudante exemplar, não se preocupava muito com notas, apesar de sempre serem boas, mas não excelentes – para não acabrunhar os colegas, segundo ele mesmo –, mesmo assim, em todas suas atividades se destacava.

Janaína era uma menina linda e diferente, tinha poucas amiguinhas, as achava muito mimadas e não se separava nunca de Joaquim, que era um conquistador irreparável. Desde pequeno medindo seus atos e palavras para conquistar a todos, desde seus amigos até os adultos. A cidade toda, a ainda pequena Santa Fé, julgava-se pai e mãe dos dois, para ciúme dos avós, que não conseguiam mantê-los muito tempo por perto. Sempre alguém os carregava para algum lugar, fazendo que neles fosse sedimentando uma espécie de amor coletivo, sem individualismos. Estavam no caminho.

Meus pais trouxeram dona Mafalda e Joaquim para morar com eles e continuavam a ser a sede da família, o porto seguro de todos. Pela sucessão de fatos e serenidade em enfrentá-los, passaram também a ser o porto seguro de muitas outras pessoas, que, nas mais variadas dificuldades, vinham procurá-los. Continuávamos a frequentar o centro espírita de Itaporã e lá já desenvolvíamos alguns serviços comunitários, além de participarmos de um grupo mediúnico. O que meus pais aprendiam no espiritismo era um guia seguro às aflições de muitas pessoas que os procuravam, e o mesmo acontecia com todos nós.

Eu e Andrea nos amávamos profundamente e não permitíamos que as travessuras do dia a dia viessem a nos armar ciladas. Não morávamos juntos, para que cada um tivesse sua individualidade preservada, porém, estávamos sempre juntos e cuidávamos com carinho de todos nossos 'filhos', sempre atentos aos seus caminhos e descaminhos.

A clínica de Andrea estava pronta, sendo que deixara o magistério no curso de medicina e passara a oferecer cursos de aperfeiçoamento ali mesmo em Santa Fé, adaptando o tratamento de seus pacientes ao ensino de seus alunos. Aplicava a técnica de regressão como base de tratamento, e a realidade espiritual como caminho a todos que se encontravam desorientados. Incluía na sua medicina a continuidade da vida e com isso conseguia resultados fantásticos, que abalavam o meio acadêmico, mas, ao mesmo tempo, angariava cada vez mais inimigos com isso em seu meio, como já era de se esperar.

Eu continuava minha luta de amparo aos dependentes químicos, às vezes trabalhando nesta área de assistência social muito mais do que como médico. Conseguíramos chamar a atenção da comunidade para o nosso trabalho e estava praticamente controlado o consumo de drogas em nosso meio, o que nos levou até a implantarmos nosso modelo de trabalho em outras cidades, onde o projeto também encontrava grande receptividade. Estávamos no caminho.

Aproximávamo-nos da virada do milênio e o mundo estava mudado, apesar da constância das guerras e abusos aos direitos humanos, muitas coisas mudavam, rapidamente, como a conscientização da necessidade de se preservar o meio ambiente e a interação das pessoas com a realidade da vida espiritual. Ainda havia muita resistência à esta realidade, por parte daqueles que viam no domínio das coisas de Deus uma fonte de poder.

O mundo mudava e podíamos sentir no ar uma força que nos imantava ao progresso, sendo que, a grande maioria dos sensitivos, previa grandes mudanças, mas ninguém ousava prever quais seriam, nem em que tempo seria. Afinal, o que realmente entendemos sobre o tempo? Nós, os operários do projeto LUCO, sabíamos que as mudanças aconteceriam e estávamos preparados para elas, em que tempo fosse.

Chovera bastante naquela noite de outubro de 1999, porém, o sol veio passear pela manhã nas poças de água, colorindo ainda mais aquele abafado dia de primavera. Era um domingo, e saímos todos pela praia da Velha para um passeio. A calmaria do mar e a maré baixa emprestavam uma beleza emocionante ao ambiente. Ao longe, a ilha do Padre aparecia ainda envolvida em leve bruma, dando a ela certo aspecto de mistério, que mesmo quem não soubesse dos seus segredos, imaginaria que ali os houvesse.

Lá estava a ilha, como suporte às nossas inseguranças. Joaquim, Janaína e Luco caminhavam na frente, de mãos dadas, um de cada lado de Luco. Janaína era a que sempre comandava as ações e eles a seguiam, fazendo de conta que ela era a chefe do pequeno grupo. Joaquim era um pouco mais novo, porém, já se sabia independente deste comando, mesmo assim a seguia como quem fosse realmente comandado.

Eu, Andrea e Zico vínhamos atrás deles e falávamos pouco, não era necessário. Atrás de nós, Lica e Júnior mais uma vez acertavam algumas arestas, pois passavam por constantes períodos de turbulência, mas aos poucos se entendiam e sabiam que o sentimento que os mantinha unidos era forte o bastante para justificar essa união, não descarregando em Janaína qualquer responsabilidade por isso.

Paramos perto da pedra da Cobra, onde o mar era mais calmo e formava pequenas piscinas naturais para as crianças brincarem. Joaquim e Janaína tinham uma sensibilidade maior do que a natural em crianças da mesma idade, demonstrando isso em várias oportunidades. Foi ele que, de repente, correu para nós, gritando, na sua forma ainda meio atrapalhada de falar:

– Olha, pai, olha lá na ilha que bonito... Que é aquilo, pai?

– Todos olhamos e nada vimos, a ilha continuava a mesma, porém, agora era Janaína que vinha também gritando:

– É um outro sol, Quim, é um sol mais comprido...

Ficamos indecisos, mas Andrea, percebendo o que acontecia, abraçou os dois, que não desgrudavam os olhos da ilha, e perguntou:

– Contem pra gente o que estão vendo. Parece ser mais uma daquelas coisas que gente grande não consegue ver.

– Parecia um sol cor de laranja que apareceu em cima da ilha – contou Janaína –, só que era maior que a ilha. Agora não está mais lá. O que era aquilo, mãe?

– Quem sabe um filhote do sol de verdade que veio brincar aqui na Terra um pouco – brincou Andrea...

– Filhote! – estranhou Quim. – Daquele tamanhão?

Depois voltaram os dois para a água, como se nada de anormal tivesse acontecido. Os outros também logo se distraíram, acostumados já com essas atitudes deles. Andrea comentou ao meu ouvido:

– Acredito que deveríamos ir dar as boas-vindas a Yano...

Apenas sorri ao seu comentário intuitivo. Depois que tudo estava calmo, ela me entregou um pequeno pedaço de papel, do tipo de anotações, e pediu para que eu o lesse. Era uma poesia de Luísa que eu ainda não conhecia. Ela sorria de Luco, que se irritava com as pequenas ondas que destruíam os castelinhos de areia que fazia para Janaína e Quim.

o futuro será nascido de mim
o tempo fez-se meu filho
e vai correr um dia
nas areias de uma praia deserta
onde amor algum derramou suas dores...
vai construir pequenos castelos de sonhos
como se os sonhos fossem brinquedos
de se acabar
eu estarei lá
ainda não sei como
eu também serei tempo
farei castelos
farei sonhos
e serei um pouco da vida
que hoje pulsa em mim...

Todos os dias quis saber
o que haveria na página seguinte
e persegui idéias
que voavam alheias
aos destinos que eu continha
tentando escravizá-las à minha vontade
logo descobri não possuir prisões onde mantê-las
nem a devida autoridade em dirigi-las
felizmente amigos foram sensíveis
tanto quanto invisíveis
e com docilidade as reuniram
orientaram, conduziram-nas
à minha insistente retórica
até que elas virassem livro...

mauro

O Magneto

MAURO CAMARGO

Uma descoberta inesperada no porão de uma residência rural do interior da França é o ponto de partida para um romance eletrizante.

Benoît Mure, Hahnemann e Fourier, espíritos que Kardec chamou de "precursores do espiritismo", são os personagens desta obra, surpreendente pela precisão histórica, pela qualidade do texto e pela trama instigante que não nos permite largar o livro antes do final.

Em *O Magneto*, você terá oportunidade de conhecer um dos mais insólitos empreendimentos, que uniu para a sua realização o Brasil e a França, envolvendo o socialismo, a homeopatia e o magnetismo animal, ciências precursoras do espiritismo.

Paris, setembro de 1793

MAURO CAMARGO

Michel de Laroche, escritor francês de *best-sellers*, mergulha nas cenas de seu romance narrado em meio ao Terror da Revolução Francesa. Produtos de sua mente, os personagens viveram os meses terríveis durante os quais Robespierre estava no poder e mandava milhares de pessoas para a guilhotina.

A ficção ganha estranhos ares de realidade quando os personagens passam a interferir em sua vida. Michel parece ultrapassar a fronteira da loucura. Ou seriam fantasmas retornando do passado para narrar suas versões da história?

Mauro Camargo foge do lugar-comum e resgata fatos da Revolução Francesa que narram os antecedentes do surgimento do espiritismo.

Esta edição foi impressa em março de 2012 pela Assahi Gráfica e Ediora Ltda., de São Bernardo do Campo, SP, para o Instituto Lachâtre, sendo tiradas mil cópias, todas em formato fechado 160x230mm e com mancha de 115x185mm. Os papéis utilizados foram o Off-set 75g/m² para o miolo e o Cartão Supremo 250g/m² para a capa. O texto principal foi composto em Times New Roman 11/13,2, os títulos foram compostos em Mistral 30/36, as citações e as notas de rodapé, em Times New Roman 9/10,8. A imagem da capa e da abertura dos capítulos foi elaborada por Nieje Amarante Camargo e Manoela Donadel Weise e a programação visual da capa por Andrei Polessi.